近代日本と仏蘭西

10人のフランス体験

La modernisation du Japon et la France

三浦信孝【編】

大修館書店

目次

近代日本と仏蘭西——10人のフランス体験

序――二一世紀のとば口で日仏関係を振り返る

三浦信孝

一　冷戦後世界の地殻変動

一九八九年一一月九日にベルリンの壁が崩壊し、共産主義に対する自由主義の全面的勝利が宣言されて、「歴史の終わり」（フランシス・フクヤマ）がまことしやかに語られた。事実、翌年一〇月のドイツ統一、一九九一年一月の湾岸戦争、同年一二月のソ連解体は、世界史が終わりに向かって進む大団円のドラマのようにもみえた。九二年二月に調印されたマーストリヒト条約によって欧州連合ＥＵの建設とユーロによる通貨統合への道すじが示され、八〇年代に盛んに語られた日米欧の三極による世界の繁栄と平和が実現されるかに思われた。

しかしまさにその矢先に、日本ではバブル経済が崩壊して「失われた一〇年」と呼ばれる長い低迷期に入り、ヨーロッパはドイツ統一のコストが予想以上に高くついたため不況が広がり、移民排斥をとなえる極右が各国で伸張した。ＥＵは旧ユーゴの分裂によって引き起こされたバルカン危機に結束してあたることができず、アメリカとアメリカが指揮するNATO軍に頼らざるを得なかった。冷戦後の「新世界秩序」(父ジョージ・ブッシュ)建設のため湾岸、ボスニアとあいついで介入したアメリカは、一九九三年に誕生したクリントン政権下でIT革命を牽引力に経済が回復し、金融と情報のグローバル化を背景に、経済・軍事・文化のあらゆる面で世界を圧倒する超大国として力を誇示するようになった。

八〇年代に加速したヒト・モノ・カネの自由な移動は、「グローバリゼーション」と呼ばれるメガトレンドを生み出し、東西格差が誰の目にも明らかになって、それが冷戦を終わらせる契機になった。グローバル化とは狭義には、国境を越えて地球をひとつの市場に変えてしまう資本の運動を指すが、冷戦後、次第に明らかになったのは、アメリカ型の自由主義と資本主義と民主主義を世界中にいきわたらせようとする「世界のアメリカ化」の動きである。しかし日米欧の三極のバランスが崩れ「パックス・アメリカーナ」が成立しようとしたとき、ソ連に代わる大きな脅威として立ち現われたのが、西洋キリスト教文明からみて異質なイスラム文明圏と中国の儒教文明圏であった。より正確にいえば、そういう俗耳に入りやすい単純な文明史観が登場した。一九九三年の夏『フォーリン・アフェアーズ』誌に発表されたサミュエル・ハンチントンの「文明の衝突」論は、イデオロギーの対立に代わって宗教の違いによる文明の違いを世界の秩序と安定をおびやかす最大の要因だとし、西洋文明の防衛を訴えるアメリカ発の戦略論であった(『文明の衝突』集英社)。

文明が違えば衝突は避けられないとするハンチントン理論の欠陥は、個々の文明を一枚岩の均質で不変の実体ととらえ、文明間の接触と相互浸透による文化変容のダイナミズムを認めない「文化本質主義」にあった(マルク・クレポン『文明の衝突という欺瞞』新評論)。二〇〇一年九月一一日、超大国アメリカの心臓部を襲った恐るべき「同時多発テロ」は、イスラム原理主義勢力アルカイダの仕業とされ、文明の衝突パラダイムの正しさを例証する事件として解釈され報道された。ブッシュ・ジュニアの政権は直ちに「テロとの戦争」を宣言したが、それがアフガニスタンへの報復戦争からイラクへの予防戦争へと矛先を移すにつれ、大西洋をはさんだ米欧間に亀裂が深まり、アメリカとヨーロッパをキリスト教文明圏としてひとくくりにしたハンチントン・テーゼの盲点をさらけだすことになった。文明の衝突論が登場した一九九三年の秋、GATTウルグアイラウンドの貿易自由化交渉で、フランスとEUが「文化的例外」を掲げて、アメリカの市場原理一辺倒の新自由主義に異を唱えたのは象徴的である。

一七世紀にイギリスからの宗教移民が新大陸に移住し先住民を征服して建設したアメリカは、いわば古いヨーロッパが生んだ鬼子である。アメリカの独立は一七七六年、フランス革命は一七八九年だからほぼ同時期だが、ピューリタンの信仰が建国理念を支えたアメリカと、カトリック「教会」の権威を否定して政教分離を徹底させたフランスでは、政治における宗教の役割がまるで違う。アメリカの反イスラム十字軍と単独行動主義を批判して、多極的世界と国連中心の多国間主義を訴えたのはフランスであり、今やフランスはブッシュ政権の目に「悪の枢軸」を補完する新しい敵として映っている。

大西洋間の亀裂というハンチントンが予測しなかった事態を真っ向から問題にしたのは、「ネオコン」と呼ばれる新保守主義のイデオローグ、ロバート・ケーガンの論文「強さと弱さ」である(『ネオコンの論理』光文社)。万人の万人に対する闘争というホッブス的世界観にもとづき自由世界の安全を武力によって防衛するアメリカの「強さ」と、アメリカに守ってもらいながらカントの「永遠平和論」にしがみつき、域内平和しか考えないヨーロッパの「弱さ」を対比して、アメリカの「力による正義」を正当化する議論である。イラク侵攻を前にアメリカの側につくか否かと迫られたヨーロッパ諸国は、ラムズフェルド国防長官のいう「新しい欧州」と「古い欧州」に分裂し、ドイツと結んで米英の軍事介入に最後まで反対したフランスは「古いヨーロッパ」の元凶とされた。

それに引きかえ、湾岸戦争のとき金だけ出して血を流さないことを批判され、屈辱を味わった日本政府は、北朝鮮の脅威を口実に、にべもなくホッブス的アメリカに追随し、イラクの戦地に自衛隊を派兵する決定をごり押しで通してしまった。今から思えば、共産圏が解体した冷戦後世界で、日本がアメリカにとって戦略的重要性を減じたのは当然である。ベルリンの壁が崩壊した前後、バブルの絶頂にあった日本は経済摩擦からアメリカの激しいバッシング（日本叩き）を受けたが、その後アメリカの極東政策では日本パッシング（日本抜き）が目立った。今やアメリカに絶対的忠誠を誓い、日米同盟に身をもって奉仕しなければ、日本はアメリカの庇護を失ってしまうかのようである。

日本は、大陸から孤立してアメリカとの同盟を優先する「極東のイギリス」になるのか、それとも中国、韓国など隣国との友好関係を構築し東アジア共同体の建設にかける「アジアのドイツ」になるのか。これは、エマニュエル・トッドが『帝国以後』（藤原書店）で暗に日本に突きつけた重要な問いである。トッドは直接日本に対する忠告めいたことを書いているわけではない。一九七六年の処女作でソ連帝国の崩壊を予言して注目された歴史人口学者は、「9・11」の一周年に出した今度の本で、冷戦後世界の地政学的構造の地殻変動を分析し、アメリカ「帝国」の衰退と独・仏・露を軸とするユーラシア同盟の強化を予言している。トッドによれば、ふくらむ一方の双子の赤字を人工的なドル還流システムによって補塡するアメリカは経済的に世界に依存しており、アメリカが小国を相手に劇場型軍事行動に出て自分の有用性を示そうとするのは、「強さ」の現われではなく「弱さ」の現われである。その意味で、トッドの議論はケーガンの「強さと弱さ」論の正反対を向いている。

もっと印象的なのは、伝統的農村社会の家族構造の違いが工業化・近代化が進んだあとも当該社会のイデオロギーを規定するという人類学的決定論に立つトッドが、ドイツ、フランス、ロシアという家族構造のうえではまったく異なる成り立ちの国々が、冷戦後の地政学的大変化により価値観やイデオロギーの違いを超えて接近しつつあるとしていることだ。とくにドイツと日本は、伝統的には男系長子相続による権威的かつ不平等な家族構造を共通とする社会である。国籍法の「血統主義」にみられるエスニックなネーション観も両国に共通だ。イギリスやフランスに比べるなら近代国家の建設で遅れをとったドイツと日本は、第二次世界大戦ではナチズムと超国家主義の「枢軸」を結成して米英を中心とする連合国と戦って敗れ、アメリカ軍の占領下で民主主義国家として再生し、経済復興を遂げた後もなお米軍の駐留を受け入れてきた。そう考えるとき、今回ドイツがとったアメリカからの自立への方向転換は、「出生地主義」を取り入れた近年の国籍法改正とともに、日本は大いに参考にすべきである。

二　文明の比較優位性からみたフランス

本書『近代日本と仏蘭西――一〇人のフランス体験』は、東京恵比寿にある日仏会館の設立八〇周年を記念して編んだものであり、会館で行われた二つの文化講座がベースになっている。日仏関係の歴史的回顧を試みる本の「序」をこうしたアクチュアルな議論で始めたのは、二一世紀の扉を不吉な槌の一撃で破った「9・11」の前後から、日仏会館では文明の衝突か文化的多様性か、アメリカの一極支配か多極的世界かという問いがよく講演会で取り上げられ（ザキ・ライディ、小倉和夫など）、最近も先進国における外国人の統合政策や市民権のあり方を比較検討するセミナーが開かれたばかりだからである。

後者のセミナーで国籍法の歴史の第一人者パトリック・ヴェーユはこう述べた。日本人の血を引いていなければ日本人でないとする日本の血統主義は明治期にドイツ経由で入ってきたと考えられてきたが、ドイツの血統主義の背後には一八〇四年のナポレオン法典の影響があり、フランスが、フランスで生まれれば外国人の子弟にも国籍を付与する出生地主義を採用したのは、革命百周年にあたる一八八九年のことにすぎない。出生地主義か血統主義かは、開かれたフランス型「ナシオン」か閉ざされたドイツ型「フォルク」か、普遍的な「文明」か民族固有の「文化」かと結びつけて論じられてきたが、この対立図式は今や相対化されねばならない。そのためには「文化の三点測量」（川田順造）が必要になる。

こうした文明文化論的問題関心を象徴する日仏の知的対話には、カリブ海のクレオール思想を代表する黒人作家エドゥアール・グリッサンと「雑種文化論」の加藤周一による「グローバル化とクレオール化――文明の対話、文化間の混交」、あるいは『記憶の場』（全三巻、岩波書店）の歴史家ピエール・ノラと神話や昔話に「日本人の心」を探る河合隼雄の対談「文化と神話――国民的アイデンティティを開く」がある。大西洋をはさんだ米欧間の亀裂を埋める試みとしては、二〇〇五年春にトクヴィルの生誕二百年を記念してシンポジウム「アメリカとフランス――ふたつの民主主義」を予定している。トクヴィルは『アメリカの民主政治』と『旧体制と革命』で知られる一九世紀前半の歴史家であり、今日的視点から米仏ふたつの革命にさかのぼり、政治と宗教の関係や人種エスニシティー問題、国家・市場・市民社会の三角形などを中心にふたつの民主主義を比較する格好の機会となるだろう。

「9・11」後は日本でもアメリカを「デモクラシーの帝国」とみる議論が行われたが（藤原帰一の同名の岩波新書）、フランスでは「帝国」の覇権にフランス型の「共和国」を対置する議論が有力になっている（アラン・ジョクス『〈帝国〉と〈共和国〉』青土社）。アメリカで軍神マルスに帰依するネオコンは少数派であり、フランスでも全員が共和国原理の信奉者というわけではない。しかし「帝国」に「共和国」を対置する議論が有効であるためには、フランス自身の「帝国の記憶」が掘り起こされ清算されていなければならない。今年はヴェトナムでディエンビエンフーが陥落し、アルジェリアで抗仏独立戦争が始まって五〇年にあたるが、植民地主義の過去の検証は、日本が「東北アジア共同の家」（姜尚中）をめざすなら、避けて通ることができない重要なテーマである。

こうして二一世紀のとば口に立ち、大きく変化した世界地図のなかで日仏関係を考えるとき、われわれには当然新しいアプローチが求められる。明治以来、西洋諸国に学びつつ近代化を推し進め、戦後の高度成長期を経て、今や世界第二の経済大国になった日本にとって、フランスが何らかの意味でモデルになる時代は終わったかにみえる。「偉大さ」がなければフランスはフランスではないと言ったのはドゴールだが、そのドゴール大統領を訪ねた池田首相が「トランジスター商人」呼ばわりされたのは、所得倍増計画が打ち出された一九六〇年代はじめの話である。しかし、フランスはヨーロッパ大陸の十字路に位置し、あらゆる意味で特異な文明を築いてきた国だけに、その「文明化の使命」は終わったとはいえ、グローバル化の波に向かい合うその姿勢は日本にとって有効な参照軸を提供する。ドイツとともに欧州統合をリードするフランスとの対話を深めることは、戦後、もっぱら日米同盟に依拠して築かれてきた、世界における日本の位置を考え直すうえで、裨益するところが大きいのではないか。

日仏会館は単なる親仏派日本人のロビー、フランス研究者の親睦団体ではなく、その活動は日仏の二国間関係にとどまらない広がりをもっている。本書は、日仏交渉史をいろどる人物を一〇人選び、個人的挿話を集めただけの本のようにみえるかもしれない。目印を一〇個選んで点と点をつないでも、近代の日仏関係をつらぬく太い線を浮彫りにするには十分ではない。しかし、日本が世界史の大きな波に翻弄され、自分の行方を定めあぐねているかにみえるとき、明治以来の日本の近代化プロセスをたどり直し、そのなかでフランスとの出会いがもった意味を振り返ってみることには、何がしかの意味はあるだろう。しかもその出会いは、時代によって変わってきたし、個人によって実にまちまちなのである。

近代日本における「フランスの誘惑」を語るとき必ず引かれるのは、萩原朔太郎の詩「旅上」の冒頭の四行である。「ふらんすへ行きたしと思へども、ふらんすはあまりに遠し、せめては新しき背広をきて、きままなる旅にいでてみん。」朔太郎がこう歌ったのは元号が明治から大正に変わった翌年の一九一三年のことだった。こうしたフランスへの熱い想いが広がったきっかけは、やはり明治の末一九〇九年に出て発禁になった、「新帰朝者」永井荷風の『ふらんす物語』にあるだろう。アメリカ経由であこがれの地を踏んだ荷風は書いている。「旅人の空想と現実とは常に錯誤するというけれど、現実に見たフランスは見ざる以前のフランスよりも更に美しく、更に優しかった。ああ！ わがフランスよ！ 自分はおん身を見んがためにのみ、この世に生れて来た如く感ずる。」こうした片想いにも似たフランス憧憬は、第二次大戦後も長く、選ばれた留学生が船で四〇日もかかってマルセイユに上陸し、汽車でパリにのぼった一九六〇年ごろまでは続いたと考えられる。

一八五三年、アメリカのペリー提督率いる東インド艦隊が浦賀に来航し、「泰平の眠り」をさまされた日本だが、開国開港へ向けて江戸幕府が米・蘭・露・英につづきフランスと修好通商条約を結んだのは一八五八年のことだから、近代の日仏関係は今から百五〇年前の幕末期にさかのぼる。日本の門戸を開かせたアメリカは一八六一年から四年間、国を二分する南北戦争の危機に突入するから、幕末期の日本ではイギリスとフランスが覇を競い、フランス公使のレオン・ロッシュが最後の将軍になるとも知らず徳川慶喜の幕政改革を援助し、イギリス公使のパークスが倒幕派の薩長連合を支援したことは周知のところである。ナポレオン三世から贈られたフランス式軍服姿の慶喜の写真が残っている。

したがって、一九二四年の日仏会館設立は、日仏交流史の重要な一ページではあるが、それには半世紀以上にわたる長い前史があり、会館の設立をもって両国の関係は第二ステージに入ったと考えるほうがいい。日仏関係の歴史は、㈠幕末から明治まで、㈡両大戦間、㈢第二次世界大戦後、の三つに分けるのが適当であり、明治期を扱った本書の第一部はまさにその第一ステージを、第二次大戦前夜までを扱った第二部はその第二ステージを対象にしている。第二次大戦で日仏は敵国同士の関係になり、一九四〇年九月には仏領インドシナに日本軍が進駐を開始している。一九三二年に創設されながら、戦争のため途絶えていたフランス政府給費留学生制度が復活するのは、日本がまだ連合軍の占領下にあった一九五〇年のことである。この年、ガリオア資金によって渡米した留学生が二八〇人だったのに対し、渡仏組は森有正ら六人にすぎなかった。この数字は、戦後日本の復興がいかにアメリカの強い影響下で行われたかを物語って余りある（渡邊一民『フランスの誘惑』）。鎖国期の蘭学にはじまる日本の「洋学」は、明治期の英学・仏学・独逸学のトロイカ体制を経て、敗戦後は重心をアメリカに移していく。「近代日本とフランス」はそうした文明の比較優位性の変化のなかで考えなければならない。

三　列伝による日仏交流史

本書の企画が生れたきっかけは、二〇〇三年の新年を祝うある会で、日仏会館の本野盛幸新理事長が、明治の初年に米欧に派遣された岩倉使節団の意義をしきりに強調したことにある。日本は幕末に欧米の植民地主義に直面しながら、いかなる国の支配下にも入らず、西洋文明に学んで複数のモデルから国情に合うものを取捨選択し自力で近代化をなしとげた。今その足跡をあらためて振り返る必要があるというのである。元駐仏大使の本野理事長は幕末から四代つづいた外交官の家系である。佐賀の下級藩士だった曾祖父は、蘭学から英学に転じたもっとも早い世代に属し、明治の初年にロンドンの日本公使館の次席をつとめたし、祖父はリヨン大学で法学博士号を取り、日露戦争中にフランス公使をつとめ（パリの公使館が大使館に昇格するのは一九〇六年）、ロシア大使を経て外務大臣にまでなっている。

われわれはさっそく秋の日仏文化講座のテーマを「近代日本の建設とフランス」とし、連続講演会を企画した。分野間のバランスを考慮して選んだのは、経済の渋沢栄一（一八四〇―一九三一）、思想の中江兆民（一八四七―一九〇一）、政治の西園寺公望（一八四九―一九四〇）、美術の黒田清輝（一八六六―一九二四）、文学の永井荷風（一八七九―一九五九）の五人である。渋沢栄一はポール・クローデル（一八六八―一九五五）とともに日仏会館の創立者とされるから、渋沢をトップに据えれば会館八〇周年記念の企画にふさわしい。都合のいいことに、渡仏したのもほぼ年齢順になっている。

武蔵の国の豪農の家に生まれ運命のいたずらから幕臣になった渋沢栄一は、一八六七年のパリ万国博覧会に将軍慶喜の名代として派遣された徳川昭武（当時一四歳）の随員として渡仏し、一年以上滞在した。パリで銀行や証券取引所や株式会社の仕組みをつぶさに学び、帰国後、実業家として日本資本主義の土台をつくった。京都の公家の家に生まれた西園寺公望は一八七一年に渡仏していきなりパリ・コミューンの騒乱に遭遇するが、法律を学ぶためパリに一〇年あまり滞在した。公家の出だからできた恵まれたケースである。西園寺は二度首相をつとめ、第一次大戦後のパリ講和会議に日本の主席全権として参加した、国際派リベラルの「最後の元老」である。高知の足軽の子に生まれた中江兆民は、藩校で漢学と蘭学を修めたのち長崎で仏学を学び、米欧回覧に出かける岩倉使節団の副使・大久保利通に頼みこんで一八七一年に渡仏し、リヨンとパリに学んだ。西園寺とも親交を結んでいる。七四年に帰国して仏学塾を開き、ルソーの『民約訳解』などによって自由民権思想を広め、「東洋のルソー」として後世に名を残す。薩摩藩士の家の出の黒田清輝は法律を学ぶため一八八四年に渡仏し、間もなく好きな絵画の道に転向して一〇年近く修業を積んだ。帰国して東京美術学校西洋画科の教授となり、日本の近代洋画を確立したが、晩年には貴族院議員もつとめ、クローデルの日仏接近政策に協力した。

永井荷風については、ドイツには鷗外が（一八八四年から三年間）、イギリスには漱石が（一九〇〇年から三年間）留学したが、フランスに遊んだ最初の作家といえば荷風だというだけで十分だろう。ゾラに心酔して『地獄の花』を書き、銀行の駐在員などをしてアメリカに五年暮らしたあと、フランスに渡ったのは一九〇七年のことである。島崎藤村のほうが七つ上だが、藤村がパリで三年暮らすのは一九一三年からで荷風よりあとである。

フランスといえば「芸術の都パリ」であり、象徴派の詩や印象派の絵がまず頭に浮かぶ。しかし幕末から明治初期の日仏交流は、フランス人技師がつくった横須賀造船所や富岡製糸場など産業技術や軍事顧問団の来訪が中心であって、文学や芸術の国フランスというイメージが形成されるのは明治も末のことである。一八七三年、法制整備のため明治政府の顧問として招かれ、二〇年以上も日本に滞在したボアソナード（一八二五―一九一〇）はあまりに有名だろう。黒田清輝がはじめ法律を学ぶためフランスに渡ったことに何の不思議もない。ナポレオン三世時代のフランスは産業化が急速に進み、セーヌ県知事オスマンの計画でパリはヨーロッパの首都にふさわしい近代都市に生まれ変わっていた。したがって明治維新の二年後、一八七〇年の普仏戦争でフランスがプロイセンに敗れて第二帝政が崩壊し、続いてパリ・コミューンが起こったことは、フランスのイメージを大きく損ねたに違いない。

幕府の蕃書調所（のちの開成所）に英学科ができたのは一八六〇年だが、翌年仏語科ができており、仏学は英学に次ぐ位置にあった。蘭学から仏学に転じた村上英俊による最初の仏和辞典『仏語明要』が刊行されたのは一八六四年、翌年には横浜仏語伝習所が開かれている。明治初年の一八六九年から七〇年にかけて諸藩が送り出した留学生数は、アメリカが四〇名、イギリスが三二名、フランスが二五名という数字がある。官費留学生制度が整備された一八七五年以降、明治末年までの文部省留学生の総数は、ドイツ二〇九名、イギリス三八名、アメリカ二四名、フランス一六名というから、フランスの位置は明治を通して大きく後退したといわざるを得ない。ドイツの優位が決定的になるのは、明治憲法が発布された一八八九年以後のことである。明治憲法は伊藤博文や西園寺公望らが一八八二年にドイツやオーストリアで行った周到な憲法調査にもとづいて策定されている。スタートこそ英学、仏学に遅れをとったが、独逸学は明治後半にはその比較優位性を高めていた。若い軍医だった森林太郎が衛生学を学ぶためドイツに留学したのは、伊藤博文一行の六カ月にわたるドイツ滞在の二年あとである。

時代が後戻りするが、日本の文明開化を語るには福沢諭吉にひとこと触れないわけにはいかない。六六年の生涯を幕末と明治のほぼ半分ずつに分けた福沢は一八三四年の生まれだから、渋沢栄一より六つ年上にすぎない。はじめ蘭学を志して長崎に学び、大坂の緒方洪庵塾（適塾）で研鑽を積んだ福沢は、江戸に蘭学塾を開いたが（のちの慶応義塾）、一八五九年に開港した横浜を見物して蘭学の限界を悟り、独学で英語の勉強をはじめる。翌六〇年、咸臨丸に志願して乗り組み、太平洋を渡ってアメリカ西海岸を見聞、英々辞典ウェブスターをもって帰ったことは有名だろう。福沢は幕末期に三度洋行して『西洋事情』や『学問のすすめ』を著し、自由平等と文明開化の啓蒙思想家として大きな影響力をもった。一八六二年の文久遣欧使節団では短期間だがパリに滞在し、パリの東洋語学校に日本語科をつくったレオン・ド・ロニーと親しく交わっている。

渋沢栄一を世代的に位置づけるなら、明治の元勲で代表的藩閥政治家の伊藤博文は、一八四一年の生まれだから、渋沢の一つ下にすぎない。松下村塾に学んだあと、伊藤も若くしてイギリスに留学し、岩倉使節団に副使として参加した開明派である。明治期の文明開化を考えるとき、欧米列強と砲火を交えたあといち早く攘夷から開国に転じることになる薩長が、若い優秀な藩士をひそかに英国に留学させていたことは見逃せない。一八六三年には長州から伊藤博文、井上馨ら五名が、六五年には薩摩から寺島宗則、森有礼ら一九名が渡英し、彼らはそろって維新後、明治政府で重要なはたらきをする。そう考えると、薩長閥とは無縁だった渋沢栄一が、一八六七年に幕府派遣の一員としてフランスに渡り、帰国後、一時大蔵省に出仕するが、民間の実業界で活躍した経歴の特異さが際だってくる。福沢は渋沢の六つ上といったが、福沢が咸臨丸で大西洋を渡ったのも、渋沢がパリの万博に目をみはったのも、二六、七歳のときであり、伊藤が英国に密留学したのは弱冠二二歳のときである。

本書が日仏交流史に名前をとどめる日本人を一〇人選びその事績を紹介するのは、いかなる分野であれ外国との交流を推し進めるのはやはり人であるという基本認識にもとづく。第二ステージの紹介は簡単にすませ、さっそく一〇人のフランス体験に耳を傾けていただくことにする。福沢が唱えた「脱亜論」(一八八五年)に忠実にというべきか、日清、日露に勝ち、第一次世界大戦に参加した日本は戦勝国として五大国の仲間入りをはたす。日本は大戦景気で豊かになり、フランに対する為替レートも四倍にはねあがって、フランスに渡る日本人も急増する。すでに一九一三年に渡仏していた藤田嗣治は、二九年に刊行した随筆集『巴里の横顔』で、フランスの在留邦人が大戦前は三、四〇人だったのが、大戦後は二千人にのぼり、うち三百人は画家であると書いている。

折しも日仏会館は二〇〇一年秋の文化講座を「両大戦間のパリの日本人」と題し、五本の連続講演会を組んでいた。発案者はルソーを中心とするフランス思想史が専門の小林善彦常務理事(当時)で、近代日本の作家や知識人にとってフランスとは何であったかを問い直そうという企画である。取り上げた人物は年齢順に、アナーキストの大杉栄(一八八五—一九二三)、画家の藤田嗣治(一八八六—一九六八)、哲学者の九鬼周造(一八八八—一九四一)、詩人の金子光晴(一八九五—一九七五)、小説家の横光利一(一八九八—一九四七)の五人である。渡仏した順番は必ずしも年齢順ではない。しかし、この五人の顔ぶれをみると、「フランスの誘惑」の源泉が産業技術や法律などの実学から、文学、芸術、思想に移ったことがわかる。本書第二部には、この五人についての講演をそのままあてた。

第一部と第二部を比べて読んでみれば、個性の違いはもちろんとして、時代の差が歴然としてくる。画家の黒田と藤田は二〇歳違いだが、一方は貴族院議員にして帝国美術院院長、他方はエコール・ド・

パリの寵児で、最後はフランスに帰化している。作家では、「フランスを見んがために生まれてきた」という荷風と、西洋と対決し「近代の超克」の問題をまともに引き受けた横光のあいだには、一九歳という年齢差以上の開きがある。第一部最後の荷風の章では、兆民の門下生だった幸徳秋水ら社会主義者が死刑になった大逆事件（一九一〇年）が話題になり、第二部の最初の章は、関東大震災（一九二三年）の混乱のなかで官憲に逮捕され殺害された無政府主義者・大杉栄にあてられる。本書で描かれるフランスは第二帝政（一八五二―七〇）の後半から第三共和政（一八七〇―一九四〇）にかけての八〇年であり、第一部は一八六七年のパリ万博から、ドレフュス事件の余震がつづいた二〇世紀初めのベルエポックまで、第二部は第一次大戦後、ヨーロッパ「精神の危機」（ヴァレリー）が語られる一方、一九三一年の植民地万博で文明の帝国が最後の威光を放っていた時代である。

最後に付け加えるなら、連続講演会の講師、したがって本書の執筆者は、取り上げた一〇人を論じるのに最適の方々であり、ほとんどがフランス留学の経験者で、一〇人中六人は日仏会館の会員である。それぞれ個性的な語り口を通して語り手自身のフランス体験がみえてくるし、こういう形で日本人のフランス体験は語りつがれ継承されるのだと考える。原稿は、それぞれの講演を録音テープから起こし、それに手を入れてもらって成っている。実際の講演会の雰囲気を伝えるため、司会者による講師紹介や会場との質疑応答もできるだけ再録した。司会は会館の小林善彦副理事長と三浦信孝が代わる代わるつとめている。書き下ろしの論文とは違った味わいの読みやすい講演集になったと思うがどうだろうか。

個々の人物に興味をもたれ、さらにその著作にあたってみようと思われる方のため、入手しやすいものを選んで文献案内も付した。本書を楽しんでいただければ編者としてこれにまさる幸いはない。

［付記］本「序」は巻末「あとがき」とともに、本書を読むうえでの編者なりの視点を参考に供したものにすぎず、いかなる意味でも日仏会館の立場を代表するものではないことをお断りしておく。

参照した文献と推薦図書

今橋映子『異都憧憬――日本人のパリ』平凡社ライブラリー、二〇〇一年（初版は一九九三年）
岩井忠熊『西園寺公望――最後の元老』岩波新書、二〇〇三年
大久保喬樹『見出された「日本」――ロチからレヴィ＝ストロースまで』平凡社選書、二〇〇三年
大久保泰甫『ボアソナアド――日本近代法の父』岩波新書、一九七八年
加藤周一『日本文学史序説 下』ちくま学芸文庫、一九九九年（初版は一九八〇年）
河盛好蔵『藤村のパリ』新潮文庫、二〇〇〇年（初版は一九九七年）
清岡卓行『マロニエの花が言った』上・下、新潮社、一九九九年
クローデル、ポール『孤独な帝国――日本の一九二〇年代』奈良道子訳、草思社、一九九九年
芳賀 徹『大君の使節――幕末日本人の西欧体験』中公新書、一九六八年
田中 彰『岩倉使節団『米欧回覧実記』』岩波現代文庫、二〇〇二年（初版は一九七七年）
田中 彰『明治維新と西洋文明――岩倉使節団は何を見たか』岩波新書、二〇〇三年
鳥海 靖『日本の近代――国民国家の形成・発展と挫折』放送大学教育振興会、一九九六年
鳴岩宗三『幕末日本とフランス外交』創元社、一九九七年
三浦信孝編『フランスの誘惑・日本の誘惑』中央大学出版部、二〇〇三年
渡邊一民『フランスの誘惑――近代日本精神史試論』岩波書店、一九九五年

I　近代日本の建設とフランス

渋沢栄一
——日本版サン=シモン主義者

鹿島　茂

［司会（三浦）］　今日は鹿島茂さんに渋沢栄一についてお話しいただきます。この企画を初めに思いつきましたのは、来年の三月に日仏会館が八〇周年を迎えるということで、もちろん渋沢栄一とクローデルが創ったということは承知しておりますけれども、どういういきさつで創られたのかは私よく知りません。年譜を調べると一九二四年、日仏会館を創った時に渋沢はもう八四歳なんですね。もうとっくに引退していてかなりおじいさんです。一方のクローデル大使は五五歳の男盛りで、親と子ぐらいの歳の違いがあったということになります。それで、これからお話しいただく渋沢ですが、明治維新の一年前の一八六七年に最後の将軍慶喜の弟、昭武《あきたけ》を代表とするパリ万博の日本代表団の一行に、二七歳の渋沢も同行しています。慶喜はナポレオン三世から贈られた軍服を着た写真がありますね。渋沢はパリに一年以上いたと思いますが、帰国後はたくさん株式会社や銀行をつくり日本資本主義の父と言われるようになるわけですが、その活躍については、これから鹿島さんがお話をくださる

ところと思います。

鹿島さんの紹介はもう必要ないと思いますが、いちおう形式的なことを申しますと、一九四九年横浜のお生まれで、東大の仏文を出て、博士課程を終わってすぐ共立女子大の先生になられ、今日まで文芸部の教授です。八〇年代半ばにフランスに留学されております。

鹿島さんは昔からたいへんな映画好き、本好きな人で、元祖オタクといえます。オタクといっても百科辞典的なオタクで、ウワバミのように資料を漁り次々に本を出しています。一九九〇年に『馬車が買いたい!』(白水社)という一九世紀のバルザックやフロベールの小説世界の独特の読みを示す本を出されまして、サントリー学芸賞を受け、それでデビューしたわけですが、それ以後毎年何冊も本を出されて、今日ご紹介しようと思って、アマゾン・コムで見ましたら九〇冊近くあるんで、プリントアウトするのをあきらめました。もちろんその中にはバルザックなどの翻訳も含まれております。ですから、ご紹介するのは『馬車が買いたい!』ともう一つ、二〇〇〇年に読売文学賞を受けた『職業別パリ風俗』(白水社)という一九世紀フランスの職業づくしという感じの考証の御本があり、それ以外にも難解な思想家のベンヤミンから最近はセックス談義にまで蘊蓄をかたむけ、学識にもとづく議論を展開されています。

渋沢栄一については文藝春秋の雑誌『諸君!』にもう五十何回か連載されており、膨大な伝記が進行中で、それが出版されるのを楽しみにしておるところです。ですから、若い世代、といってもすでに大家ですけれども、若い世代による渋沢栄一論——渋沢は我々が今回取り上げる五人の中では一番お年よりなんですね、一八四〇年生まれですから——一番年上の人物について鹿島さんからお話をいただくということです。それではどうぞよろしくお願いします。

渋沢栄一（毎日新聞社提供）

はじめに——一九〇二年のフランス再訪

本日は渋沢栄一とフランスの関わりを中心にお話ししたいと思います。渋沢栄一はさきほどお話がありましたように、一八六七年（慶応三年）から約一年半フランス及びヨーロッパ諸国に滞在したのと、もう一度、一九〇二年（明治三五年）に夫人を同伴しまして、欧米の歴訪の旅に出て、この時にフランスを再訪しています。ですから、二回フランスに行っているということです。

今日は、当然、一回目の訪仏の話が中心になるんですが、その前に軽く、二回目の訪仏の話をしておきます。

渋沢は一九〇二年に漫遊と称して、アメリカ経由でヨーロッパに渡り、数カ国を歴訪しましたが、そのときの一応の目的は、我が国の商工業界の実情を欧米の実業界に知ってもらい、相互理解を深めようというものでした。ですから、おのずから、各国の商業会議所を訪れ、講演を行うということが多かったようです。

フランスには、アメリカ、イギリス、ベルギー、ドイツを訪れた後、いったんロンドンに戻り、そこからドーヴァーを渡って、九月に入りました。では、二度目にパリを訪れてどんな感想を抱いたかといいますと、まず、テュイルリー宮殿がなくなっているのにびっくりした、ということを書いていますす。渋沢が一八六七年に行った時には、ナポレオン三世はテュイルリー宮殿を居城にしていたんですが、この宮殿がパリ・コミューンで焼けてしまってなくなっている。フロール館とマルサン館の間にあった宮殿が消えてしまって、公園になっているのに驚いた。それから、ガルニエのオペラ座が完成していることも、感慨深かったようです。六七年にはまだファサード（正面）しか完成していなくて、渋沢たちは、ル・ペルティエ街にあった古いオペラ座で観劇しています。明治の人間は、ガルニエのオペラ座を見ると、フランス人は奢侈に溺れていかんなどという感想を抱いた人が多いようですけれど、渋沢はオペラ座というのはフランスが誇りにしている治国の要具であると正しく認識しているのが注目に値します。

パリでは商業会議所を訪れ、各所を見学の後、レセプションに招かれています。それから、渋沢は、クレディ・リヨネ銀行のアンリ・ジェルマン頭取とも会見しています。その時、渋沢が日本の公債をもっと買ってくれないかと頼んだら、アンリ・ジェルマンは、日本の国家としての財務表を子細に検討するとかなり問題がある、日本は日清戦争で得た膨大な賠償金をバランスシートを良くするのに使わないで金本位制の確立やら軍備拡大に使ってしまい、さらに軍事支出のために外債に頼ろうとしている。これは国家的財政としては極めて不健全であるということを指摘しました。それから後、日本は本気でロシアと戦争するのかとも尋ねました。当時露仏同盟というのがありましたので、フランスはロシアと接近していたわけで、頭取は、もし日露戦争が起こったりしたら、同盟国としてとても遺憾である、というようなことを言ったと渋沢は書いています。

では、この第二回目のパリ滞在で渋沢がどのような影響を受けたかといいますと、各種の統計を詳しく調査して一国の財政の健全度を調べるというアンリ・ジェルマンのやり方に大変感銘を受けたようで、日露戦争後には渋沢は、商業会議所を代表して、軍備増強の増税に強く反対し、商業への投資なくして国家の繁栄はありえないと主張しています。つまり、国家のバランスシートを考えた上でなければ、軍拡は財政の破綻を招くという考えを強くしたようで、このときの訪仏で得た教訓というのも決して小さなものではなかったといえます。

しかし、日仏関係への影響力という点では、一回目に渋沢が渡仏した時に得た経験のほうがはるかに大きいことは確実です。なぜなら、このときの経験から、渋沢は、日本の資本主義そのものをつくったわけですから。

ところで、その話をするためには、まず渋沢がどういう経緯で幕府の訪仏使節に加わったのか、そのことについてお話ししなければなりません。そこで、年譜を見ながら、渋沢がどんな出身の人間であるかを確認しておきたいと思います。

一　生い立ち、幕末期の渋沢

渋沢は天保一一年（一八四〇年）の二月に生まれています。ただ、旧暦と新暦の換算は意外に複雑なものがありますから、カッコの中の新暦はおおよその目安ということで考えていただきたいと思います。

生まれたのは、武蔵の国、血洗島というところです。今の埼玉県、深谷市です。血洗島とはずいぶん物騒な名前なんですけれども、昔、源義家の家臣が片腕を切り落とされ、その傷口をこの土地の川で洗ったことからついたという伝承が残っています。私は伝記を書く時に深谷に行って来ました。深谷駅前には渋沢の銅像が建っています。ちょっと恰好悪い銅像ですけれども。今は、深谷葱の産地ということで一面の葱畑です。

天保の頃には、血洗島の辺りは必ずしも米の取れる豊かな土地ではありませんでした。その結果、農民は、米以外の様々な作物に力を入れざるを得ません。養蚕と、もう一つ重要なのは藍、インディゴの製造です。藍を栽培し、葉を丸めて藍玉にして、それで利益を得る。この商売が実は大変な利益をもたらしていたんです。というのは、江戸時代の税制を見ますと、米本位ですから、米以外の様々な作物に対しての税はほとんどなきに等しいわけです。その結果、深谷一帯の農民、とくに土地持ちの豪農は、我々が想像しているよりもはるかに金持ちでした。だから、渋沢栄一を「埼玉の農民の倅」などとくくってしまうと、大きく間違うんでして、渋沢の実家は、実は大変な金持ちなんです。どれくらいの金持ちかということは追々お話ししますけれども、一万石くらいの小さな大名なんかよりははるかに金持ちだったということは明らかなんです。

血洗島には、渋沢と名乗る家が何軒もありまして、区別するために「東の家」とか「中の家」と呼んでいました。中で一番大きいのは「東の家」というところで、これは渋沢一族の本家にあたるところです。一方、渋沢の生まれたのは「中の家」と呼ばれるほうで、これは分家です。この分家の「中の家」に跡取りがいなかったので、本家の方の三男坊が養子に入りまして、市郎右衛門を名乗ります。当時、商人とかそういう家は、歌舞伎俳優と同じように、何代目○○右衛門ということになるわけですね。ついでに言っておけば、本家の方は、代々、渋沢宗助です。サドの翻訳などで仏文学者として有名な渋沢龍彦さんは、この本家の渋沢宗助の家系です。ですから、渋沢栄一とは親類ではありますけれども、直系とかそういうこととは関係ないんですね。

　それはそうと、この「中の家」の、渋沢栄一の父親、市郎右衛門という人が大変に立派な人でありまして、農民ではあったんですけれども、一時は武士になろうかと思って学問を積んだほどの人でした。我々は、江戸時代は、士農工商として身分は固定されていたと考えがちですが、これはとんでもない間違いで、江戸の末期になりますと、武士の位は金やコネで手にいれることができて、身分の移動はかなりあったんです。勝海舟（一八二三―九九）の父親の勝小吉という人も武士の身分を金で買ってなっています。市郎右衛門も、そういうふうに、一時は武士になろうと思って漢籍を修め武術にも励んだんですけれども、「中の家」の養子になると決まってからは、分をわきまえて、家業に励んだわけです。

　しかし、その一方では、市郎右衛門はそれなりのインテリですから、息子の栄一にも漢籍を習わせることにして、従兄の尾高新五郎（惇忠）のところに勉強に行かせていました。この尾高新五郎は、水戸で学問をおさめた学識豊かな人物で、自宅に私塾を開いて、地域の子供たちに漢籍を教えていました。渋沢はこの尾高新五郎から大きな影響を受けます。

　とはいえ、渋沢は経営農民の跡取りですから、学問のかたわら、一生懸命、家業に精を出します。特に、藍の栽培と販売については、彼なりにいろんな工夫をして、経営効率をあげる努力をしています。例えば、藍玉製造農家に競争心を起こさせるために、格付けをする。これは、宴会で一番業績をあげた農家を上座に座らせて、自尊心をくすぐり、競争を煽るというやり方で、梅檀は双葉より芳しだったわけです。

　おかげで、父親も、これはいい跡取りになると思って、おおいに期待していたんですけれども、一八五三年にペリーが浦賀に来て日本中が騒がしくなってくると同時に、渋沢の周辺にも尊王攘夷運動が伝わって、政治に目覚めてしまう若者が増えてきます。渋沢もその一党に加わって、父親を嘆かせることになります。

では、どうして血洗島なんてところに尊皇攘夷の運動が伝わってきたかというと、この辺りは、尾高新五郎のように、学問をおさめるために水戸の彰考館に留学する人が多くて、水戸学の藤田東湖とか会沢正志斎あたりの影響が強かったんです。みんな、藤田東湖の『弘道館記述義』とか会沢正志斎の『新論』なんかを一生懸命読むようになり、渋沢も尊皇攘夷運動に目覚めてしまいます。勉強を習っていた尾高新五郎がまず水戸学にかぶれまして、渋沢も大いに共鳴することになるわけです。

そのことについては、渋沢が尊皇攘夷にのめりこむきっかけになった事件があります。血洗島の近くの岡部という所に陣屋がありまして、ある時、渋沢は、他の村の者たちと一緒に呼ばれます。市郎右衛門が用事があって行かれないから、代理で行って来いと言われたんです。その用事というのは、安倍摂津守という小大名の娘が結婚することになった、ついては御用金を出せというわけです。宗助の方で千両、市郎右衛門の方で五百両との要求です。御用金といいましても、借りるという形式を採りますが、実際には、返さないわけですね。千両箱という言葉がある通り、千両というのはたいへんな金額です。今の金額で言ったらどれくらいの価値かはっきりとは分かりませんが、仮に一両一万円としても、五百両なら、五百万円で、けっして少ない金額ではない。それをポンと出せと要求するぐらいですから、渋沢一族は相当に金があったわけですね。

渋沢は、父の代理で話をうかがいに来ただけだから、即答はできません、と答えた。すると、その代官は、お前も、もう一六、七になって、女遊びなどもやっておるんだろう、代理だから分かりませんなど言わずに、すぐに答えろというふうに詰め寄る。渋沢は、その時に非常に屈辱を感じました。武士だというだけで、自分よりはるかに頭も悪そうな奴に、何でこんなに馬鹿にされなければいけないのか、士農工商という身分制度がまちがっていると体制批判にまで突き進んでしまうんです。そして、帰って父にそのことを報告しますと、市郎右衛門は、我々は農民だ、相手は武士だ、我々がそういうふうに文句を言ったら、その時は一応了承するかもしれないけれど、後でどんな仕返しが来るか分からない、ここは頭を下げて「はい分かりました」と言って、黙って五百両出しておけばいいんだというようなことを言うわけですね。

渋沢は、単に代官に憤慨するだけではなくて、父親にも反発します。偉い父だと思っていたのに、なんて様だ、というふうに。馬鹿な奴が武士であるというだけで威張り散らす世の中というのはけしからん、こうなったら、自分が武士になるしかない、と、心を決めまして、父に頼んで、江戸に遊学に出してもらうことにします。神田、お玉ケ池にありました千葉周作の道場、我々も赤胴鈴之介でよく知っていますが、この道場に通って剣術を習ったり、海保漁村の漢学塾に通ったりします。同時に、水戸にも出かけて、いろいろなコネクションを作ります。

そうしているうちに、いよいよ幕末の情勢が風雲急を告げてきます。血洗島でも、渋沢一族が、尾高新五郎を中心にして、今の言葉で言えば過激派の党派を作って、高崎城の乗っ取りを計画します。もちろん、渋沢もこの一党の中核を担います。彼らは、まず高崎城を襲撃して、武器・弾薬を奪ってから、一気に横浜の居留地を襲って外人を皆殺しにし、幕府の立場をなくして、開国を阻止し、攘夷を実行する、という計画を練ります。これは決行寸前まで行ったわけですが、その前日に、グループの一人、尾高新五郎の弟の長七郎というのが京都から戻って来ました。彼は京都に出かけて様子を見ていたんですが、戻ってくると、絶対に襲撃計画は止めろ、命がけでもお前たちの計画を阻止する、今蜂起をしたら、お前たちは無駄死にするだけだ、止めておけ、と、諭します。激論の末、計画は中止になってしまいます。

ところが、計画は中止になったものの、関八州という幕府のスパイ組織が計画を聞き出していました。そのため、首謀者である渋沢と渋沢喜作という従兄弟の二人に対して手配書を回していました。そこで仕方なく、京都に逃げようとするのですが、そのまま東海道を行ったのでは、関所で捕まってしまう。そこで仕方なく、二人は、あることから知己を得ていた一橋家の門を叩いて、一橋家の用人平岡円四郎の家来であるという証明書を発行してもらうことにします。一橋家というのは、ご存知のように、水戸の斉昭の息子で、後に一五代将軍になる徳川慶喜が相続して、復活した家です。渋沢たちは水戸藩で、一応反幕だから、同じ徳川でもいいだろうということで理屈をつけ、一橋家の家来であるという証文を貰って、京都に旅をします。

ところが、京都につくと、平岡から、一橋家の家来にならない限り、お上に通報せざるをえない、いやなら、一橋家に仕えろと言われ、二人は心ならずも一橋慶喜の家臣とされてしまいます。当時、尊皇攘夷運動の展開で、急に天皇がいる京都が政治の中心になりまして、幕府ばかりではなく、一橋家も、薩摩藩とか長州藩とかの雄藩も、京都の藩邸に有力な武士たちが集まって、鍔ぜり合いを演じていました。渋沢は一橋家の家臣として、いろいろな人間と接触します。例えば西郷隆盛や新撰組の土方や近藤とも付き合いがあったわけです。渋沢は、そうしているうちに頭角を現して、徳川慶喜に大変気に入られました。一橋家というのは、再興されたばかりなので、戦闘部隊がない。そこで、渋沢が進言して、戦闘部隊を創るために、急遽、農民から兵を募って近代的な兵制を敷いたり、あるいは、財政も芳しくないので、財政を良くするために、領地の物産を売る組織を造ったりと、渋沢は一人で一橋家の改革に乗り出します。

渋沢の考えでは、いずれ近いうちに幕府は崩壊する。そして、薩摩藩、長州藩、土佐藩などを中心にした雄藩連合ができて、これが新しい日本の政権を担うはずだ、だからそのときにそなえて一橋家を強くしなくてはいけないというのです。ところが、そんなとき、十四代将軍家茂が急死して、一橋慶喜が水戸藩系列としては初めて将軍、十五代将軍慶喜となります。これは渋沢にしては、思いもかけない展開でした。幕府を打倒するための運動を展開しようとしたのが、どういうわけか幕臣になってしまい、討幕勢力と戦わなければならなくなった。このジレンマに渋沢は大変に悩みます。人生でも最大の危機だったと後に、回想しています。そうしたところに、一八六七年（慶応三年）に、降って湧いたような話が持ち込まれます。

当時、フランスはレオン・ロッシュという駐日公使を派遣していましたが、ロッシュは薩摩藩を後押しするイギリスのパークスに対抗して、幕府を支援し、武器や財政援助を与えようと努力していたのです。その一環として、ロッシュは、万国博覧会が一八六七年の四月から始まるから、将軍の名代として弟の昭武を万博に派遣してもらいたいと、徳川慶喜に申し入れたのです。慶喜は、いずれは昭武に将軍を継がせるつもりでいましたから、万国博覧会の終わった後も、弟には、引き続き留学をしてほしいと考えました。しかし、水戸の侍は尊皇攘夷の権化ですし、財政にも明るくない。ここは、財政にも明るく開明的な人間を一人補佐に付ける必要がある。それには一橋家の財政の立て直しまでやった渋沢という農民上がりの人間が一番いいだろうということで、渋沢が昭武の秘書として抜擢を受けたのです。慶応二年(一八六六年)のことです。

二 一八六七年のパリ万国博覧会

渋沢はこの命令を受け取った時に非常に嬉しく感じたと語っています。心ならずも幕臣になって悶々たる日々を送っていたのに、フランスに行けるということで、一転、空が大きく開けた感じだったと思ったようです。もうこのころには、尊皇攘夷は無理だと感じていましたから、新しい世界が見られるということで大喜びします。かくして、慶応三年、西暦に直しますと一八六七年の一月、渋沢は、徳川民部公子(昭武)の随員としてフランスに行くことになります。

横浜から、アルヘー号というフランスの郵便船に乗りまして、途中で上海で、大型の郵便船アンペラトリス号に乗り換え、まだ工事中のスエズを汽車で横切り、地中海に出て、二ヵ月半かけて、マルセイユに上陸します。船中、渋沢は日記をつけているんですが、これが大変おもしろい。というのも、郵便船でフランス風の食事が出るわけですが、みな獣臭くて食えないと苦情をいう中で、渋沢一人は、バターはとってもうまい、コーヒーを飲んだら気分が非常に爽快になった、などと書いているんです。当時の日本人としては珍しい反応です。そればかりではない。渋沢は、出発が決まると、横浜の居留地の中国人の洋服屋が作った洋服を手に入れ、これを持っていくんです。上海に上陸すると、さっそく、こ

徳川民部公子（昭武）一行（マルセイユにて）
後列左端が渋沢栄一（渋沢栄一史料館提供）

れを着て外を歩きたくてしょうがない。ちょんまげを結って、下はこれまた横浜で買ったシマズボンという格好でですね。ところが、船に同行したシーボルト（あのシーボルトの息子です）から、それはいくらなんでもみっともないから、止めろと諌められてしまう。とにかく、異国に行くと、現地の人と同じことがやってみたくてしょうがないタイプの人だったようです。

そんな調子ですから、パリに着いてしばらくたつと髪を切ってしまうんですね。背広を着て、断髪した自分の写真を、血洗島の奥さんのところへ送るんです。それを見た奥さんは、何とあさましい姿に成り果ててと嘆き悲しんだと伝えられています。深谷の親戚たちは、あいつは頭がおかしくなってしまったのではないかと皆で噂をしたといいます。とにかく、適応力が非常に強い男だったようですね。

もちろん、民部公子の随行として、万国博覧会にも出席しています。この一八六七年の万国博覧会はたいへん壮大なものでして、第二帝政の頂点となるものでした。万国博覧会の会場では、各国国王の席に昭武も並ぶ。

このとき、渋沢は、随員としていろんなものを見学し、それぞれに感心するんですが、不思議なことに、一つだけ驚いていないものがある。軍隊です。これは山本七平さんが渋沢の伝記で、指摘されていることなんですが、日本の侍たちがフランス軍の閲兵を見て、すばらしい、すごい兵器だと感嘆するんですけれども、渋沢だけは軍隊にはさして関心を示さない。その代わり、地下水道とか電信施設とか、都市のインフラに大変に感動するわけです。そして、フランスの繁栄はこういうところに基礎があるのかと感嘆します。

しかし、渋沢が驚いているのはそういう具体的な事物や施設だけではないんです。渋沢は、後に、自分が実業家として立つ契機になった事件というものをいくつか挙げていますが、その一つに、名誉総領事という形で案内役をかって出たフランスの銀行家フリュリ・エラール（渋沢はオランダ語風にフロリヘラルトと発音しています）という人物と、民部公子の世話係としてついたヴィレット大佐との関係というのがあります。

渋沢はこのヴィレット大佐とフリュリ・エラールの会話を聞いて、腰が抜けるほどびっくりするんです。二人が何の分け隔てもなく、対等の関係で話し合っている。これは今では、当たり前のことなんですけれども、当時の渋沢から見ると、ヴィレット大佐というのは軍人イコール武士である。フリュリ・エラールというのは銀行家、金貸しであり商人である。それなのに、この「士」と「商」が全く対等にふるまっている。こんなことがあっていいものだろうかと感じたわけです。

もう一つびっくりした事件がありました。万博の合間にロンシャンの競馬場で開かれたグランプリ・レースで、ナポレオン三世とロシア皇帝のアレクサンドル二世が賭けをした。アレクサンドル二世の方が勝って、賞金を全額貧民救済に寄付するということがあったんですけれども、渋沢はこれを知って、国家元首とあろうものが賭けをするなんてことがあっていいものだろうかと、これまたひどく驚くんですね。

あともう一つ、仰天したのは、パリ万博の見学の後、各国歴訪の旅に出て、ベルギーの国王のレオポルド一世に謁見したときのことです。国王が「どんなところを見学なさいましたか」と尋ねたので、民部公子が「リエージュの製鉄所です」と答えると、国王は、「それはよい所を見学なさいました。鉄を多く使う国は強い。日本も発展するためには是非、鉄を多く使う必要がある」と力説した。まあそこまでは良かったんですけれども、その後で、国王は「そのためには、是非ベルギーの鉄鋼を日本で買ってください」と言ったんだそうです。渋沢は、これに腰を抜かさんばかりに驚きました。一国の国王ともあろうものが、自分の国の製品を勧める。昔、日本の池田首相がフランスを訪れて、ド・ゴールと会見したとき、「日本のトランジスタ・ラジオは優れているから、買ってくれ」と言ったので、ド・ゴールは「日本の首相はトランジスタ・ラジオの商人か」と軽蔑したという話がありますけれども、そのちょうど逆ですね。渋沢は、「国王は鉄鋼の商人か」と大変びっくりしました。しかし、同時に、商業というものは、それくらい国家にとって、大切なものなんであると感銘も受けるわけです。

以上は、渋沢自身が自伝で語っているエピソードです。

しかし、渋沢のフランス体験として重要なものは、むしろ、銀行家のフリュリ・エラールとの交渉の過程で生まれた体験ではないかと思われます。

ところで、このフリュリ・エラールですが、ただ、銀行家ということはわかっても、どこの銀行の経営者なのか、その点が不明でした。そこで、私はこれを調べてみようと思ったんです。しかし、当時の資料をいくら当たっても、なかなかわからない。

そんなとき、たまたま研究室にあった「WHO'S WHO」を引いたら、フリュリ・エラールという、この滅多にない名前が出ていたんですね。これは、子孫ではないか。ということでいろいろ調べたんですけれども、「WHO'S WHO」が古かったらしくて突き止められませんでした。

そこで、知り合いのフランス在住の日本人の女性Tさんに、ちょっと調べてみてくれないかと頼んだんです。その人は日本のテレビ局の仕事とかをしていて、そういう面では有能な人なんです。さすがに勘がよくて、パリの電話帳を引いても見当たらないが、こういう人は、おそらくインテリの金持ちだろうから、パリ市内ではなくて、むしろ西の郊外にいるはずだと目星をつけて、パリ圏の拡大電話帳を片っ端から当たっていったら、ついにその子孫が見つかったんです。

エコール・ポリテクニックを出て、理工系の技師をしている若い人でした。その人のところへ、Tさんが直接伺ったら、徳川昭武から貰ったいろんなおみやげとか、名誉総領事の任命証とか、そういうものが未だに残されていました。Tさんが、フリュリ・エラールというのはどんな銀行の経営者だったの

フリュリ・エラール
（渋沢栄一史料館提供）

かと尋ねたら、何のことはないフリュリ・エラール銀行の頭取だったという答えでした。ならば、フリュリ・エラール銀行関係の資料は残っていないのかと思ったんですが、残念ながら、これはもうなくなっていました。一九六〇年代までフリュリ・エラール銀行は、営業を続けていたらしいんですけど、その後、二回か三回合併をするうち、資料はなくなってしまったと言われました。

しかし、フリュリ・エラールが、なぜ、日本の名誉総領事になったのかという疑問は晴れました。フリュリ・エラール銀行というのは、フランス外務省関係の決済をする銀行だったんですね。そのために、日本が名誉総領事の推薦を公使のロッシュに依頼したとき、ロッシュは、フリュリ・エラールを推薦したということなんです。

それはさておき、渋沢は万博期間中から、フリュリ・エラールに連れられていろいろと銀行施設を見学したり、株式会社の制度を勉強したりとしているうちに、いろいろと感心することが出てくる。

そうしているうちに、幕府が大政奉還したという知らせが届いて、やがて、幕府も瓦解して、留学費用を送ってこなくなります。しかし、渋沢としては、昭武をこのまま日本に帰してしまうのはあまりにもったいない、何とか留学を続けさせてやりたいと思います。かくなるうえは、昭武の留学費用を父親の市郎右衛門に頼もうとまで思い詰めます。先にもいいましたが、それぐらい、渋沢の実家というのは金持ちだったんです。

しかし、それまでなんとか、いまある金で食いつながなければならない。そのことをフリュリ・エラールに相談しますと、それならば、今、国債が有利だから、国債を買っておきなさいと言われる。国債を買うと、今度は、鉄道の社債が有望だから、是非買いなさい、と勧められる。こうして、国債や鉄道社債に投資をして、最終的に、弐万円の投資で五〇〇円ほどの利益をあげることができたわけです。この投資経験で、渋沢は、なるほど経済というものはこういうふうにして動いていくのだなと理解することができました。金を寝かしておくのではなくて、株券とか債券とか国債とか、そういう利回りのあるものに投資することによって、金が増える。一方、その投資を受けた側は、その金で鉄道なり工場なりを建設して利益をあげる。これが金融のシステムかと認識するわけです。渋沢の経済人としての原体験がこのフランスでの投資体験にあるということがわかります。

普通の伝記に、ここまでは書いてあります。

三　サン＝シモン主義の洗礼

しかし、私はですね、待てよ、と考えたわけですね。普通の伝記作者は、日本のことはよく知っているが、フランスのこと、とくに当時のフランスの経済のことを知らない。その結果、当時のフランスの経済も、いまの資本主義経済と同じものとアプリオリに考えてしまう。だが、私は多少とも、フランス金融史という方もかじっていましたので、フランスが金融大国となったのは、実は非常に新しくて、第二帝政が成立した一八五二年以降だということを知っていました。つまり、ナポレオン三世がクーデターを起こして以降に初めてフランスは金融大国に変貌するんです。それ以前はフランスはいささかも金融大国ではありませんでした。

もちろんフランスにも巨大銀行は存在していました。ロスチャイルド家の銀行ですね。ただ、このロスチャイルド家の銀行というのは、非常に限定された営業しか行っていませんでした。主にフランスの名望家、ノターブル notables と呼ばれる人たちからお金を集め、その金で外国債を買って利益を得るというシステムを採用していた。反面、産業にはほとんど投資をしていないんですね。企業にお金を貸す場合にも、日本の銀行と同じように土地担保主義です。これがロスチャイルドの銀行のやり方だったわけです。

その結果、フランスは一九世紀になっても、前半は、産業的には大きく発展することができない状態が続いていました。保護貿易の影響もありました。保護貿易の関税はだいたい一〇〇%以上です。政府は、こうしてイギリス製品の流入を阻止し、フランス国内産業を育てるという方針を採っていたんです。

その結果、フランスの産業革命は教科書に書かれているよりもかなり遅れて起こりました。フランスの産業革命は七月王制（一八三〇—四八年）の頃から始まったと言われますけれども、イギリスに比べると、何分の一か、あるいは何十分の一かの規模です。経済不調の原因は金が回っていないということに尽きました。とにかく産業資本に金を投資するという銀行がなかったんです。おまけに、鉄道も非常に未発達だったんで、モノも回らない。

フランスに最初に鉄道が出来たのは一八三七年です。サン=ラザール駅からサンジェルマン=アン=レーに行くいまのRERの郊外線です。ヴェルサイユに行く二つの鉄道が三〇年代に出来て、その後、四〇年代にルーアンとオルレアンに行く鉄道が出来ましたけれども、以後は、工事も進捗しませんでした。これは鉄道敷設に対する反対意見が強かったためです。鉄道なんて、物見遊山に行くにはいいが、物資や人間の輸送には乗り合い馬車でなければダメだという考えの人が多く、右も左も全員反対だったんです。そういう中で、非常に積極的に金融改革と鉄道の敷設というものを主張していたグループがありました。サン=シモン主義者の一団です。

サン=シモンというのは、マルキ・ド・サドと同年輩のコント・ド・サン=シモンのことです。サン=シモンというと、フランス文学の人は、デュック・ド・サン=シモン、サン=シモン公爵の方を思い浮かべます。ルイ一四世の時代からルイ一五世の時代にかけて『メモワール』*Mémoires* という膨大な宮廷についてのゴシップ的回想を書き留めた人です。だから、サン=シモンというとほとんどのフランス人は公爵の方を思い浮かべますが、サン=シモン主義をつくったのは、その親類のサン=シモン伯爵、コント・ド・サン=シモン（一七六〇—一八二五）の方です。

この人は大変に変わった経歴の人で、まず、貴族なのにアメリカの独立戦争に参加します。帰国して、最初、フランス革命に賛成するんですけれども、やがて反対派に回る。そして、とんでもないことを思い付きます。革命政府が発行していた「アシニャ」Assignat という一種の非兌換紙幣を買い集めて、フランスを乗っ取ってしまおうと考えます。アシニャは、王侯貴族から没収した国有財産を担保にして発行した国債で、後に紙幣と同じように流通したわけなんですけれども、革命政府の信用がゼロに等しかったので、大暴落して、ほとんどただ同然で手に入った。サン=シモンは、アシニャをベルギーの銀行家と組んで、大量に買い占めて、これで国有財産を手に入れ、国家を乗っ取ってしまえと考えたのです。

ところが、また暴落があったりして、計画は失敗し、サン=シモンは乞食同然の生活を送るようになります。しかし、そうした経験を経た彼は、徐々に社会改造の思想を練っていきます。その思想というのが大変おもしろい。

サン＝シモンによれば、世の中の人間は全部、働いている人間と働いていない人間に分けられる。働く人間は、産業に従事する全ての人間を言います。農民、商人、産業人です。これに対して働かない人間がいる。こちらは、貴族、王族、軍人、役人です。ところで、世の中の九五％以上が働く人間であるにもかかわらず、働く人間が持っている権力はほとんどゼロに等しく、権力は働かない人間が握っている。ゆえに、これからは、働く人間ための、働く人間による、働く人間のための政府を創らなければいけない、と考えるわけです。

では、そのためにはどうするかというと、革命を起こすというふうには考えない。そこがサン＝シモンの社会改造論の不思議なところです。サン＝シモンは、国王に産業人が直接訴えれば、国王は必ずこれを聞き入れるだろうというのです。

それから、サン＝シモンの思想のもう一つの特徴は、経営者と従業員を区別しないということです。つまり、資本家と労働者の区別がないわけです。働く人間は働くという点でみな同じだという括り方をするわけですね。

サン＝シモンは、また、産業を興すには金だ、金がないとなにもできないと考える。しかし、金はタンスの中に眠ったままだ。フランス人というのは、バルザックの小説『ウジェニー・グランデ』などにあるように、金貨を貯め込んで、それを見てにたにた笑っているという人がとても多かったわけですが、それではいけない、そういうタンス貯金を掻き集めることが重要だ、そして、その金を掻き集めて大きな流れを作って、それを産業に投資する、産業を興したいという人間に投資する、こういう、ベンチャー金融のシステムを作らなければ駄目なんであると主張します。

そこから生まれるサン＝シモンの方法論は四つほどあります。

一つは、銀行です。さっき言ったように細かい金を掻き集めてこれを産業に投資するためのベンチャー銀行というものが必要である。

もう一つは、企業の直接金融のための株式会社。株式会社というのは、ルイ一四世の時代に、コルベールが作ったシステムで、西と東の両インド会社が典型です。小口の金を集めて大きな資金に変え、これで植民地経営などの大規模な経営に当たろうというものです。サン＝シモンはこれを企業の育成にも使おうと考えたのです。

鉄道も大きな武器となります。モノを流通させなければ富を生み出さない、だから、モノを動かす方法として鉄道というものがとてもいいものである。鉄道はフランスでは大幅に遅れているから、なによりも先に鉄道建設を推し進めるべきだというのです。

もう一つ、万国博覧会を催して商品に競争する場を提供するというシステムも考え出しました。モノは競争でしか改良されないし、物価も下がらないと考えたのです。

こうしたサン＝シモンの思想に共鳴したのが、エコール・ポリテクニックにいたテクノクラートの卵たちです。とくに、ユダヤ人の学生、ロスチャイルド銀行のやり方に不満をもっていたユダヤ人の子弟です。ユダヤ人と理工系の人間が多いというのがこのサン＝シモン主義者の党派の特徴です。

こうして、ようやく同志たちが見つかり、フランスの改造に向けて政治活動を始めようとするとき、サン＝シモンはヘンテコリンなことを考え出します。運動を一つの宗教活動として組織しようというのです。

サン゠シモンは経済の研究を始めた最初のうち、アダム・スミス流というか、ジャン゠バティスト・セー流というか、自由放任主義者、レッセ・フェール laisser-faire の考え方に与していました。放っておけば、経済は神の見えざる手によって、自然に調和したところに落ち着くと考えていたんです。ところが、現状を観察すると、自由放任では、一部に富が集中するのみで、働く大部分の人間は貧乏のままである。これはどうもいかんのではないか、どこかを変えなければならない、と考えるようになりました。

では、どうしたらいいのか？　キリスト教の互恵精神とか博愛精神というものを応用した新しい宗教を創らなければならない。つまり、産業人が総合的に助け合うような、そういう宗教が必要であるということで、「エグリーズ・サンシモニエンヌ」Eglise Saint-Simonienne――訳せば「サン゠シモン教会」というものを設立します。これを党派活動の拠り所としようと考えます。つまり、サン゠シモン主義というのは、まず宗教組織としてスタートしたんですね。だから、僕が「サン゠シモン教会」と「教える」方の漢字を書くと、たいてい校正係の人は「協会」の方に直してくるんですね。そうではなくて、「エグリーズ・サンシモニエンヌ」です。この教会に加わらなくとも、思想に共鳴した人は当然、相当な数にのぼります。いずれも後に名を成した人ばかりです。例えばヴィクトル・ユゴー、サント・ブーヴ、ジョルジュ・サンド、バルザック。その他、諸々。

ところが、サン゠シモンが死んで（一八二五年）、その弟子たちがあとを継ぐ段になると問題が生じます。サン゠シモン教会の頭目（ペール）になったプロスペル・アンファンタンという人が神憑りになってしまうんです。人間を解放するのには、心の解放も必要だ。また、単に男だけではだめで、女も解放しなければいかんということで、最終的には結婚制度を否定して、フリー・セックスまで念頭に入れた主張を展開するようになります。

このため、サン＝シモン教会は真っ二つに分裂してしまいます。神憑りのプロスペル・アンファンタンの主流派と、それに異を唱えるバザールの反主流派に別れます。あとでお話ししますペレール兄弟などの銀行・金融関係の人間は、こちらの反主流派に加わります。アンファンタンの主流派は男女の教会員がいっしょになってメニルモンタン（現在のパリ二〇区）で共同生活をはじめますが、風俗壊乱の罪で一八三二年に当局の弾圧を招きます。これで、サン＝シモン教会は完全に消滅してしまったかに見えたんですが、アンファンタンはなおくじけず、残った数少ない同志たちを連れて、なんとエジプトまで出かけるんですね。何のためかというと、教会のペール（父）とカップルになるメール（母）はオリエントにいるはずだから、これを探そうというんです。つまり、教会が完璧なものになるには、ヨーロッパ人であるアンファンタンのペールだけではダメで、オリエントの人であるメールが必要である。というワケで、彼らは本当にエジプトまで行っちゃうんですね。結局、メールは発見できなかったんですけれども、エジプトのスエズのところを見て、ここを掘って運河を作れば、ちょうど西洋と東洋が結び付くじゃないか、じゃあ、これをやろうということになって、アンファンタンはエジプトの副王あたりと話を始めるんです。これは、失敗しますが、後に、レセップスというサン＝シモン主義者の生き残りの人間によって、スエズ運河として実現（一八六九年）します。

というわけで、サン＝シモン教会は解散してしまうんですけれども、それから二〇年後の一八五一年、大統領のルイ・ナポレオンがクーデターを起こし、翌年に皇帝ナポレオン三世になると、突如息を吹き返します。ひとつには、ナポレオン三世自身がかなりサン＝シモン主義に傾倒していたことがあります。ナポレオン三世は一八四〇年にブローニュで一揆を起こし、刑務所に入れられていた時に、サン＝シモンの著作を一生懸命勉強していたんです。

もう一つは、サン＝シモン主義の革命の方法論から来るものです。サン＝シモンは、革命なんていらない、国王にお願いして、産業人のための政策を実行してもらえばいいんだと主張していたわけです。つまり、王政、帝政、共和政なんて体制は関係がない。主権がどこにあろうと、ただ、経済・社会政策を実施すればいいんだというわけです。この意味で、サン＝シモン主義者の皇帝の出現は願ったり適ったりでした。

千載一遇のチャンス現わるということで、サン＝シモン主義者、正確には元サン＝シモン主義者と呼ぶべきですが、とにかく彼らが各方面から皇帝に働きかける。なかでも、サン＝シモン教会で書記長みたいな役割を演じていた経済学者のミシェル・シュヴァリエというコレージュ・ド・フランスの教授、ロスチャイルドと袂を分かったペレール兄弟という銀行家、その他、鉄道の経営者とか、製鉄工場の経営者などの旧サン＝シモン・グループがコンセイユ・デタ（直訳すれば「国家の顧問」、現在の国務院）となってブレーン政治を始めます。これによって一気にフランスは金融・経済大国になるわけです。特にペレール兄弟が興したクレディ・モビリエという銀行は、世界最初のベンチャー・キャピタルとして、ものすごい勢いで発展していきます。

その結果、一八五二年の帝政開始から三年、四年もしないうちにフランスはあっという間に金融大国になります。民間に眠っていたお金が全部そこに集まり、そこから基幹産業に投資されていきます。こうして、ナポレオン三世の厚い保護の下、鉄道・製鉄・海運などが大発展をとげます。こうして、第一次不景気の現れる五七年までのたった五年の間にフランスは一気に近代化してしまう。このスピードたるや世界の歴史でほとんど類を見ないスピードです。そして、そこから更に一〇年で、フランスはイギリスと肩と並べる、あるいはそれ以上の、ヨーロッパ一の大国になるわけです。

一八六〇年には、ミシェル・シュヴァリエがナポレオン三世の特使としてロンドンを訪れ、イギリス側の特使のリチャード・コブデンと秘密協定を結びまして、関税クーデターと呼ばれる英仏通商協定、というのを結んでしまいます。これによって、関税は一挙に一〇〇%から三〇%に引き下げられ、フランスの産業はまた大発展を遂げます。フランスは、たった一五年のスパンで完全に別の国になってしまったんです。

ちょうどその時にパリに来たのが渋沢栄一だったわけですね。

ぼくは、この二つの事実の偶然の一致というところから、一つの仮説を立ててみました。フランスというのはご存知のようにカトリック国です。カトリックの国ではプロテスタンティスムの国のようなエートスがありません。ケチで金を貯め込むことはあるけれども、それを投資することはないし、あるいは、一生懸命働いて明日に備えるというエートスもないわけです。つまり、禁欲型、刻苦勉励型のエートスがない国です。マックス・ウェーバーが言ったことが正しければ、近代資本主義は禁欲型のプロテスタンティズムの国でしか生まれないはずです。

ところが、第二帝政で、フランスは一挙に資本主義化に成功しました。それは、サン゠シモン主義というすでに出来上がったシステムを一気に上から適用したからにほかなりません。

ところで、渋沢に経済のシステムを教えたフリュリ・エラールという銀行家は多分サン＝シモン主義者の流れを汲む金融家であろう。ならば、渋沢が習った金融システムというのは、フランスを一五年のうちに大国に仕立ててしまったサン＝シモン主義的な加速型資本主義ということになる。システムを外部注入する資本主義であるがゆえに、フランスのように本来資本主義が馴染まない国でも成功した。となると、渋沢が日本で資本主義の根付けに成功したのは、これがどこかでサン＝シモン主義の影響を受けていたのではあるまいか、これが私の仮説です。

フリュリ・エラールはサン＝シモン派の銀行であって、そのシステムを渋沢に教え、渋沢はよく分からないけれども、そうとは知らぬサン＝シモン主義者となって日本に帰国し、フランスで学んだシステムを応用しのではないか、と思ったんですね。

ところが、僕がさっき言った通り、フリュリ・エラールの子孫の話を聞いて、銀行のルーツを探っていったら、仮説と反対のことが出てしまったんですね。フリュリ・エラール銀行はロスチャイルド系だったんです。なぜかと言うと、フリュリ・エラール銀行は、ソシエテ・ジェネラル系なんですが、ソシエテ・ジェネラルというのはロスチャイルドがペレール銀行のクレディ・モビリエ（動産銀行）の成功を見て、同じシステムの銀行を創ったものなんです。つまり、対抗ベンチャー・キャピタルですね。

そこで、これはまずい、仮説と反対の事実が出てきた、と思ったんですけれども。さらによく調べたら、そのロスチャイルド系のソシエテ・ジェネラルには、ペレールと袂を分ったプロスペル・アンファンタンのサン＝シモン主義主流が一枚かんでいることがわかりました。サン＝シモン教会の分離派ではなく正統派の一党がソシエテ・ジェネラルには大きく関わっていたんです。

ですから、結局システムは、ペレールのクレディ・モビリエもソシエテ・ジェネラルもどちらもサン＝シモン主義なわけです。つまり、小口の融資を集めそれをベンチャー・キャピタルに投資するというシステムです。この時代に出来た一般人相手の投資銀行は、ソシエテ・ジェネラル、クレディ・リヨネなど、今フランスの大手銀行となっている銀行はみなそうです。クレディ・モビリエだけは途中で破産してしまうのですが。

ですから、僕が立てた仮説、渋沢はパリでサン＝シモン主義のシステムをそれと知らずに習って、日本でこれを応用したという仮説は、本家のプロスペル・アンファンタンの方の系列として考えれば、別に間違いではなかったわけです。

四　明治元年、帰国後の活躍——日本型資本主義の根付け

渋沢はこうして、パリで、国債・社債・株式投資のシステム、とりわけ小口の預金を集め産業に投資するというベンチャー型キャピタルの方法を学んで、国富の源はここにあると膝を打ったわけです。徳川昭武を留学させるかたわら、自分は経済を学んで、日本に帰ったらこれを役立てようと考えました。

しかし、二人の同時留学は長くは続きませんでした。昭武が水戸藩の藩主になってしまったので、どうしても帰国せざるを得なくなったんです。明治維新になったといっても、藩制はそのままですから、藩主になったら家督相続しなければならない。というわけで、二人は後ろ髪引かれる思いで、一年半いたフランスを後にします。

こうして、渋沢は、翌明治元年（一八六八年）一一月に日本に帰国します。徳川慶喜は静岡に蟄居を命ぜられていて、渋沢は涙を流しながらかつての君主と再会しますが、反面、もはや幕臣でなくなった以上、自由に経済活動がやれると喜びも感じます。とにかく株式会社というのをやってみたくてしょうがないわけです。静岡藩の勘定組頭を命ぜられると同時に、早速、株式会社システムを応用した手附商会、商法会所というものを始めます。日本で最初の株式会社は何かを巡っては、いろんな説があるんですが、とにかく、最も早い時期の一つです。福沢諭吉が、丸善の創始者である早矢仕有的《はやしゆうてき》に創らせた丸善商会、あれも株式会社の最初の一つです。その他、小栗上野介が創ったのも株式会社の一つと言われていますから、どれが株式会社の最初とは厳密には言えないんですけれども、とにかく、渋沢は帰国早々、非常に早い時期に、株式会社を始めます。その名前は、会計掛常平倉、商法会所、常平倉といろいろと変わるんですけれど、いずれも、渋沢が試みた商社兼銀行みたいなものの一つです。

これで、渋沢は大いに自信をつけるんですけれども、明治二年の一〇月、明治新政府に呼び出されて、大蔵省（民部省）に召抱えられることになってしまいます。渋沢はおおいに悩みます。自分は徳川を打倒しようと思ったのに幕臣となった。帰国して全くの一私人となって商売を始められると思ったら、今度は、明治政府に召抱えられてしまう。これは自分の志とは異なる。だから断ろうと、大蔵省の実力者であった大隈重信（一八三八年生まれですから渋沢の二つ上です）に談判にいくんですが、逆に、言いくるめられてしまいます。お前がやろうとしてきたことはどういうことなんだ、とにかく日本を豊かにすることだろう、それだったら、まずシステムを作らなければいけないじゃないか、それには役人になるのが一番だ。ということで、説得されまして、渋沢は仕方なく大蔵省（民部省）の役人となります。

最初は、租税組頭としての出仕です。大蔵卿が伊達の殿様、大蔵次官にあたる大蔵大輔が、大隈重信、そして局長クラスの大蔵少輔が伊藤博文です。渋沢は大隈重信の下で改正掛となり、伊藤博文（一八四一年生まれですから渋沢の一つ下です）とコンビを組んで、次から次へとシステムを創っていきます。例えば、郵便法、度量衡、四民平等の宣言などです。後には廃藩置県（明治四年）にも関わりました。また、株式会社の作り方の解説書とか、あるいは銀行法というものも作ります。伊藤博文は途中でアメリカに留学してしまって、井上馨が大蔵大輔になります。渋沢はその下で、実質大蔵次官という形で、明治六年まで、大車輪の活躍をします。大蔵省をほとんど一人で切り盛りしてゆきます。

そのまま行ったら、まちがいなく、渋沢は大蔵大臣、いや日本の首相になっていたはずです。しかし、渋沢は役人生活に大いなる不満を感じます。それは、役人である自分に対して、商人があまりに卑屈であるということです。これでは、まるで、江戸時代の武士と町人と変わらないじゃないか。フリュリ・エラールとヴィレットのような関係は望むべくもない。これではダメだ。たとえば、銀行を創ろうと思って、三井家とか鴻池家とか、小野組とかの大手の商人を呼び集めて、これこれこうだと言うと、商人は江戸時代の商人と同じで、渋沢の前で這いつくばってへいへいしているだけです。フランスの銀行家なんかとは雲泥の差だ。エートスの問題で、役人と対等に渡り合えるような商業家・産業家というものがいない、エートスはどうしようもない。これは、いっそ自分が商人になるしかないと思い詰めるわけです。しかし、そのときは井上馨に止められまして、一旦は思い止まります。

ところが、そのうちに、渋沢が大蔵卿の大久保利通と正面衝突してしまう事件が起こりました。渋沢の考えでは、予算というのは歳入があって初めて歳出を考えるが筋道だ。それなのに大久保利通は陸海軍なんだからと、歳入をはからずに予算を要求して来る。国家のためだから出せという。それはおかしいじゃないか、と、渋沢は、大久保利通と正面切って大喧嘩をします。その時に辞めたいと思うんですが、この時にも井上に思い止まらされてしまいます。

ところが、この大久保利通が明治五年暮れに岩倉具視使節団の一員として欧米視察に出掛けてしまいます。井上が大蔵省のトップになるわけですが、その時、井上と犬猿の仲であった司法卿の江藤新平が井上と大喧嘩をします。例によって予算をよこせ、よこさないの喧嘩です。井上はついに大蔵省を辞めてしまいます。となると、渋沢も役人でいる必要はないと、大蔵省を袖を連ねて辞めてしまうんですね。

渋沢は、これで晴れてやりたいことがやれると、自分で創った国立銀行条例に則って第一国立銀行を設立します。それが明治六年（一八七三年）六月のことです。この銀行は、三井組と小野組にお金を出させて、自分が頭取に……、最初は頭取ではないんですが、事実上の頭取に就任し、二年後には第一国立銀行の頭取になります。次には株式会社をつくらなくてはいけないということで、今の王子製糸、大阪紡績、その他諸々の株式会社を次から次へ創っていきます。それと同時に手形交換所、証券取引所、それから商法会議所、その他諸々の機関、あるいは鉄道、運輸会社、汽船会社、ようするに、フランスの第二帝政でペレール兄弟がやったのとまったく同じことを、日本でもやって、インフラ及び基幹産業の株式会社を、自分が筆頭株主になることによって創ります。その数、最低に見積もっても五百です。こうした活躍は、誰でも知っているはずです。

ところで、渋沢の経済活動を論じるに当たって重要なことは、渋沢が経済界に飛び込んだその根本の理由です。

先ほど最初に申しました、渋沢がなんとしても戦わなければならないと思ったのは、金儲けは汚い、金儲けをする商人も汚い、反対に金とは無縁の武士は偉いという日本のエートスです。彼にとって、出身が経営農民でありましたから、金儲けが汚いということを言われてしまうと、自分の出自を否定されることになるわけです。だから、なんとしても、このエートスは打破しなければならない。金儲けすなわち商業こそが国富の基である、だから日本は商業立国にしなくてはならない、ということが第一にあります。

それと同時に、彼は最も忠実な『論語』の信奉者でありますから、一方では、野放しの資本主義というのは倫理にもとるという意識もある。金儲けには倫理の歯止めをかけなければいけない。つまり、金儲け自体はとてもいいことだけれども、どこかで倫理的な歯止めを設けなければ、弱肉強食の無秩序世界になる。金儲けと倫理、この二つを両立させる「道徳経済合一説」、これこそが渋沢の生み出した理念です。渋沢は、『論語』を自分なりに読み込んで、江戸の朱子学は孔子は金儲けを非難したというが、そんなことはない、正当なる金儲けであれば孔子様も良いとおっしゃっていると主張します。

これは考えてみますと、サン＝シモンが最初はレッセ・フェールでOKと思っていたのが、途中から、サン＝シモン教会という経済人の道徳的宗教を創って、人間の利潤追求に歯止めをかける必要があると考えたこととかなり一致するわけです。

サン＝シモンは、カトリックの神父に相当するものとして、サン＝シモン教会では、アルビートル、つまり審判みたいなものを設けて、テクノクラートをこれに充てるというアイディアを練るわけですが、そのアルビートルは、自分で金儲けをしつつ、同時に倫理的な裁定者ともなる存在です。様々な所で仲介役を……、たとえば労使紛争が起きたり、あるいは株主同士の紛争が起こったりすると調停に割って入るといった、まとめ役を演じるわけです。サン=シモンが考えるところでは、これは役人であってはほとんど効力を有さない、つまり産業人の中の厳正中立な人間がこれをやらなければならない。

まあ、現在、それに近いものとして、フランスには商事裁判所というのがありますね。シテ島にトリビュナル・ド・コメルス Tribunal de commerce と言うのでしょうか、警視庁の横あたりにある裁判所ですけれども、裁判官は、産業人としてとても立派な業績を挙げた人が無給で勤めています。

渋沢が明治の日本で演じたのは、このサン=シモンのいう資本主義の審判のような役割です。僕はこれをプレイング・アンパイアと名付けました。つまり、自分自らが商業人であり、なおかつアンパイアのような、自己の利益にとらわれない人間が一人いない限り産業はうまくいかない。

日本の経済学者、岩井克人さんの説によると、自由放任主義で、神の見えざる手というものはたしかに働くけれど、実はそれが機能するには、市場の中で、ただ一人、競り人のように、厳正中立な人間というものがいなくてはならないということです。

この岩井説が正しいとすると、明治の資本主義がうまく機能したのは、渋沢栄一という競り人のようなプレイング・アンパイアがいたからであるということになります。

この説が正しいかどうかは、ロシア及びその他の旧共産圏を見れば分かると思います。前資本主義的段階から資本主義経済になるとき、放って置けば、ブラック・マーケット社会になってしまうんですね。一部の暴力的な支配力をもった人間が非常にあくどい商売をやって、少数の特権階級を生み出すが、大部分の人は極貧のまま据え置かれるという社会が出来上がってしまうわけです。

ですから、明治の日本に、渋沢がフランスからそうとは知らずに輸入したサン=シモン的な資本主義のシステムがなかったら、弱肉強食的な資本主義が出来上がっていたかも知れません。特に外資導入で、野放しの資本主義が一挙に生まれたら、多分日本は近代化に失敗していたと思います。それは、中国が日本より早く開国していながら、結局資本主義的な離陸が出来なかったのを見ればわかります。日本で、資本主義の離陸が出来たのは、やっぱり渋沢というたった一人のプレイング・アンパイアがいたからではないか、これが今日のお話ししたことの結論です。

【質疑応答】

[司会]　大変おもしろいお話をいただきました。一時間半、いっさいメモなしで、全部データが頭に入っているので驚きましたけれども、皆様から何なりとご質問をいただきたいと思います。

[質問①]　渋沢栄一の偉大な業績はよく分ったんですが、渋沢さんの考えたものを形にするためには制度とかシステムとか規範みたいなものがないと組織として回っていかないと思うんですけれども、そういう子飼いの人というのはどういうふうにして育てたんでしょうか?

[鹿島]　第一国立銀行というのは、もちろん優秀な部下に恵まれましたから、これは特に問題はない。渋沢の教

えを忠実に守っていけばよかったからです。

問題は、渋沢が日本に株式会社を次々に設立していくときに、どんな人材を登用したかです。というのも、渋沢は、三井・三菱とちがって財閥を作らなかったので、子飼いの財界人というのはいなかったからです。

しかし、渋沢の影響を受けた産業家というのも実はたくさんいまして、これが各界で活躍しました。一人は古河市兵衛、古河財閥の創始者ですね。古河は渋沢が第一国立銀行を創った時に小野組の番頭さんでしたが、小野組が倒産しかかった時に、私財を投げ打って第一国立銀行に担保を提供するんです。このときから、古河市兵衛は渋沢の一の子分になって、なにかあると、すぐに駆けつけてくるようになりました。それから、浅野総一郎。浅野は、コールタールから石炭酸をつくる事業を始めますが、このとき、渋沢の家に出入りしていて、渋沢の目に止まります。やがて、浅野は浅野セメントというのを創って、浅野財閥へと発展させます。そのほか、渋沢が、日本に必要な株式会社を作るときに必ず誘ったのが、大倉喜八郎という大倉財閥の創始者です。

三井財閥とは、第一国立銀行の設立のときには協力を仰ぎましたが、王子製紙では、中上川彦次郎に派遣された藤山雷太に会社を乗っ取られています。しかし、三井は井上馨の息のかかった財閥で、渋沢は井上馨とは親しいために、三井との関連は非常に強かったわけですね。

渋沢が唯一対立したのが三菱です。三菱の岩崎弥太郎との闘いは有名な語り草になっております。岩崎は株式会社なんて面倒臭い、一人のスーパー資本家がいれば全ては解決できるんだという考え方です。それに対して渋沢は株式会社でなければいかん、ということで、二人は鋭く対立します。岩崎は、あるとき渋沢を呼び出して、俺と二人で組んで日本を牛耳ろうじゃないかと誘いますが、渋沢はそれを断固として断ったという有名なエピソードがあります。

そういうように、他財閥とは、対立することもあるし、友好的なこともありますが、渋沢のずるくてうまいところは、株式会社を設立するとき、奉賀帳方式というんですか、まず自分が最初に株式を購入し、大倉とか浅野とかの産業家に小額ずつ株式を購入させる。そして、最後は財閥にも回して資金を調達するという形を取ったところです。つまり、財界における自分の顔をフルに活用して、日本の資本主義の立ちあげをやったわけです。そして、その株式会社には、渋沢が留学資金をもって留学させてやった若手の実力者たちを充てて、経営を任せるというかたちを取ることが多かったようです。何というか財界の総理大臣のような役割を果たして、資本を集めると同時に人材も育成する、というようなことをやったわけですね。

渋沢は単に資本主義のシステムを作っただけではなくて、プレイング・アンパイアとして自ら働き、人材も育てたということになります。

［質問①］　渋沢亡き後、そういう人物は今日本にはいないですね。

［鹿島］　まあそうですね。渋沢が死んだのが昭和六年（一九三一年）、もう満州事変は始まっていました。その後は、軍人の世界になってしまうわけです。戦後は、革新官僚として満州国を作った岸信介のような人が、準共産主義的な資本主義国家、護送船団方式と言いますか、それを作りますが、岸は根っからの官僚ですからプレイング・アンパイアではありえない。その意味で、渋沢に匹敵する人間はいないと言っていいと思います。

［質問②］　お話の最後のところにたいへん感銘したんですが、渋沢栄一が日本の戦前の資本主義の離陸の際に、プレイング・アンパイアの役割を果たしたと。私、聞いていて思ったんですが、産業革命を興したイギリスなり、今、絶頂期のアメリカ、資本主義の権化みたいな国ですね、当然イギリスなりアメリカというのにも渋沢栄一的な民間人というか産業人というのがいたんですか、あるいはいるんでしょうか？

［鹿島］ はっきりと断定はできませんが、原則的にいえば、イギリスやアメリカなどのアングロ・サクソンの国は、レッセ・フェールを良しとする資本主義システムの国です。つまり、国家が、上から何か経済に指図をするということを最初から嫌っていたシステムです。ですから、イギリスにはプレイング・アンパイアのような存在はなくて、あくまでレッセ・フェールで来たわけです。それがアメリカに行ってアメリカ的レッセ・フェールとなった。そのアメリカ的レッセ・フェールは今や完全なグローバリズムとなって、アメリカは世界中に自国の金融システムを押し付けています。とにかく一切の規制をなくして自由競争をやれというのがアメリカのグローバリズムですね。今、日本に押し付けていますけれども。こうしたアングロ・サクソン的な資本主義のエートスには、渋沢的な人間は必要ないと思います。なにしろ、自然発生的に資本主義を作れたわけですから。今、いろいろな経済学の研究家が資本主義の起源について調べていますが、どうも、やはりエートスが、極端なことを言えば村落共同体の時代からそういうものがあったんじゃないかということになっていますね。それに対して、フランスなりイタリアなりのカトリックの国には、そういうエートスはなかったわけですね。だから、カトリックの国はヨーロッパでは後進国になってしまったわけです。

唯一の例外が第二帝政のときに突如資本主義を確立したフランスで、その原因は、いまお話ししたような、外部注入型の資本主義、すなわちサン＝シモン主義でした。

それを渋沢が日本に運んで来たから、日本もアジアで唯一、資本主義の離陸に成功した、まあ、こんなところではないかと思います。

中江兆民——「東洋のルソー」を自覚するとき

井田進也

［司会（小林）］「近代日本の建設とフランス」という題で五回続くわけでございますけれども、今日は中江兆民ということで大妻女子大学の井田進也先生にお話をお願いします。実は井田さんは学生の頃から私は知り合いでしてもう長いお付き合いなんですが、簡単にご紹介いたしますと、昭和一三年（一九三八年）のお生まれで、東大の駒場の教養学科フランス科を卒業されました。それから大学院は同じ駒場にあります比較文学に進まれ、それから東京都立大学の助手になられました。そこから都立大学の助教授、教授となられましたが、定年の少し前に、先ほどお話をうかがったところ、もう長くなりすぎて面倒臭くなったということでお辞めになって、大妻女子大学が比較文化学部というのを創るにあたって招きを受けられまして移られました。都立が面倒臭くなってと思ったら大妻はますます面倒臭くなりまして、現在学部長をやらされてもう会議でひいひい言っておられますが「よく引き受けてくれましたね」と言ったら、「いやあ、お誘いいただいた時は一瞬考えたのですが、この機会と

思ってお引き受けしました」ということで、誠にありがたいことであります。

今日は、御著書を見せていただけると思いますが、私なりに見たところ、まず一番貴重なお仕事は岩波書店から『中江兆民全集』を編集されました。編集というのはただテキストを並べるだけでなくて、やはり徹底的に読んで調べた挙句に編集するわけで、あの全集の編集は大変なお仕事だったと思います。それから一九八七年、今から一六年前ですが、岩波から『中江兆民のフランス』という本を出しておられます。それから、二〇〇一年「二〇〇一年の中江兆民」という本を光芒社という本屋さんから出しておられます。さらに、同じ出版社からやはり二〇〇一年に『兆民をひらく──明治近代の〈夢〉を求めて』という、これはご本人に聞くと兆民研究を世界に開くという意味を込めて編集したということです。ただし、東大の時の卒論はルソーではないんですか?

「(井田) 卒論はボードレールなんです。」

……ですから文学青年ですね。文学青年という面もあって、あと一九八九年のフランス革命二百年にありましたルソーについてのシンポジウムにも参加され、不思議な帽子をかぶっておられて一際目立ったわけでありますが、今日もおもちですので後で終わってから出て行くのをごらんになると分かると思います……。人柄は非常に気軽な方で談論風発の先生ですから、いろいろとおもしろいお話をしていただけると思います。それではよろしくお願いいたします。

はじめに

フランス留学時代の中江兆民
（高知市立自由民権記念館提供）

ただいま小林善彦先生からご紹介に与《あずか》った井田進也でございます。今日は明治初年にフランスへ留学し、「民約論」・『民約訳解』を翻訳して「東洋のルソー」と称せられた中江兆民（一八四七―一九〇一）について、お手持ちの略年譜をご覧いただきながら、㈠長崎留学時代（慶応元年〜慶応三年）、㈡フランス留学時代（一八七二（明治五）〜一八七四）、㈢明治七年に帰国してから『三酔人経綸《けいりん》問答』（明治二〇年）を著す頃までの仏学塾経営時代と、とりわけフランスならびにフランス思想と関係の深かった三期に分けてお話を進めたいと存じます。最初にお断りしておきますが、兆民は弘化四年、土佐の国高知城下に生まれ、本名は篤介《とくすけ》。死去したのは明治三四年で、去る二〇〇一年には郷里の高知市立自由民権記念館で没後百年記念シンポジウムが催され、『中江兆民全集』第二刷（岩波書店）と論集『兆民をひらく――明治近代の〈夢〉を求めて』（井田進也編、光芒社）が出ました。

兆民はフランス語を学んだ長崎留学中、坂本龍馬の海援隊に親しく出入りしていたことが弟子の幸徳秋水（一八七一―一九一一）の書いた『兆民先生』（明治三五年）に伝えられていますが、海援隊を取り巻く思想的環境がフランスに行ってからのルソーとか共和主義思想への接近を容易にしたのではないかと私は考えます。

もう四〇年も前のことになりますが、修士でボードレールをやり損ねて思案投げ首の折、外祖父村上鬼城若き日の演説原稿（『群馬県史』に収録）もある自由民権運動でもやってみるかと思いつき、それなら元祖中江兆民だと短絡してフランス留学時代を調べはじめた次第です。しかしその頃は、さきほどご紹介した秋水の『兆民先生』の岩波文庫版にしてわずか一頁の記述くらいしか材料がなく、留学期間の半分以上に当たる一年余を過ごしたリヨンについても「某状師《ぼう》（＝弁護士）に就《つい》て学んだ」としか知られていませんでした。今回は若干の現地調査も踏まえて、リヨンで共和主義、とりわけその最左翼に位置する急進主義《ラディカリスム》の洗礼を受けたことが、急進主義者の信奉するルソーにさかのぼるきっかけになったのではないか、と考えるゆえんをお話ししたいと思います。

中江兆民といえば、高校生からでも「東洋のルソー」という答えが返ってきそうですが、これは直接的には帰国してまもない明治七年一〇月、仏蘭西《ふらんす》学舎（のちの仏学塾）を開くとともに「民約論」を、また明治一五年から一六年にかけて仏学塾から刊行された政論雑誌『政理叢談』に『民約訳解』（漢文訳）を連載したからにちがいありませんが、二度の翻訳が二度とも全四篇からなる原著『社会契約論』*Du Contrat Social* の第二篇第六章「法について」（*De la loi*）までの摘訳だったことや、「民約論」写本で現存するのは「巻之二」だけで「巻之一」の存在は確認されていないこと、『民約訳解』も単行本として刊行されたのは「巻之一」だけだったことなど、一般にはあまり知られていないでしょう。じつは『民約訳解』が連載されていたのとちょうど同じ時期に（一八八二—八三年）、伊藤博文がドイツ、オーストリアで憲法調査に従事していたのですが、「東洋のルソー」の実像は伊藤の帰国後にはじまる、いわゆる明治憲法体制との緊張関係の中で刻まれたもののように思います。

兆民が「民約論」『民約訳解』を第二篇第六章で中断したことが、テキスト読解といい、時宜《じぎ》的判断といい、いかに独創的かつ非凡であったかは、相前後して刊行された服部徳訳『民約論』(明治一〇年)、原田潜訳『民約論覆義』(明治一六年)という、研究史上でしか顧《かえり》みられない両全訳本と較べてみると一目瞭然です。以前書いたものがありますので詳しくは申しませんが(前掲『兆民をひらく』所収拙稿「明治初期『民約論』諸訳の比較検討」)、兆民訳がテキストを何度も「熟復玩味《じゅくふくがんみ》」(『民約訳解』の表現)した成果として、今日読んでも驚くほど正確かつ闊達《かったつ》なのに対して、服部訳は平明実直ながら、ルソーの飛躍する論理にはとてもついていけない凡庸訳、原田訳に至っては、服部訳を全面的に引き写しながら、俗流儒教道徳で勝手に「覆義」(＝解説)し、フランス語から訳したかどうかさえ疑わしい豪傑訳、といったところです。しかし、中国語に翻訳されて辛亥《しんがい》革命(一九一一年)に大きな影響を与えたのが、ルソーの「国家」は会社みたいなもので、「主権者」は社員思いの社長さんだとする原田訳だったというのは、なんとも皮肉なはなしです。

(一) 長崎留学時代

フランス学への転向

中江兆民は、弘化四年(一八四七年)、土佐の国高知城下の生まれで、亡くなったのは福沢諭吉と同じ明治三四年（一九〇一年）です。文久二年（一八六二年）、というと福沢がヨーロッパへでかける年ですが、土佐の藩校文武館が新たに開校するのと同時に入学して、漢学を陽明学者の奥宮慥斎《おくのみやぞうさい》に、蘭学を細川潤次郎という人に学んでおります。ことによると英語も習ったかもしれません。

慶応元年（一八六五年）一〇月には、「英学修行方《かた》のため」という辞令で、藩から長崎に留学を命じられております。兆民といえばフランス……ということで今日もお招きにあずかった次第ですが、英語を学びに行ったはずの兆民がなぜフランス語に転じたのか、という肝腎な点が伝わっていないのです。

一つ思い当たるのは、その同じ一〇月、土佐藩に富国強兵、殖産興業を目的とした開成館が創設されることになり、兆民にとって生涯のパトロンになる土佐藩参政・後藤象二郎（一八三八―九七）が奉行に任じていることです。開成館の機構を見ますと、大砲局、軍艦局、殖産局……といかめしい名前の局が並んでいて、その八つ目に翻訳局というのがありますが、そこに翻訳局長として入っているのが藩校の蘭学の師細川潤次郎です。この辺の事情から私は、藩当局への誰かの推薦によって長崎留学が決まったのだとすると、ことによると開成館翻訳局からの推薦だったのではないかと推定しています。

フランス語の教師はプチジャン神父

長崎では幕府の語学所であった済美《せいび》館の平井義十郎についてフランス語を習ったと伝えられています（『兆民先生』）。その頃のフランス学というものは今の私どもの考えるフランス文学、詩、美術などではなくて、大砲、軍艦、殖産……と並ぶ実学の一翼をなしていたと考えられますから、フランス学への転向も、兆民の個人的な好みというよりは、藩ないし開成館の要請に従った結果だった可能性があります。

済美館には長崎生まれの山本松次郎という人が一足先に入っていて、プチジャン神父にフランス語を習っていたことが田中貞夫『幕末明治初期　フランス学の研究』に報告されています。とすると、兆民も同窓生として当然、隠れキリシタンを発見したことで知られるプチジャン神父にも習ったことになりますが、その頃の逸話として、当時はまだ仏和辞書がないので、仏蘭、仏英、英蘭など各種の辞書を何度も引かねばならず、「天主教僧侶」（つまりプチジャン神父）から文法を習うにも、身振り手振りで大変だったと回想しています（明治三二年刊、福田富治『初学実用仏蘭西文典』序文、『中江兆民全集』第一七巻）。

坂本龍馬に親しむ

長崎時代にはまた、坂本龍馬（一八三四—六七）が脱藩土佐藩士を中心として組織していた「海援隊」に親しく出入りして、龍馬から「中江のニイさん煙艸《たばこ》を買ふてきてオーせ」などと頼まれると、嬉々《きき》として使いに走ったという有名な逸話が『兆民先生』に伝えられています。これも『兆民先生』ですが、長崎から江戸へ出ようとした時に、留学生監督をしていた土佐商会（開成館長崎出張所）の岩崎弥太郎（一八三四—八五）に江戸へ行くための外国船の船賃二五両が欲しいと申し出たところ、書生ごときに二五両は大金であると断られたので、今に見ておれと袂《たもと》を払って立ち、岩崎の上司後藤象二郎に直談判して獲得しています。私どもが全集を編纂した二〇年前頃には、兆民の江戸転学は本人の自筆資料から慶応二年（一八六六年）が通説になっていましたが、その後の研究で右のような事情で兆民が坂本龍馬、後藤象二郎、岩崎弥太郎の三者に接触しうるのは、龍馬が翌慶応三年四月、脱藩を許されて海援隊長となり、岩崎が同年五月末、後藤から土佐商会の後事を託され、しかも龍馬が後藤と相たずさえて大政奉還建白のため長崎を離れる六月九日以前、とかなり短い期間内に絞り込まれることが明らかになりました（米原謙『兆民とその時代』、飛鳥井雅道『中江兆民』）。この説には異論の余地がないと思います。

兆民が海援隊の坂本龍馬に親しむようになったのが偶然の個人的な事情によるものか、それとも何か特別な事情があってのことかもつまびらかでありませんが、「海援隊約規」として伝えられる記録の中に興味深い一項があります。海援隊というのは、もともと龍馬が脱藩土佐藩士を集めて長崎・亀山を本拠に貿易・海運の事業を行っていた「亀山社中」を土佐藩が参政・後藤象二郎の直属として公許し、龍馬を隊長に任じたものなのですが、参政は二人の書生を「自撰」できるとされ、その書生の役割は「外藩応接の際、並びに海援隊中の機密を掌《つかさど》る」こととされています（平尾道雄『坂本龍馬海援隊始末記』）。飛鳥井氏が引用された岩崎日記を見ますと、海援隊付きかと思われる「喜之助」という書生がときどき土佐商会へやってきて「和英対話訳本」の購入を求めたり、新聞の翻訳を届けたりするのですが（岩崎弥太郎『瓊浦日歴《けいほ》』）、のちの後藤との密接な関係からみて、ことによるともう一人の書生がフランス語に転じた中江篤介だったのではないか、長崎を本拠に海外雄飛の夢を抱いていた海援隊には、英語のほかフランス語も求められたのではないか、と想像がふくらむわけです。

兆民を取り巻く思想的環境

岩崎弥太郎は外国船の船賃二五両を拒んだ相手として兆民研究者のあいだの評判は芳《かんば》しいとはいえないのですが、一三歳年上ながらともに奥宮慥齋の愛弟子ですから、この時が初見ではなかったかもしれません。先ほど申しましたように、兆民が岩崎に掛け合ったのは慶応三年の五月末、六月初め頃と考えられますが、長崎時代の兆民を取り巻く思想的環境を窺《うかが》わせるものとして、私は六月三日の日記に注目しています。その日の岩崎は昼過ぎ来訪した龍馬と酒を酌み交わして「心事」を語り、かねてからの持説(「余素心の所」)を述べたところ、龍馬が手を拍《う》って賛成した(「抵掌称善《てをうってよしという》」)といっております。夜に入ってから後藤の宿舎へ行って「心事」を語ったというのは、龍馬の賛意を得たことを報告するためだったでしょうし、一〇時過ぎに帰ってから『大英國志』を遅くまで読んだ、というのは、龍馬や後藤に語った事柄とこの書物の内容との関連を窺わせます。

さて、『大英國志』というのはイギリス人ミルナー(Milner)の『英国史』*History of England* をイギリス人宣教師ミュアーヘッド(Muirhead)が漢訳して上海で出版したものですが、これはもちろん中国人があとから補筆して文章を整えたものです。『大英國志』は日本でたいへん歓迎されて、輸入されるとまもなく長州藩から翻刻版(一八六一年)が出ています。ただし、その場合は題名が『英国史』となっており、岩崎は黒船来航の翌年、嘉永七年(一八五四年)頃から『大英國志』を読んでいることが日記に明らかですから、彼が読んだのは上海版だったことになります。それにしても、岩崎の青雲の志が『大英國志』を読んで培《つちか》ったものだとしますと、龍馬が手を拍って喜んだというのは、年来『大英國志』に親しんで海外に思いを馳《は》せていた岩崎の持説に龍馬がそうだ!と言って共鳴したことにならないでしょうか。

私がとくに興味を惹かれるのは、それから六日後の六月九日、龍馬が大政奉還建白という大変な任務を帯びて後藤とともに土佐藩汽船「夕顔丸」で上京していることです。その船の中で龍馬が書いたといわれるのが有名な「船中八策」で、例えばその第二策に「上下議政局を設け……万機宜しく公議に決すべき事」とあるのは、新政府が発表した「五箇条の御誓文」の「広く会議を興し、万機公論に決すべし」を先取りするとともに、上下二院制の議会を提唱して、維新後日本の青写真を示したものといわれます。

海援隊と申しますと、とかく外国商社と諸藩との仲介貿易といった経済活動が連想されますが、外国と交渉する以上、語学や国際法の知識は不可欠だったはずで、海援隊が大州《おおず》藩から借りたいろは丸が紀州藩の大船明光丸と衝突・沈没した際には、イギリス海軍提督に裁定を依頼しようと持ちかけて、御三家の大藩に賠償金八万五千両の支払いを約束させています（平尾道雄『坂本龍馬 海援隊始末記』）。さきほどの「約規」でも「政法火技、航海汽機」に次いで「語学」を「勉励」すべきものとされてますし、龍馬は後藤象二郎と組んで『万国公法』の出版を計画して活字を集めていたといわれます——『万国公法』はホイートン（Wheaton）の『国際法要論』*Elements of International Law* を宣教師マーティンが中国訳したものです。フランス学に転じて間もない頃の兆民が、さてフランスとはどんな国かと手っ取り早く知ろうとすれば、箕作《みつくり》阮甫《げんぽ》・省吾父子ら蘭学者の著作以外には、アヘン戦争後中国から輸入されて各種の翻刻版・訓点本・翻訳も出ていた魏源《ぎげん》『海国図志』、徐継畬《じょけいよ》『瀛寰志略《えいかんしりゃく》』はじめ、中国訳された世界地理・歴史の紹介書——中国でいわゆる〝漢訳西書〟——くらいしかなかったはずですし、たとえ兆民自身がこれらの中国書を読んでいなかったとしても、その知識が海援隊周辺で共有されていたことは十分ありうることです。

それからもう一つ、明治元年（慶応四年）になってから海援隊で出版された『藩論』というパンフレットがあります。従来龍馬の考えを秘書の長岡謙吉あたりが筆写したといわれる土佐藩改革論で、調べてみると長岡建吉の筆ではなさそうですが、これを見ますと、上士・下士の身分差別を撤廃し、禄高《ろくだか》も平等にして二院制の議会を設けるとか、上下関係のやかましかった当時の土佐藩でとうてい容れられそうもない〝共和主義的な〟提案がなされています。このような議論が日頃海援隊周辺でなされていたとしますと、龍馬に親しんだといわれる兆民が議論の場に居合わせる機会もあったでしょうから、それがフランス留学後、ルソーをはじめとする共和主義思想を受け入れる素地になったのではないか、と私は考えます。

(二) フランス留学時代

大久保利通の馬車を止めて推薦を依頼

そういうわけで兆民は慶応三年六月頃江戸へ出たと考えられますが、その後明治維新をはさんで〝仏学の祖〟村上英俊や箕作麟祥《みつくりりんしょう》の塾に入ってフランス学を研鑽《けんさん》したこと、慶応三年末に兵庫開港交渉でフランス公使レオン・ロッシュの「通弁官」として大阪・神戸方面へ赴いたこと、明治三年から東大の前身・大学南校の「大得業生」としてフランス語を教えたことなどについては、『兆民先生』ほか諸家の兆民伝に委ねます。

兆民は、明治四年九月頃、新政府が岩倉具視（一八二五—八三）を全権大使とする使節団を派遣することを、おそらく口コミで聞き付けて留学のための運動を始めたようですが、使節団の副使として行くことになった大久保利通（一八三〇―七八）の馬車を止め、もはや「就くべきの師なく読むべきの書なき」ことを説いて直談判に及んだはなしは有名です（『兆民先生』）。当時大久保は大蔵卿として閣内ナンバーワンの実力者でしたから、これも長崎から江戸へ出るとき後藤に掛け合ったのと同じ頂上作戦だったといえます。大久保からその後土佐の先輩で新政府の要職にあった板垣退助（一八三七―一九一九）や後藤象二郎に相談があって、同年一〇月、司法省派遣生としてフランス留学の途に上ることになりました。

岩倉使節団に同船してアメリカ廻りでパリに着いたのが、明治五年正月一一日、新暦に直すと一八七二年二月一九日です。当時留学生監督をしていた入江文郎という人が官費・県費・自費の留学生五八名の名簿を残していますので、その「パリ着」欄からわかったのですが、ほかに「専門科」欄が刑法、目下勉強中の「当時所学」欄が普通学（フランス語を中心とした歴史とか地理とかの教養科目）、「教師」欄がパレー氏との記載があります（田中前掲書）。フランスから持ち帰ったアルバムに、別離に際して J. B. Paret と自署した肖像写真が残っていますから（国立国会図書館憲政資料室蔵「中江兆民文書」）、秋水のいわゆるリヨンの「某状師」、すなわちパレー氏だったことになります。

パリ到着

当時の官費留学生の年間滞在費は千円だったようですが、岩倉使節団は各国を視察するかたわら、各地の留学生を呼び出して勉学状況を調査し、しかるべき支給額を決定する任務も帯びていたらしく、明治三年の「海外留学規則」でも「学費」と「年限」の欄は空欄になっています。『兆民先生』では留学中の交遊として西園寺公望《さいおんじきんもち》（一八四九―一九四〇）、光明寺三郎以下五人の名が挙げられていますが、のちに宰相《さいしょう》になった西園寺の懐旧談にパリのバティニョル地区にあった私塾にいたら「中江兆民、光明寺三郎、松田正久たちは後からきた」（『西園寺公望自伝』）といわれていますから、西園寺との出会いの場は、留学生名簿にあるダーム通り五三番地（53, rue des Dames）の塾だったかと思われます。こんな些末なことまでお話しするのは、兆民のパリ時代の住所が邦人留学生の多かったカルチエ・ラタンのおそらくオデオン座周辺だろうと見当はつくものの、結局わからずじまいだったからです。塾の在りかだけでも、具体的な地番を示せるのはうれしいことです。兆民は明治三四年春、大阪で癌を発病し、〝生前の遺稿〟として書いた『一年有半』で、息子の丑吉《うしきち》が海水浴帰りに拾ってきた蛤《はまぐり》の吸物に「巴里《パリ》カフヱー・アングレー（Café Anglais）のスープも及ぶこと能《あた》はざるなり」と往時を回想してますが（『全集』第一〇巻ならびに岩波文庫版）、当時のガイドブックをみると、乗合馬車《オムニビュス》のH路線がオデオン広場＝バティニョル間を走ってますから（Guide-Diamant, 1872）、奨学金が出て懐《ふところ》のあたたかい日とかに途中下車して、イタリアン大通りにあったこの有名料理店で西園寺や光明寺らと豪遊したのかもしれません。

意外に早かった？リヨンへの転学

リヨンに移った時期は、当地から母親宛てに送った絵葉書ならぬキャビネ版の写真の日付から、かつては一八七二年の一〇月頃からとされていたのですが、のちに陸軍大臣になった大山巌《いわお》（一八四二―一九一六）の手帳から（国立国会図書館憲政資料室蔵「大山巌文書」）、六月一七日にはもうリヨンにいたことがわかりました。その頃リヨンでは万国博覧会が開かれておりまして、ローザンヌに留学していた大山がパリに出る途中、リヨンに立ち寄って当地の留学生二人を呼び出しているのですが、翌一七日の項に

「朝中江生」もやって来て四人で博覧会場の池をボートで渡ったと記しています。これは永年兆民のことを調べていて留学中の現場を押さえた唯一の例になります。

ところが、二年ほど前リヨンに参りました折、市立図書館のローヌ県資料部に蔵する『リヨン・ローヌ県年報』の「前年度日歴」一八七二年度（Ephémérides de l'Année 1872）四月二二日の項に、貴公子《プランス》三名、資産家数名、学生若干名からなる三五人の日本人観光団が来訪し、当市のグランド・ホテルに泊まって、開会が遅れていた万国博会場を視察した後、パリへ出て行ったという記載がみつかりました。〔ちなみに、帰国後『ジャパン・ウイークリー・メール』（Japan Weekly Mail）の乗船名簿を調べてみますと、二月六日のフランス号に伊達公Prince Daté、三刀屋（谷?）氏、山階（科?）氏Yamashinoの三名が乗り込んでいます〕。

この記事と関連して気になるのが、兆民アルバムに挿まれたフランス人中年男性の肖像写真で、裏面に「パリ、一八七二年四月一九日」という日付とともにビジネスマン特有の複雑なサイン（解読不可）がされてます。先ほど申しましたように、兆民は留学前フランス公使ロッシュとその一行のいわば学生通訳を務めた経験があるわけですから、母親宛て明治六年の年始状にマルセイユ港の風景写真を使っているのは、あるいはこの人物の指示ないし依頼で日本人観光団をマルセイユ港に迎えてリヨンに案内するなど、意外に早い時期にリヨン入りしていたためだったかもしれません。その場合、旧暦正月一一日パリに着いた兆民は、三月一五日（新暦四月二二日）には早くもリヨンに移っていたことになります。

兆民留学時代のリヨン

リヨンはローヌ、ソーヌ両河の中州に発達した町で（お手許の一八七〇年代の地図では右が北になっています）、中央矢印の建物がリヨン市庁舎、市庁舎の上（つまり西側）がテロー広場、テロー広場の左（南側）の黒い長方形がサン＝ピエール館という当時の文化センターで現市立美術館、市庁舎の下（東側）に黒く写った建物が大劇場で現オペラ座……という配置になっています。市庁舎の北側の胸突き八丁の丘がクロワ・ルッスですが、丘一帯に広がる絹織物工場からはリヨン名物の機《はた》の音が終日響いていたはずです。フランス革命の時はもちろん、一八三一年、三四年の有名な絹織物工《カニュ》（Canuts）の乱、近くは一八七一年のリヨン・コミューンの際など、ことあるごとに絹織物工が丘を下って市庁舎とテロー広場を占拠するのが習わしになっていました。市庁舎とテロー広場の間を南北に（つまり左に）伸びている市庁舎通りと、これに平行する市庁舎と劇場の間のリヨン通り（現レピュブリック通り）は今も目抜き通りですが、母親宛ての風景写真の発売元もこの近辺に集中してますから、兆民の生活圏もテロー広場とその周辺だったと考えて大過ないでしょう。今日のリヨン随一の観光名所、フルヴィエールの丘にそびえるバジリカは一九世紀末の建立ですから――それで、『ふらんす物語』の永井荷風が古色を帯びたサン＝ジャン大聖堂の荘重さと較べて近代建築の卑しさをいい立てるのです――、兆民が毎日眺めて暮らしたのは、ソーヌ河と裁判所のコリント式列柱を前景に丘の上にぽつんと立った古くからのチャペル（Chapelle Notre-Dame）でした。

急進党の領袖ガンベッタのサヴォア地方遊説

西園寺関係の伝記から、兆民は一八七二年の夏休みをブーローニュ海岸へ海水浴に行って過ごしたものと思われますが——母親宛に送ったル・アーヴル港の写真はその往き帰りの際のものかもしれません——、リヨンへ帰ってからの留学生活の日常性を破る出来事はといえば、共和党極左派の首領レオン・ガンベッタ（Léon Gambetta）（一八三八—八二）が九月二一日にリヨン入りして、一〇月二日までサヴォア地方各地を遊説していることでしょう。一八七〇年に起った普仏戦争で、スダンの敗北により第二帝政が崩壊すると、ガンベッタは国防政府を樹立してドイツへの徹底抗戦を呼びかけ、包囲中のパリから気球で脱出して勇名を馳せていました。ガンベッタは当時、ナポレオン三世に敵対して亡命し、一八七〇年に帰国したヴィクトル・ユゴーと並ぶ共和派の国民的な英雄でした。今でもフランス諸都市にはガンベッタ通りが一番多いといわれますが、当時リヨンで出ていた『進歩《プログレ》』紙 *Progrès de Lyon* ほか各紙を調べると、一面に「偉人来たる！」の大見出しが踊り、市内各書店で大小の肖像写真を売り出し中との広告も載っています。兆民アルバムに残った写真がその時買ったものかどうかはわかりませんが、アノトーの『同時代史』には「ガンベッタの演説は事件だった」とあります。

兆民も『一年有半』でガンベッタをディズレーリ、グラッドストーン（ともにイギリスの宰相）、チエール（留学当時フランスの行政府長官で事実上の大統領）と並ぶ「大政治家」に数え、それに較べて日本の政治家は……と、宿敵伊藤博文を痛罵《つうば》してますし、「ガンベッタ、チエール等の演説の博弁宏偉《はくべんこうい》」、つまり雄弁で堂々としているのは、その「中心に燃ゆるが如き熱誠と、至剛の気」があるためだとしています（『全集』第一〇巻）。しかし、面白いのは、演説そのものだけでなく「文章の上乗なる」ことをも強調している点で、これはじかに演説を聞いただけでなく、その内容を翌日の新聞や『政治文芸雑誌《ルヴュ・ポリティック・エ・リテレール》』（俗に『青雑誌《ルヴュ・ブルー》』）などの新刊を待って確かめたことを物語っています。

兆民のグルノーブル旅行？

ところで、ガンベッタのサヴォア地方遊説は、九月二一日のシャンベリーを振り出しに、アルベールヴィルから、ドフィネー地方のグルノーブルへ飛び、再びサヴォアに戻ってアヌシーからジュネーヴ寄りのレマン湖南岸の小都市へと、一〇月二日までに廻っているのですが、とりわけ労働者・農民という、従来政治の世界から取り残されてきた「新社会層」（nouvelles couches sociales）に共和政の確立を訴えた九月二六日のグルノーブル演説は、文字どおり声涙共《せいるいとも》に下《くだ》る名演説として有名です。リヨンでの演説会がなかったのは大都市での混乱を避けたためと思われますが、兆民がガンベッタの遊説先まで追っかけて行ったかどうかはともかく、翌一八七三年（明治六年）二月投函のグルノーブルの風景写真をどう扱うべきか、私は迷っています。兆民アルバムにはさらにグルノーブルからシャンベリーに通ずる鉄道のポンシャラ（Pontcharra）駅近くでイゼール河に合流するブレダ渓谷（le Bréda）を背景に男が一人ぼんやり写っているだけの、なんの変哲もない写真が挿まれています。母親に写真を送る際に、これはフランスの名所だから大切に取っておくようにと書き添えているくらいですから、よもや自分が見たこともない土地の写真を送ることはなかったのではないか、だとするとガンベッタの演説を聴きに行ったか、それとも遊説の跡を辿ったのだろうかと、疑問は次々浮かんでくるのですが、いずれにせよ一八七二年（明治五年）の秋から翌年二月までの間に、兆民がリヨンを起点にグルノーブルとシャンベリーを結ぶ三角周遊旅行を試みた可能性は残るような気がします。ちなみに、グルノーブルを含むガンベッタのサヴォア地方遊説は、意図してではないにせよ、若き日のルソーの遍歴の跡とほとんど重なり合っていることを申し添えます。

リヨンの急進党市長バロデの国民議会進出

さきほど兆民がリヨンに転学した時期が意外に早く、ことによると一八七二年四月二二日（旧暦明治五年三月一五日）に日本人観光団を案内してリヨン入りしたかもしれないと申しました。ところが、リヨン市の「前年度日歴」によりますと、ちょうどその翌二三日に、デジレ・バロデ（Désiré Barodet）が市長に就任しています。リヨン市議会が全員急進党員で、前の市長が市議会対策に疲れていわば過労死した結果、筆頭助役のバロデが市長に躍《おど》り出たわけです。バロデは就任早々、自分は骨の髄からの急進党だと宣言していますが、前年二月の選挙以来、共和党中道のチエール政府の下で、国民議会では王党派が多数を占めるというねじれ現象が生じていましたから、兆民がリヨンに移った一八七二年春頃というのは、リヨン市長・市議会と国民議会が共和政か王政復古かをめぐって対立する図式がちょうど出来上がった時期ということになります。

この年、一八七三年の一二月一六日（旧暦明治五年一一月一六日）に岩倉使節団がロンドンからパリに到着して、翌年の改暦二月一六日まで滞在した際には、フランス内外の各地から留学生が集まってきた様子が『木戸孝允日記』や、東本願寺の現如上人に従ってインド洋廻りで一足先にパリに着いていた成《なる》島柳北《しまりゅうほく》（一八三七―八四）の「航西日乗」（『明治文学全集』4 所収）によって窺われますが、西園寺ほか兆民の友人たちが木戸や成島のお供で市内見物などに外出することはあっても、兆民自身がパリに出てきた形跡はいまのところ認められません。

以前パリ警視庁資料部で当時のリヨン情勢を伝える密偵報告書を調べたことがありますが、小学校の世俗化問題や警察権をめぐるリヨン市長バロデとローヌ県令カントネ（Cantonnet）との間の緊張が高まってきた一八七二年九月頃から「第六号」N°. 6と自署する密偵がテロー広場のカフェ・デュ・パンテオン（Café du Panthéon）という急進党のたまり場に張り込んで、カフェに近い同広場八番地のミラノ・ホテル（Hôtel de Milan）が彼らの巣窟であると報じています（Inventaire Sommaire, Série B^A. とくにB^A385以降のAffaires de la ville de Lyon）。

さらに「第六号」氏の報告によれば、明けて一八七三年（改暦明治六年）になりますと、国民議会とリヨン市長・市議会の対立がいよいよ激しくなり、ついに二月三日の議会でリヨン中央市政（mairie centrale）を廃止して六つの区に分割する法案が可決されてしまいます。当然のことながらその後のリヨン市内、とくにテロー広場周辺は騒然としてきますが、法令によって四月四日に中央市政がいよいよ廃止されますと、翌日から三千人もの急進派の群衆が広場に集結し、ほとんどコミューンの時のようだと密偵は危機感を募らせています。パリではコミューン壊滅後国民軍《ガルド・ナシオナル》は武装解除されましたが、リヨン、マルセイユ、トゥルーズ等の南部諸都市では依然として武器を保有してましたから、市庁舎に一万五千丁分の武器弾薬が集められたとの噂も飛び交います。急進派とインター分子合同の大デモは連日繰り広げられ、七日のごときは労働者群衆が国民議会解散をスローガンに行進し、一二日には市長を解任されたバロデが国民議会のセーヌ県補欠選挙に打って出たことが報じられます。結局バロデは四月二七日、フランス選挙史上空前といわれた激戦を制して現職外務大臣レミュザ（Rémusat）に圧勝し、国民議会入りを果たすのですが、一方、王党派に敗北の責任を追及された大統領チエールは五月二四日の政変で失脚し、王党派選出のマクマオン McMahon に席を譲ることになります。

以上のようにリヨン市長・市議会と国民議会とが共和政確定か王政復古かを賭けて対立抗争するさまを兆民がどのように見ていたかはわかりませんが、少なくともリヨン市政が国政を揺るがす状況下で留学生活を送ったことが、その後のルソーをはじめとする共和主義思想への接近を容易にしたであろうことは、想像にかたくありません。

身辺あわただしかった一八七三年春のリヨン

兆民の留学時代はわからないことだらけだと繰り返し申しましたが、実は、この年の春、京都の西陣から三人の織物職人が研修にやってきて、この人たちと交わったらしいことが、後年の新聞論説から窺われます（「当年の大博覧会に就て」、『全集』第一三巻）。また、留学前鍛冶《かじ》橋の土佐藩邸で知り合った馬場辰猪《たつい》（一八五〇—一八八）がアメリカで客死したことを悼む文章の中でも「仏国ニ居リ主ニ下等職人ト交ハリ……」と語っておりますが（「弔馬場辰猪君」、『全集』第一一巻）、ことによるとこれも西陣の職人とクロワ・ルッスの絹織物職人だったかもしれません。彼らの研修先は帰国後の報告書に「ジュール・リズレイ方」とありますので、当時の絹織物業者の名簿に当たってみますと、それらしい店はクロワ・ルッスのふもと、劇場東のローヌ河畔トロザン広場にあったようです。

それから、四月一二日といえば、バルデ前市長が補選に打って出た日で、リヨン市内が騒然としていた頃ですが、リヨン市「前年度日歴」の翌一三日の項には「日本の大蔵大臣一行二〇人、リヨンに到着」とあります。太政官制下の〝大蔵大臣〟といえば大蔵卿《きょう》大久保利通にほかなりませんから、留守政府の要請で使節団に先発して帰国することになった大久保がリヨンに立ち寄ったことを意味します。兆民のアルバムに大久保の写真が残ったのは、留学時に世話になった大久保に、パリではともかく、少なくともリヨンで接触する機会があったことを証しています。

留学生呼び返しの報に急遽《きゅうきょ》パリへ

明治初年の海外留学生というのは、維新戦争の論功行賞《ろんこうこうしょう》で選ばれた者がいたりして玉石混淆《ぎょくせきこんこう》だったので、大蔵省の井上馨《かおる》（一八三五―一九一五）などが早くから整理論を唱えていますが、文部省から三月一五日付の帰国辞令が全員に発せられてますから、五月半ば頃には兆民の手許にも届いていたはずです。実は前年一二月にも帰国命令が出ていて、これには誰も応ずる者がなかったのですが、今度は弱冠二一歳の九鬼隆一（『「いき」の構造』を書いた粋人哲学者九鬼周造の実父）が現地へ呼び返しにやって来るという噂が伝わったものですから、さすがの兆民先生も無視するわけにいかなくなったようです。伊藤博文の明治憲法編纂《へんさん》に協力したことで知られる井上毅《こわし》（一八四四―九八）は、インド洋廻りで成島柳北と乗り合わせた司法省調査団の一員として、その頃「パーレー《［ママ］》氏」の案内でリヨンの裁判制度を調べていましたが、リヨンで法曹関係の「パーレー《［ママ］》氏」とあれば、兆民の先生「パレー氏」にほぼ間違いないでしょうから、この司法省の先輩に自分の先生を推薦したのも、おそらく兆民自身だったでしょう。案の定井上は、六月初めごろ調査団の同僚に宛てた書簡案で「此ノ節呼返し云々ニ付キ、危如朝露《あやうきことちょうろのごと》」

くなった兆民が最近パリへ出て行ったことを報じ、この人物は仏学者としてきわめて有望で、その将来は自分が保証するから、是非あと二、三年留学させてやって欲しいと弁じています（『井上毅伝』史料篇第四）。帰国後はそれぞれ政府側、民権側を代表する論客として相対峙《たいじ》することになる両者の間にこのような友情が成り立っていたというのは興味深いことですし、兆民が『三酔人経綸問答』の原稿を井上に見せたといわれるのも（徳富蘇峰「妄言妄聴」）なるほどとうなずけます。ともあれ、例のアルバムには「一八七三年六月四日、パリ」と記した日本人の写真が挿まれてますので、六月初めにはパリに戻っていたことになります。

ここでリヨン時代の最後を物語る新資料をご紹介したいと思います。パレー先生は兆民との別離に臨んで「肖像というものは友人のことを思い出させてくれるものだ」と記した名刺判写真を贈っていますが、実は没後百年を記念した『全集』第二刷の準備段階で、パレー先生への献辞付き『正訂国史略』という漢文の書物（和綴じ本二冊）が出てきました。数年前に東京の古書展に出たものだそうですが、「呈巴禮《パレー》先生……」と筆書きし、ペン書きの部分は《À mon maître Monsieur Paret / Votre serviteur dévoué / Nakaé Tokousuké / Le 23 mai 1873 Lyon》となっています。兆民は留学中『十八史略』や『日本外史』等の漢籍を大量に仏訳したと伝えられますが（『兆民先生』）、旧仏学塾生への書簡にときたま単語が混じるほか、フランス語の文章らしいものは残っておりませんから、これは短いながら〝献辞〟という文章になってますし、兆民には以外なカリグラフィーを伝えているという意味でも貴重です（全集第二刷第一六巻に写真と解題を収録）。リヨンで献呈したはずの書物が東京の古書展に出たというのもおかしなはなしですが、相手が読めない漢文の書物を贈っても……と思い直したか、パリへ出るのをよほど急いで贈る機を逸したかのどちらかでしょう。

パリ帰還後の留学生活

パリへ出てからは、田中貞夫氏が紹介された留学生名簿に後からペンで書き込まれた「カルディナル・ルモアーヌ通りのルッス塾」(Institution Reusse, rue du Cardinal Lemoine) に籍を置いたものと思われます。イレレの『パリ街路歴史辞典』Hillairet, *Dictionnaire historique des rues de Paris* によれば、一八六八年にこの通りの一三番地にはド・ラ・トゥール塾 (Institution de la Tour) というのがありましたから、普仏戦争とパリ・コミューンの混乱期を経てルッス塾に代わっていたものと思われます。

兆民が急進主義市政下のリヨンで一年余りを過ごしたことはいまお話ししたとおりですが、急進主義思想の源流に位するルソーの『社会契約論』を知る直接のきっかけになったのは、パリに戻ってからのエミール・アコラース (Emile Acollas) とのなんらかの接触だったかもしれません。この人は法学部受験生の間でよく読まれた『民法提要』*Manuel de Droit Civil* の著者で、パリ時代の友人西園寺が「門人」を自称する市井《しせい》の民法学者です。兆民も明治一七年、門人の酒井雄三郎が訳したアコラースの『政理新論』*Philosophie de la Science Politique* に校閲者として名を連ねていますが、その巻頭には「先師ルーソーに告ぐ」という人民主権論への賛辞が掲げられています。あとでお話しする仏学塾の翻訳雑誌『政理叢談』にもアコラースが一八七五年の総選挙に立候補した際に発刊した『政治学』*Science Politique* から雑誌づくりそのものを学んだ形跡が明らかです。兆民がアコラースの直接の「門人」だったかどうかは確認できませんが、アコラースの書物に親しんで、「個人の自律」(authonomie de l'individu）原理からする批判的ルソー論に接したことは、兆民のルソー観を解明する上で重要な手がかりになるはずです。

『一年有半』（一九〇一）にフランス語の名文の例としてコルネイユ、ラシーヌが引かれるのは、パリやリヨンの私塾で習った「普通学」の名残りかもしれませんが、同じ教科書に載っていたはずの喜劇のモリエールが出てきませんし、大阪で癌を宣告されてから聴いた越路太夫《こしじだゆう》、大隅太夫の義太夫を絶賛しているところからも、コメディー・フランセーズあたりで上演されたコルネイユ、ラシーヌの悲劇を好んだものと思われます。じじつ、フランスから持ち帰ったアルバムには、裏に〝Tholer〟とペン書きされたブロマイド風の写真が残っておりまして、コメディー・フランセーズの資料部に問い合わせてみますと、やはり同座の悲劇女優ガブリエル・トレール（Gabrielle Tholer）嬢でした。当時の劇評には、楚々《そそ》とした美貌の持ち主ながら、サラ・ベルナールの迫力に欠ける、とありますが、にわかに世紀の大女優と較べて見劣りするといわれるのは、ちょっと気の毒な気がします。文楽座の『忠臣蔵』三段目で越路のお軽《かる》を聴いたとき、兆民は遠くトレール嬢の面影に思いを馳せていたかもしれません。

パリへ戻ってからの留学生活は、なにしろ今度は文部省が本気で呼び返しを始めたと聞いて飛び出してきたくらいですから、勉強どころではなく、西園寺のいわゆる「高談放論」が専門だったでしょう。のちに仏学塾で教材として使われる書籍も、この時期に買い集められたものと思われますが、『民約訳解』の底本になった一七七二年刊の初版偽本や、一九世紀前半刊行のビュシェ『フランス革命の議会史』などは、河岸や第六区の古本屋を渉猟《しょうりょう》した成果でしょう。兆民自身は文部省で七月四日に発表された整理原案では留学延長を認められる「甲印」組に入っていたのですが、後年の九鬼隆一の回想談によれば、呼び返し反対の檄文を書いてロンドン、ベルリンに遊説したといわれ、じっさい七、八月頃にはロンドンに一週間滞在して馬場辰猪に市内を案内してもらっています（「弔馬場辰猪君」）。九鬼の回想談では整理原案の失敗をみずからの武勇伝にすり替えていますから、兆民たちとの交渉がどのように決着したかについて詳細は伝わりませんが、どうやら全員に半年間の延期が認められたらしく、一二月二五日に発令された帰朝辞令では、辞令の到着後二ヵ月以内に各自の留学地を出立することが義務づけられています。当時のフランス郵船（Messageries Maritimes——略してMM）では郵便に二ヵ月前後、マルセイユ=横浜間の渡航に一月半ほどかかりましたから、翌一八七四年（明治七年）二月末に着いた辞令で四月末頃マルセイユを発ったとすると、横浜到着は六月中旬と単純計算されます。そこで、横浜の英字新聞 *Japan Weekly Mail* の「入り船」欄に当たってみますと、六月九日入港の「マンザレー号」(Menzaleh) に Waturi 渡、Musianokoji 武者小路《むしゃのこうじ》、Madé 万里小路《までのこうじ》、など特徴的な苗字の留学生に混じって中江篤介らしい Nakohie なる人物の乗船が確かめられました。つまり、マルセイユを四月二六日に出港した上海航路の「イラワジ号」(Irauaddy) で香港までできて、維新後開設された香港=横浜航路の小型船「マンザレー号」に乗り換えたことになります。

(三) 帰国から仏学塾時代まで（一八七四〜一八八七）

自由民権運動とルソー「民約論」の翻訳

兆民が帰国した明治七年六月といえば、前年の征韓論分裂で下野した板垣退助、後藤象二郎らの土佐藩の先輩が一月に民選議院設立建白書を提出したばかりですから、自由民権運動が始まろうとするのに合わせて帰ってきたようなものです。この年の一〇月に麴町中六番町四五番地に——というと靖国通りの麴町郵便局の裏手あたりですが——その後仏学塾と改称される仏蘭西学舎を開いて、上旬には「民約論」を翻訳しています。民権運動家の間に写本で流布したこの仮名混じり体「民約論」が、のちの漢訳『民約訳解』と同様、原著『社会契約論』の第二篇第六章「法について」まで、三分の一ほどの摘訳であることについては、あとで触れたいと思います。

元老院の「日本国憲按」編纂《へんさん》事業

兆民は明治八年二月に東京外国語学校の校長になったのを三ヵ月足らずで辞《や》めて、五月には新設後まもない元老院に権《ごんの》少書記官として入っています。議長不在の副議長がまたもや土佐藩先輩の後藤象二郎で、後藤の推薦状が残っています。明治一〇年一月までの元老院時代について『兆民先生』には、仕事中腹が減ると懐《ふところ》に忍ばせた豆を食っていたので「豆食ひ書記官」と呼ばれたとか、旧薩摩藩主で左大臣島津久光に「策論一篇」を差し出し、面会の席で献策の趣旨が行いがたいと聞くや、西郷隆盛（一八二七—七七）を呼び寄せて近衛兵に太政官を囲ませては、とクーデターを持ちかけたといった逸話が伝わっている程度なのですが、そのときの「策論一篇」らしいもの（以下「策論」）が近年松永昌三氏によって発見されて、全集にも入っております。全七策からなるその第七策にはモンテスキューいわくとして「一定ノ憲制ヲ立」てるには、「才識超絶スル者」とこれを助ける「宏度堅確且《かつ》威望有ル者」の二人が必要とありまして、調べてみますと、たしかに『ローマ盛衰原因論』第一章からの引用ではあるのですが、じつはこれが「民約論」でルソー原著を第二篇第六章で中断したあとの第七章「立法者について」(*Du législateur*) から孫引きしたもので、「立法者」législateur (=「才識超絶スル者」) には立法をなさしめる「君主 (ないし為政者)」prince (=「宏度堅確……」) の後ろ盾が必要だ、という文脈になっています。ただし兆民は島津に会うまえにも「某々有力者に遊説し、或は某々先輩に献策して」いたようですから (『兆民先生』)、私は同じ「策論」を政府部内保守派ナンバーワンとして煙《けむ》たがられていた島津より先に、実力者ナンバーワンの大久保利通に提出しなかったはずがないとにらんでいるのですが、その件はともかく、元老院時代の兆民が事実上「立法者」をもって自任していたのだとすると……と、内閣文庫で『元老院日誌』を山と積んで調べて分かったのは、同院で明治九年一〇月に起草された「日本国憲按」の編纂事業を担った調査課――事業の進展にともなって、任官時に配属された調査掛が調査課、調査局と名前を替えます――と、その中にできた国憲取調局に当初からただ一人、終始一貫在籍したのが兆民だった、ということでした〔ミギエー (=ミニェ)『仏蘭西革命史』を訳した河津祐之や、『仏蘭西法律書』の訳者大井憲太郎というフランス通の上司や同僚もいましたが、それぞれ途中で転属したり罷免されたりしています〕。

もともと元老院は薩長藩閥政府から締め出された旧土佐藩士の牙城とされておりまして、あとから藩校以来旧知の細川潤次郎も国憲取調局担当の議官として直接の上司になるのですが、なにしろ「日本国憲按」は、のちに『政理叢談』にも紹介され、井上毅の建策の虎の巻にもなったラフェリエール原著『欧米各国憲法集』Lafferrière, *Constitutions d'Europe et d'Amérique*...を手分けして訳して各条ごとに参照したものですから、書記官ながら兆民が編纂作業全体の調整役を果たしていたことは間違いないでしょう。

「日本国憲按」は兆民の辞職後も第二次案、第三次案と練りなおされながら、伊藤博文らによって「翻訳憲法」「欧米焼き直しの憲法」の名のもとに明治一三年一二月、不採択の方針で上奏され、翌一四年三月には国憲取調局も閉鎖されています。元老院の動きを警戒する岩倉、木戸らの意を受けてお雇いフランス人ボアソナード（一八二五―一九一〇）が書いた「憲法備考」（憲法資料室蔵）では、立法府としては当初から「元老院」しか設けないことになっていたのですが、「国憲按」の起草からわずか二、三ヵ月以内に「代議士院」条項が加筆されるという方針の大転換が生じたのはなぜか、その間の事情を物語る資料は残っておりません。一つ考えられるのは、上奏に先立つ一三年八月に元老院から編纂の基礎資料をまとめて公刊された『万国憲法類纂《るいさん》』が、千頁を越える大冊ながら、本来設置しないはずだった「代議士院」に五百頁余を割いていることで、それは兆民をはじめ、その後民権派の論客として活躍するフランス語系書記官たちの「代議士院」開設に寄せる熱意の表われではないか、と私は考えております。

『民約訳解』と『政理叢談』

明治一〇年一月に元老院を辞めてからの数年は、仏学塾を経営するかたわら、司法省関係の法律翻訳をしたり、高谷龍洲《たかやりょうしゅう》の済美黌《せいびこう》、岡松甕谷《おうこく》の紹成書院に入って漢文を修業していますが、兆民の文名がにわかに上がるのは、長いフランス留学から帰ってきた西園寺を社長に一四年三月に発行された『東洋自由新聞』に主筆として迎えられてからです。東洋ではじめて題名に「自由」を冠したといわれる同紙は、宮内庁筋からの圧力で西園寺が社長を退いて廃刊に追い込まれますが、仏学塾では翌一五年（一八八二年）二月二〇日に塾生が中心になって翻訳政論雑誌『政理叢談』（第七号から『欧米政理叢談』）が発刊されます。

はじめに伊藤博文のドイツ、オーストリアでの憲法調査と『民約訳解』の連載期間が時期的にちょうど重なると申しましたが、漢文『民約訳解』（＝訳ならびに解）の連載が始まるのは、三月一〇日の第二号巻頭からで、伊藤の出発はその四日後、三月一四日です。はじめ月二回、のち三回の連載は、兆民自身が一五年一〇月に「巻之一」の合本を刊行したまま四国・九州地方へ遊説に出かけたため、半年ほどの中断期間を挿むのですが、伊藤が憲法調査を終えて一六年八月四日に帰朝すると、これに合わせるかのように、翌五日に出た第四三号で原著第二篇第六章までの連載が終わっています。これは偶然の符合かもしれませんが、明治二二年一二月、伊藤が枢密院議長を辞した際の新聞論説には「何処《どこ》迄も十九世紀壮年連の親方たる資本を買出すが為めに欧米の問屋へでも出掛けんと欲する御了簡《りょうけん》なる歟《か》」と揶揄《やゆ》している箇所があります（「憲法の製造者兼守護者たる…」『東雲《しののめ》新聞』）。つまり、兆民がルソー流の立法理論を摘訳した『民約訳解』を自前の資本として広く民権派に提供していたときに、伊藤がドイツやオーストリアの問屋へ買出しに出掛けたのは、政府側に資本の持ち合わせがなかったからだ、といわんとするかのようです——じじつ、出発前は憲法起草に確信を持てなかった伊藤が、ドイツ流の君主政理論を聞くに及んで「死処を得るの心地」がしたと岩倉に書き送っています。

さきほど「民約論」（明治七年）『民約訳解』（明治一五、六年）と、二度の翻訳が二度とも原著第二篇第六章までで中断していると申しましたが、その理由として考えられるのは——ルソーがご専門の小林善彦先生の前で釈迦に説法をお許しいただきますと――、この第二篇第六章の本文ならびに注の中で、法（loi）は人民の一般意志（volonté générale）の表れだから、法によって正当に支配される国家はすべて共和国（république）であり、君主国もまた共和国といえる、とルソーがいっていることです。『東洋自由新聞』に発表された「君民共治之説」は、その点をとらえて天皇制日本もまた共和国たりうるとして、イギリスの君主政体を例に、ルソー流の立法理論を適用する道を探ったものでした。

『民約訳解』本文の連載は、いま申し上げたように、明治一六年八月五日に終わってますが、飛んで九月五日の第四六号に最後の解が載っています。この解は、じつは第二篇第六章に続く原著第七章「立法者について」から採られておりまして、立法者（解では「制作者」）は『民約訳解』本文に述べられた原理論にもとづいて、それぞれの国の自然的、社会的、歴史的条件に合わせて立法を行うものとされますが、これを公正に行いうるには、とりわけ「人知並外れた人物」（intelligence supérieure）でなければならないとして、憲法調査を終えて帰国したばかりの現実の立法者（伊藤博文）と対比しているところが、いかにも痛烈な批判になっていると申せましょう。

元老院時代の兆民がみずからを「立法者」に擬して「有力者に遊説し」ていたことは、さきほどお話ししたとおりですが、解では「律例を造為する」のは「制作者」個人であっても、「律例を建立する」（＝憲法を制定する）役割が「民」（＝民意の代表としての来るべき国会）に振られているのは、明治一四年の政変後という状況の変化によるものでしょう。

『政理叢談』と急進主義思想

さて、『民約訳解』が『政理叢談』第二号から第四六号までの巻頭に断続的に連載された事情については、おおよそ以上申し上げたとおりですが、連載終結後の雑誌は急速に精彩を失いながら、第五五号(明治一六年一二月)まで命脈を保っています。この雑誌に訳載された論文の多くは、仏学塾の講義で訳読したものを、田中耕造、野村泰亨ら主立った門弟十数人が「政論門《ポリチク》」「理論門《フィロゾフィ》」「法論門《ドロワー》」「史論門《イストワル》」等、各自の得意分野を担当して連載したもので、陸羯南《くがかつなん》はかつてこれを総称して「ルーソー主義と革命主義」と評しています(『近時政論考』)。羯南がそう呼んだのは、おそらく第一号巻頭の漢訳人権宣言「仏蘭西民権之告示」にはじまる革命ものと、第二号以下の『民約訳解』から受けた印象によるものですが、この雑誌に紹介された原著・原著者を以前調べた結果によりますと、ルソー、コンドルセをはじめとして、アコラースの第二帝政時代の盟友、エチエンヌ・ヴァシュロー(Etienne Vacherot)、ジュール・シモン(Jules Simon)、ジュール・ヴァルニ(Jules Barni)、アルフレッド・ナケー(Alfred Naquet)らを中心に、羯南の理解を越えてまさしく「ルーソー主義と革命主義」を標榜《ひょうぼう》するフランス急進主義の思想家群が浮かび上がってまいります(拙著『中江兆民のフランス』巻末「目録」参照)。

私擬憲法を書かなかった仏学塾

伊藤博文は「日本国憲按」を廃案にしたあと、いわゆる明治一四年一〇月の政変を断行して憲法欽定《きんてい》の方針を打ち出し、みずから渡欧憲法調査に乗り出すわけですが、その前後数年間にわたって、全国各地の民権団体で多くの〝私擬《しぎ》憲法〟が書かれています。福沢派の交詢《こうじゅん》社案、共存同衆案、色川大吉氏

中江兆民仏学塾の門
（高知市立自由民権記念館提供）

が発掘された五日市憲法、植木枝盛案などが有名ですが、当時憲法についておそらく一番詳しかったはずの兆民の周辺で当然書かれてしかるべき〝仏学塾案〟が書かれなかったのは、おそらく、元老院で国家的事業として編纂された「日本国憲案」さえ廃案にされた以上……との思いが強かったためでしょう。

その代わり、政変とともに発表された詔勅では明治二三年を期して国会を開設することが約束されていましたから、『政理叢談』ではイギリス憲法、ブラジル憲法を紹介するとともに「勇鋭ニシテ進取ノ気ヲ負フ」青年たちに「議員ノ重任ニ堪《た》ユル」だけの学術を身につけることを勧めていました（「叢談刊行之旨意」）。仏学塾では私擬憲法の一歩先を読んで、国会開設の暁《あかつき》にフランス革命の例にならって議場で憲法論議をできる人物の養成を目指していたといってよいでしょう。

仏学塾の教育と『エミール』

仏学塾の教育については東京府知事に提出した「家塾開業願」等の文書が何年分か残っていて、届けられた教科書や規則書から塾が発展するにつれて教育内容が整備されていったさまを窺い知ることができます。開塾当初の仏蘭西学舎の教科書の主だったところを挙げれば、ヴィクトル・デュリュイ（Victor Duruy）の各種フランス史、ギリシア・ローマ史、フェヌロンの『テレマックの冒険』、ヴォルテールの『シャルル一二世伝』『ルイ一四世の世紀』、モンテスキューの『ローマ盛衰原因論』、ルソーでは『民約論』『人間不平等起源論』『エミール』などがあります。明治一五年の「規則」を見ると、一年後期からはじまるダニエル『万国史』と合わせて、二年後期からは『シャルル一二世伝』が入ってきますし、三年はデュリュイ『フランス史』下巻を使った呼び物のフランス革命史、四年になると『法の精神』と『民約論』、「卒業科書」が『エミール』ほか当時流行《はや》りのミル、スペンサーの仏訳本となっており、これに法律書、経済書、哲学書等が加わるのですから、いま考えてもよくもこれだけと思うほど意欲的なカリキュラムです。

仏学塾といえば『民約訳解』、とくるのが相場ですが、『エミール』を読まないと卒業できない規則になっていることにご注目下さい。兆民は漢文の表現が非常に簡潔であるのに対して欧文は冗漫であるとして、その例に「『エミール』の妙を以てするも、猶《な》ほ予をして之を訳せしめば、其紙数三分の二――別の場合では三分の一とも――に減ずるを得ん」と生前語っていたと伝えられますが（『兆民先生』）、仏学塾生とその周辺にもいずれは兆民が『エミール』を漢訳するとの期待が広まっていたようです。

詳細はよそに譲りますが（拙著『二〇〇一年の中江兆民』所収「仏学塾における『エミール』教育の実践」）、旧塾生の回顧談によれば、仏学塾では師弟の間に分けへだてがなく、あたかも『エミール』における教師（gouverneur）と弟子のエミールのような対等の信頼関係が成り立っていました。『エミール』の第四部、第五部は仏学塾生と同年齢の思春期から青年期に達したエミールを描いていますが、特に第五部では許嫁者《いいなづけ》ソフィーを残して諸国遍歴の旅に上るエミールが、ソフィーのひそかな愛読書で仏蘭西学舎の教科書にも指定された『テレマックの冒険』によって「人間の義務」を学び、『社会契約論』の大要によって「市民の義務」を学ぶものとされています。『エミール』を「卒業科書」に課した仏学塾は、『エミール』を愛読する教師が、エミールと同年齢の塾生たちに『エミール』そのものを読ませたという意味で、やや大げさにいえば、世界に類のない『エミール』の学校であったといえそうな気がします。

兆民憲法学の総決算『三酔人経綸問答』

兆民が直接フランス語を講じ、フランス書を読んで著作や翻訳に従事していた時代は、明治二〇年（一八八七年）一二月二五日に発せられた保安条例によって帝都三里外に退去を命ぜられたときをもって終わりを告げます。自由民権運動と消長をともにした仏学塾の教育は、やはり『政理叢談』が出ていた明治一五、六年頃がピークで、一六年末の徴兵令改正で私塾の生徒に徴兵猶予が認められなくなると、帰郷する者が相次ぎました（『仏和辞林』漢序）。運動の推進母体であった自由党も一七年の福島、群馬と続く激化事件で解党を余儀なくされています。その分、この数年間は、生計を維持するためもあって、文部省からヴェロン『維氏美学』Eugène Véron, *Esthétique*（「美学」は兆民の造語）、フイエー『理学沿革史』Alfred Fouillée, *Histoire de la Philosophie* を翻訳し、『理学鉤玄』（哲学概説書）『革命前法朗西《フランス》二世紀事』（ルイ一五世、一六世時代の一八世紀フランス史）を著すなど、たいへん多作な時期で、仏学塾の有終の美を飾るべく塾生の主唱で立案された本邦初の本格的横書き辞典『仏和辞林』（リトレ=

ボージャン『仏語辞典』の翻訳）の分冊刊行も二〇年一一月に完結しています。

明治二〇年五月に集成社書店から発刊された『三酔人経綸問答』は、何日も梅雨が続いて蒸《む》しむしと鬱陶《うっとう》しいある日のこと――という舞台設定が、すでに時代の閉塞《へいそく》状況を思わせます――、兆民自身を彷彿《ほうふつ》させる酒好き、政治論好きの「南海先生」の住まいを、洋行帰りとおぼしく出立ちも颯爽《さっそう》とした「紳士君」と、紺絣《こんがすり》姿で肩怒らせた「豪傑君」の二人が「金斧と号する洋火酒」（兆民自身が愛飲したヘネシー印のコニャックで、ラヴェルが金色の斧《おの》）を手土産に訪れて、かつ飲みかつ論ずるうち、夜が明けたときにはすでに二、三年が経過していたという、現実世界から遊離した超時間的な空間で問答が進行する趣向になっています。

二客の手土産が「洋火酒」であることから察せられるように、最初に問題提起して議論をリードするのは「民主の制度」を理想とする「紳士君」で、スペンサー流の社会進化論にもとづいて「専擅《せんせん》の制」「立憲の制」「民主の制」の三段階説を滔々《とうとう》と弁じ、「弱小の邦」は「民主の制」のもとで軍備を撤廃してこそ「強大の邦」と交わる道がひらける、として永久平和論を持ち出すに対して、「侵伐《しんばつ》家」の「豪傑君」は、弱小国が民主制を採用するのはいいが、「凶暴国」の侵略を受けながら敵弾に中《あた》って斃《たお》れるのみ、というのは笑止千万である、ヨーロッパの強大国と対抗しうるには、むしろアジアの「一大邦」――それが清・中国であることは、いわずして明らかです――が振るわないのに乗じて征服し、みずから「大邦」となるべきではないか、と奇策を唱えます。

二客の説をそれぞれ「時と地」を知らざる極論としてしりぞけた「南海先生」は、民権にも二種類あって、イギリス、フランスのように革命によって下から獲得した「恢復《かいふく》的の民権」もあるが、上から頂戴する「恩賜的の民権」というものもあり、これを大事に育ててゆけばいつかは「恢復的の民権」と肩を並べるのが「進化の理」だとして、一見なんの変哲もない上下両院による「立憲の制」を諄々《じゅんじゅん》と説いたところで問答は幕になります。

自由民権運動が薩長藩閥政府を追いつめるかに見えた明治一五、六年段階にあっては『民約訳解』を中断して君民共治の憲法論を提示しえた兆民も、運動が低迷し、欽定憲法の起草が秘密裡に進められていた明治二〇年にあっては、「南海先生」に「奇論」を期待する二客を思わず失笑させた陳腐な結論で問答を締めくくるほかなかったのでしょう。しかし、原著を「熟復玩味」して「君主国もまた共和国といえる」という第二篇第六章で中断するという大胆な読解をあえてした兆民は、第三篇第九章「よい政府の特徴について」でルソーが「絶対的意味において最も良い政府」というものはないが、「それぞれの人民のおかれた絶対的な状況と相対的な状況において、可能な組み合わせの数だけの正しい解答」はある、と述べていた箇所をも読んでいたでしょうから、この陳腐な結論もまた「現状で最低限必要なものは何かを……国民の前に提出する」という意味で（飛鳥井前掲書）、明治二〇年の日本という「時と地」における「正しい解答」だったといえるでしょう。

ここで、『三酔人経綸問答』の全篇を通じてルソーの名が出てくるのは、「紳士君」の永久平和論のなかで、当時の読者にはおそらくそれと察しのつかなかった「ジャンジャック」のクリスチャンネームで二度だけだということを、申し上げておきたいと思います。フランス思想史で永久平和論といえば、問答にも出てくるアベ・ド・サン＝ピエールの大著のルソーによる『要約《アブレジェ》』を指すのが普通ですが、「紳士君」の永久平和論そのものが、調べてみると直接ルソーからではなく、仏学塾でルソーに次いで教科書として重用され、『政理叢談』にも紹介されたジュール・バルニ『民主政の道徳』Jules Barni, *Morale dans la Démocratie* から引用されていることがわかりました（前掲拙著『中江兆民のフランス』第四章「東洋のルソー中江兆民の誕生」を参照）。こうして『三酔人経綸問答』の文面からルソーの名が消えたのは、おそらく偶然ではなく、元老院以来ルソー流の立法理論を天皇制日本に移植するという至難の事業に取り組んできた兆民が「東洋のルソー」として新たな道を探ろうとしたときに消し去られたもの、と私は考えます。さきほどから中江篤介を通称にしたがって終始〝兆民〟と呼んで参りましたが、兆民自身がこの号を用いたのは、このあと八月に『平民の目さまし』という国会開設向けの啓蒙書を出したときが最初でした。

【質疑応答】

［質問①］　日仏会館の岡部でございます。明治二一年に仏学塾が廃止になっておりますが、廃塾になった理由と、その後、仏学塾で勉強していた人がどうなったのかについて教えていただきたいのですが。

［井田］　端的な理由としては、民権派が外交失策の挽回、地租軽減、言論集会の自由を要求した三大事件建白運動の拡大に脅威を感じた政府が、明治二〇年一二月二五日、保安条例を発して、危険分子と目する者を帝都三里外に追放しますが、このとき兆民はじめ旧土佐藩出身者が東京を追われています（追放者リストの筆頭に挙がっていた福沢諭吉と後藤象二郎は伊藤博文の配慮で免れたようです）。兆民は老母を伴って箱根越えして、大阪で『東雲《しののめ》新聞』の主筆に迎えられ、以後ジャーナリストとして縦横に筆を振るう時代になりますが、仏学塾のほう

は主《あるじ》が東京を追われたために自然消滅したものと思われます。

仏学塾が閉鎖されて塾生がどうなったかについては、さきほどちょっと触れた『仏和辞林』の漢序に、明治一六年末の徴兵令改正で私塾に学んでいる者への兵役猶予が取り消されたため、笈《きゅう》を負《お》って帰郷する者が多く、仏学塾は閑古鳥《かんこどり》が鳴くようになった、とあるだけですので、結局大方は帰郷するか、官立学校に入りなおすかだったのではないでしょうか。ただし、残った仏学塾の建物は塾生中の出世頭でのちに鉄道局長から満鉄副総裁になる伊藤大八が引き取り、石塀をめぐらして自宅にしていた写真が全集に載っています。

［質問②］　明治一〇年に西郷隆盛らが反乱し西南戦争が始まりますが、兆民は西南戦争をどのように見ていたのでしょうか？

［井田］　例えば慶應では戊辰《ぼしん》戦争の折に塾生が笈を負って帰郷し、敵味方に分かれて戦ったり、戦後は双方の参戦者が軍服姿で塾内を闊歩《かっぽ》していたと『福翁自伝』にありますが、兆民周辺では、民権活動家のあいだで評判の高かった明治七年訳「民約論」に感激して「…泣読盧騒民約論《ないてよむルーソーみんやくろん》」という漢詩を詠んだ宮崎八郎（宮崎滔天《とうてん》の実兄）が、当時『評論新聞』という、過激な記事を書いてしょっちゅう発禁になっている新聞の記者で、出身地が熊本でしたので、帰郷して西郷軍に投じました。西南戦争の直前まで元老院にいた兆民は、日頃勝海舟のところへ出入りして、勝から借金したり、嘉納治五郎の姉さんをもらわないかと勧められたりしていましたが、勝の談話から西郷の風采を想像して、心酔していたようです。さきほど島津久光に面会した際に西郷によるクーデター計画をもちかけたことをお話ししましたが、成功の見込みがあるときでしたらともかく、いざ西郷が決起して〝逆賊〟扱いされたとなると、話は別だったでしょう。

兆民は若い宮崎の参戦を止めさせようとして、みずから熊本へ赴いて、弾が飛んでくるところまで行って説得を試みたと伝えられますが、結局宮崎は有名な田原坂《たばるざか》の激戦で戦死しました。私は以前兆民が実際に行ったかどうか、フランスから帰国した時期を確かめるのに使った『ジャパン・ウイークリー・メール』の乗船名簿を調べたことがありますが、たしか一〇年二月八日だったと思いますが、兆民が横浜から大阪行きの船に乗り込んでいますから、これを状況証拠として、やはり行ったのだろうと思います。結局、西郷の人物は立派だが、従軍するのは止めておけ、ということだったでしょう。

西南戦争は、維新後最後・最大の士族叛乱として、歴史の流れを中断するほどの大事件ですが、兆民の身の上にもこの時期中断があったと思います。西南の雲行きが怪しくなった明治一〇年一月に元老院を辞職してから、一四年三月、『東洋自由新聞』の主筆として登場するまでの経歴は、司法省関係の法律翻訳をしたり、漢学塾に入って漢学修業をしたほかはよくわかっていませんが、ことによると当初の仏蘭西学舎は戦争を境に仏学塾として再出発したものかもしれません。

［質問③］　三浦です。配布資料の初めに「共和主義の洗礼」とありますが、『社会契約論』には兆民が訳した第二篇第六章までだったか、その後か、とにかく「共和国」の定義がありますね。この「共和国」とか「共和主義」というのは、兆民がそういう言葉を創ったのでしょうか、それともそれ以前から日本語に訳されていたのでしょうか、ということが一つ。

もう一つはその「共和主義」に関して、もちろんルソーはフランス革命以前の人ですけれども、いわゆる「君主政」に対立する政治システムとしての「共和主義」というような理解をもし兆民がしていたとすれば、明治期の天皇制の日本では、いろいろ煩悶といいますか、思想的な現実とのギャップというのをどういうふうに考えていたのかということを伺いたいのですけれども。

〔井田〕 非常に重要なご指摘です。たとえば『三酔人経綸問答』の中で「紳士君」が政治的進化の第二段階に置く「立憲の政」は、当時起草されつつあった〝欽定憲法〟に対してルソー流人民主権論の立場から投げた牽制球といってもよく、民意を代表する「議院」こそ「主人」であって、「宰相大臣」は事務処理を委託された「役徒《えきと》」（使用人）にすぎないというのは、『民約訳解』の最後の解にも引用される『社会契約論』第三篇第一章の所論です。

ところで兆民の造語としては明治一六年の「美学」esthétique や「象徴」symbolisme（『維氏美学』）などが知られていますが、「共和」république のほうはそうではないと思います〔その後幕末期の和漢の地理書を調べているうち、蘭学方面では弘化二（一八四五）年に出た箕作《みつくり》省吾（阮甫《げんぽ》の女婿《じょせい》）の『坤輿《こんよ》図識』が初訳とされていることがわかりました〕。兆民も明治七年の「民約論」では「共和政治」と訳していますが、『民約訳解』第二篇第六章の解では、古来人民がみずから政治を行うことを意味したとして「自治之国」に変えています。これにはじつはわけがありまして、『革命前法朗西二世紀事』の引用書目に挙げられるフーイエー（じつはブイエ）『歴史字典』Bouillet, *Dictionnaire univ. d'Histoire*…が〝république〟の語源をラテン語の *res publica* としているところから、前年の「君民共治之説」では「レスピユブリカー」とは「政権ヲ以テ全国人民ノ公有物ト為」すの意であるとして、フランスの「共和政治」よりむしろイギリスの「立君政体」を模範としていたのです〔ついでに一言つけ加えますと、ラテン語をよくしない兆民は、『維氏美学』や『理学沿革史』などのラテン語の引用を澄まして二、三行飛ばしていたりするのですが、それ以外のところは驚くほど精確に読んでいます（全集別巻の「翻訳作品加筆箇所総覧」と解題を参照）〕。

さて、原著第二篇第六章に続く第七章は「ルソーの議論の転回点」（ヴォーン『ルソー政治作品集』）と呼ばれる「立法者について」*Du législateur* ですが、兆民は最後の解にわざわざこの章からリュクルゴス、ソロン、ヌマという古代ギリシア・ローマの理想的な立法者の例を挙げて、ドイツ、オーストリアで憲法理論を仕入れてきた現実の立法者・伊藤博文との落差を示しています。

結局、帰国以来、元老院、仏学塾、『政理叢談』から『三酔人経綸問答』に至る兆民のフランス学は、「民約論」『民約訳解』に盛られるルソーの立法理論をどこまで天皇制日本に移植できるか、という憲法問題に帰着するといっても過言でないと思います。さきほどご紹介した「南海先生」の「恢復的の民権」の説は、欽定憲法に先手を取られた厳しい状況下での「東洋のルソー」の、それこそ苦汁の選択だったともいえるでしょう。『大日本帝国憲法』にいちはやく議会による「憲法点閲《てんえつ》」を唱えたのも、やはり兆民だったのです。ときどき『三酔人経綸問答』が新聞のコラムなどに引用されるのは、今後の日本の進路をどの方向に取るべきか、大国化を志向するか独自の小国路線を堅持するのか、あくまで戦争放棄でいくのか軍備を拡張しなければいけないのかという、今日我々が直面している憲法第九条の問題とも直結しているからでしょう。

［司会］　どうもありがとうございました。まだまだ僕も、例えば坂本龍馬がどれくらい彼に影響しているかとか伺いたいのですが、時間がありませんのでちょっとだけヒントを申しますと、龍馬は共和派ですね、明らかに。

［井田］　「船中八策」『藩論』などに窺われる龍馬の思想は明らかに時代を超えていますので、龍馬を知った長崎時代がリヨンで共和主義思想と出会う素地をつくったのではないかと考えたわけです。龍馬の影響については、すでに幸徳秋水が、兆民は龍馬が薩長同盟を実現したように、徳川幕府ならぬ伊藤博文率《ひき》いるところの薩長藩閥政府を倒すために自由・改進両党の合同を画策した。しかし、龍馬が成功して兆民先生が失敗したのは時の運だ、と言っています。明治の龍馬たらんとしたのが兆民の一生だったと言えるかもしれません。

西園寺公望――立憲政治確立への貢献とフランスの影響

鳥海　靖

［司会（小林）］　今日は東大名誉教授で、現在中央大学の教授をしておられます日本近代史の鳥海靖さんにお話をうかがいます。鳥海さんを簡単にご紹介しますと、お生まれは昭和九年（一九三四年）です。東大の国史科を五八年に卒業されまして、その後すぐ大学院に進学され、修士課程、博士課程と進み、博士課程の途中で中退されて駒場の教養学部の助手になりました。それからの経歴は非常に簡単で、教養学部講師、同助教授、同教授として勤められ、定年後、中央大学に移られました。

主著としては、東京大学出版会から『日本近代史講義――明治立憲制の形成とその理念』という本を一九八八年に出されております。それから、非常に手間のかかったお仕事だと思いますが、塙書房から『伊藤博文関係文書・全九巻』（一九七三―一九八一）を資料として編纂されました。なお、昨年（二〇〇二年）『動きだした近代日本――外国人の開化見聞』という一般向けの本を教育出版から出されました。

鳥海さんが駒場の助手か講師の頃、私はちょうど助教授になりまして、ずっと同僚で過ごしました。私はルソーを中心とするフランス思想が専門ですが、日本の啓蒙思想を勉強しようというので『明六雑誌』を、毎週だったか夜、一緒に読んだ記憶があります。せっかく途中まで来たところで大学紛争が起こり（一九六八年）大ストライキになってその研究会は終わってしまったのですが、それ以後、私もこちらの専門に興味を抱き、いわばメジャーに対するマイナーみたいに本を読んでおります。また最近では、ストラスブールにあります欧州評議会が組織した歴史教育の国際会議でご一緒したことがございます。

今日は、「最後の元老」と言われた西園寺公望の話をしていただきます。西園寺さんについて私は何も知らないのですけれども、子供の時の記憶では、内閣が潰れるとなぜか西園寺さんが汽車に乗って現れて、天皇陛下と会うと首相が決まる、ということがあり、幼年時代に知っていることはそれだけです。公家出身でフランス滞在が長かった政治家ということで非常に面白そうな人です。詳しくは知らないので今日のお話を楽しみにしております。

簡単ですがご紹介はそれくらいにしまして、さっそく鳥海さんからお話を承りたいと思います。

はじめに

今日のお話は「近代日本の建設とフランス――西園寺公望」ということですが、正直なところ私はフランスを研究しているわけではないので、フランスとどういう形でうまくつなげて話ができるのか、あまり自信はありません。そこで、明治時代を中心に、西園寺公望（一八四九―一九四〇）が、近代日本の建設に政治の分野でどういう貢献をしたのか、そこに彼のフランス留学時代の経験がどういう形で生かされたのかについてお話ししたいと思います。

西園寺は近代日本における立憲政治の確立に大きな貢献を果たした政治家ですが、彼のめざした立憲政治の運営はフランスをむしろ否定的に捉えたものでした。血で血を洗うフランスのような行き方ではなく、安定した立憲政治を実現しようとしたわけです。明治政府はフランスを含め多くの欧米先進国から、さまざまな法制度・政治行政システムを導入しましたが、現実の政治運営では、フランスを反面教師としたのです。憲法はドイツのモデルをとり入れながら、イギリス流に立憲政治を運営しようとしたのが明治政府の主流だと思います。西園寺はまさにそうですよね。これは、フランスの思想に強い影響を受けた中江兆民（一八四七―一九〇一）のような急進民権派も、現実の政治面ではフランスではなく、イギリスに学ぶべきだとした（「君民共治之説」）のですから、伊藤博文（一八四一―一九〇九）、西園寺公望といった明治政府主流派と急進民権派はその点では実は共通の枠組みを持っていた、ということになります。

西園寺公望（毎日新聞社提供）

明治の末から大正にかけて西園寺公望は二度政権を担当しました。公家出身の政党指導者というのは非常に珍しいケースですが、おそらく彼は最も政党政治家らしくない政党指導者だと思います。政党指導者のようなぎらぎらした権力意志はなく、権力に恬淡としていた。本来は政党政治家は、代議士として国民から投票で選ばれてくるわけですから、選挙民の複雑な利害関係のしがらみを背負っている。しかし公家出身で選挙の洗礼を受ける必要のない西園寺は、そういうことに対しては無関心というか、執着心がない。本来そういう人が政党指導者になるのはちょっとおかしいのですが、彼には幸いなことに原敬（一八五六―一九二一）という切れ者がついていたわけですね。実際には原が政党を切り回した。原は書記官としてフランスの日本公使館にいた人で、一八八〇年代の後半、西園寺はドイツあるいはオーストリア駐在の公使をしていて、パリに出かけ、原にしばしば会っている、広く言えばフランス・グループの一人ですね。ところが原の方は西園寺にはいろいろ不満がある、自分が一生懸命やっているのに、西園寺は自分のおかげで政権を取ったと思っていないようだ、と西園寺に対して苦情を言うような文章を明治末年の日記の中に書いています。では本論に入らせていただきます。

一 維新期の公家と戊辰戦争従軍

西園寺公望は徳大寺公純《きんいと》の次男に生まれ、子供の時に西園寺家の養子になりました。明治になってから侍従長をやったり内大臣になったり、宮廷政治家として活躍した徳大寺実則《さねつね》（一八三九―一九一九）は公望の実兄です。

幕末には取り立てて目立った活躍をしているわけではありません。しかし、公望はよく勉強した。宮中の学問所、後の学習院で勉強する。それから漢学者を呼んで非常に熱心に勉強をして、公家の若手の中では一、二を争う俊才であると言われました。家柄は清華家《せいが》で、公家の社会では一番上が摂家――近衛、鷹司、一条、二条、九条の五家、つまり摂政・関白になる家柄で、その次が清華家です。清華は大臣まではなれるという家柄です。清華の家柄は全部で九家あって、西園寺、徳大寺、三条、久我、花山院等々です。その下に大臣家、羽林家、名家などがたくさんあります。

とにかく、五摂家の次ですから公家としてはかなり高い家柄です。ただし、当時の公家は貧乏で、石高は五九七石で実高はその三分の二位でしょう。まあ、中級の武士程度ですね。それではとても食べていけません。当時、普通は公家は大名家と縁戚を結んで、毎年決まった額の援助金を大名家から貰うんですね。それと、後はいろいろ、書道や歌道など日本の古典芸能の伝授によって収入を得ました。西園寺家は琵琶の伝授をする家柄ですが、公望はそういうことはほとんどしなかったようですね。公家の家柄のしがらみにまとわりつかれるのを非常に嫌った人ですから……。

とにかく、幕末においては大した活躍をしていないけれども、鳥羽・伏見の戦い（一八六八年一月）の時に有名な話がある。鳥羽・伏見の戦いというのは、京都めがけて攻め上った旧幕府軍と会津・桑名の藩兵に対して、薩長を中心とする新政府軍がこれを迎え撃つ。それが戊辰戦争のきっかけとなった。公家はだいたいずるいですから、そういう時には自分たちは中立の立場をとる。勝った方につこうというわけで、勝敗がはっきりしない時は多くの公家たちが日和見で、これは薩長と徳川家の私闘である、という立場に立とうとした。その中で、岩倉具視（一八二五―八三）は倒幕派ですから、断固として朝敵として討てという……。その時にまだ二〇歳にならない若い西園寺公望が、「今これを私闘として見逃してしまったら大事は去ることになる。これはあくまで朝敵として討つべきだ」と岩倉具視の考えを支持した。それで岩倉具視が、「小僧、よく見た」と褒めたというエピソードがありますね。家格から言えば羽林家の岩倉家より西園寺家の方がずっと上なので、本当に「小僧、よく見た」と言ったのかどうかはともかく、政治的経歴から言えばもちろん岩倉の方がずっと先輩で、数々の策謀をやってきた人ですから、西園寺がそういう形で支持したというのは、岩倉にとってはしてやったりというわけですね。

とにかく、そういうこともあって、若い西園寺も、実際に錦の御旗を押し立て戦場に出た。実際には戦闘には加わらなくても、とにかく公家が錦の御旗を担いで戦闘に立っているということを見せなくてはいけない。それで戊辰戦争には従軍しています。これは、西園寺にとっては思い出深かったようで、維新から三年後にパリに行って、パリ・コミューンの騒乱を体験した時に戊辰戦争の光景を思い出して、いろいろ感慨深い手紙を書いています。

そういうことで、二〇歳そこそこで明治新政府の下で知事をやったりするわけですが、やはり西洋の勉強がしたい。どういうきっかけか詳しいことはよく分かりませんが、やがて長崎へ行ってフランス語を勉強して、フランス留学を志し、願い出て官費留学生として派遣される。これが彼にとって、大きく人生が開けることになります。

二　パリ留学時代――パリ・コミューンの見聞とフランス組人脈

フランスでは、まず最初に非常に強烈な事件を見聞する、それはパリ・コミューンの内乱の真っ只中にフランスに飛び込んだためです。パリ到着が日本暦で明治四年二月七日（西暦一八七一年三月二七日）、パリ・コミューンの成立が宣言されたのがその翌日です。彼にとってまさに嵐の中に飛び込んだ感じですね。その二ヵ月後にフランス臨時政府軍がパリに突入してコミューン派と激烈な市街戦が展開された。それは彼にとっては大変印象が強かったらしく、友人の橋本実梁《さねやな》宛の手紙の中にパリ・コミューン騒乱の凄まじい光景を書いているわけです（明治四年四月二六日付）。

それでさわりの部分だけ読ませていただくと、「賊（コミューン派）ハ則巴理斯《パリス》に拠《より》政府を偽立し頗《すこぶる》暴威を張る。是より政府両立之形となり日々砲声止ム時なく、万民之疾苦実に不可言《いうべからず》。然《しかれ》ども賊ハ是れ多ハ各国浮浪之屯集、其暴行日々相益《ま》し人望尽《ことごと》ク去れり。」パリ・コミューンはマルクスが世界最初の労働者の政権だと、非常に高く評価するんですが、当時その渦中にあって直接に目撃した西園寺の目からは浮浪の集団で、パリ市民の人望を失っているということになる、その方が当時のフランスでの、あるいは国際社会での一般的な見方であったのかもしれません。「政府ハ旧将マクマホンと云人を惣督に命し遂ニ三月下旬大挙して巴理斯ヲ襲エリ。当日之紛擾蓋《けだし》前古未有という。砲丸ハ如雨《あめのごとく》市街ニ迸飛し処々放火、黒烟天地を抱容し老少路頭に却叫し子を失者あり。親を遺者あり。或ハ盗賊之に乗し其光景非筆紙可尽矣《ひっしにつくすべきにあらず》。然ども人心之帰向する也《や》、政府兵巴理斯に入也否《やいなや》、是迄賊兵之為メ圧服されし府下之住民我も々と携砲賊ニ向ふ。其光景も亦盛なりし。」コミューン派は市民に武装させているのですが、政府軍が入って来ると、その市民たちが逆に銃をコミューン派に向けたというわけです。「既而《すでにして》政府之方大ニ打勝、賊共敗走す。政府之兵則《すなわち》四方ニ散テ放火を救、賊を捕ふ。捕れハ尽《ことごと》ク是を誅す。其屍路頭に横れり。」政府軍はコミューン派を捕える

フランス留学中の西園寺公望
（飛鳥井雅道『〈人物叢書〉中江兆民』吉川弘文館提供）

とその場で全部射殺し、その死体が累々と街頭に横たわっている。このように非常に凄惨な状況を彼は直接目撃したのです。

その当時パリには、前田正名（一八五〇—一九二一）など何人かの日本人留学生がいたのですが、日本にこういう手紙を書いているのは私は見たことがありません。日本人によるパリ・コミューン騒乱の目撃記録というのは他にほとんどありませんから、そういう意味で西園寺公望のこの手紙は歴史的に大変貴重なものです。というのは、フランスが政治的に非常に不安定な国で、共和政治がその美しい理念に反して、現実にはしばしば圧政を生む、という理解は、幕末の福沢諭吉の『西洋事情』や加藤弘之の『隣草』などに出てきますが、明治時代になり西園寺の体験などから、そうしたフランスのイメージがいっそう強まったのではないかと思います。岩倉使節団に随行した久米邦武は、「仏国ハ人心ノ協和ヲ保ツコト難ク、八十年ノ間国制六タビ改マリ……内訌沸起スルコト仏国ノ情態ナリ」（『特命全権大使米欧回覧実記』）と書いていますね。もう少し後の話ですが、板垣退助（一八三七—一九一九）はフランスへ行って（一八八二年）その実際の政治に失望し、帰国後、フランスは「暴を以て暴に易《か》える」国だと言っている。つまり君主政治のもとで暴政が行われ、それが引っくり返されて共和政治になると、それ以上の報復的暴政が行われる、そういう国である、だから日本はイギリスに学ばなくてはいけない、としきりに言うわけですね。自由民権派のフランス派と目されていた自由党の党首板垣がそういうことを力説しているのです。

さて、西園寺はフランス留学中、非常に多くの人たちと知り合いました。エミール・アコラースの私塾でクレマンソーと知り合ったという話は有名ですが、そのほか、芸術家クラブに出入りしてマダム・

ゴーティエやゴンクールら文化人とも交際があったようですね。西園寺の帰国後の活動や日本の政治との関係でいえば、この時フランスで知り合った日本人とのつながりが、西園寺にとっては非常に大切な政治的財産になりました。

西園寺の留学後まもなく、中江兆民がフランスに着いています。西園寺は帰国後もずっと兆民とは非常に親しく付き合いました。しばらくして岩倉使節団がパリに入ります（一八七二年）。木戸孝允（一八三三―七七）など、岩倉使節団の中の人たちともいろいろ付き合いがあったようです。それから使節団には加わっていませんでしたが陸軍から留学した大山巌（一八四二―一九一六）、彼もフランスで知り合った一人でしょうね。松田正久（一八四五―一九一四）も当時陸軍省から命ぜられてフランスに留学してきて、帰国後、自由民権派のリーダーの一人になるのですが、後に立憲政友会が結成（一九〇〇年）された時には、西園寺・松田そして原敬とフランス組が党幹部として名を連ねることになるわけです。その他、光妙寺三郎とか今村和郎などとも留学中に交際しました。こうしたことが彼の大きな政治的・文化的資産になった、と私は思います。

それからもう一人、これはちょっとよく分からないんですが、そのころ井上毅（一八四三―九五）が司法制度研究のためフランスに渡る。ボアソナード（一八二五―一九一〇）を日本に連れてくるわけですね（一八七三年）。その後、刑法、治罪法、民法を全部ボアソナードの指導のもとに作るわけですから、日本における近代的法制度の形成にフランスは非常に大きな影響を与えたといえます。そのとき井上毅と西園寺公望が果たしてどういう形で知り会ったかどうか、その辺のところはちょっと史料がないからよく分からない、でも同じパリにいて、日本人がそれほどたくさんいるわけではないので、会うことぐらいはあったのではないかと思います。

三　立憲政治の実現に向けて――「自由こそ文明富強の種子」

さて、西園寺はパリ大学法学部（ソルボンヌ大学）で学び、一二年まで修了したことは確かです。その間、官費留学から私費留学に切りかえるのですが、一〇年近い留学を経て彼が日本へ帰って来たのは明治一三年（一八八〇年）一〇月です。翌年には自由民権派の松田や兆民と組んで『東洋自由新聞』を創刊して社長となります。彼がフランスで得たもの、それはいったい何だったのかということですが、それはやはり「自由の精神」ということではないでしょうか。自由こそが文明の源である、「自由の精神」をいかに日本に植え付けるか、『東洋自由新聞』設立に際しての祝詞の中にそうした考えが非常によく表れています。

「夫レ此自由ヤ実ニ文明富強ノ種子マタ文明富強ノ引力ニシテ、一国ノ文明富強ハ此自由ヨリ発生蕃殖シ、文明富強国人ガ畢生ノ忍耐勉励即チ無限ノ事業功績ヲ建ルモ亦唯此自由ノ引摂誘導ニ之レ由ルノミ。自由ノ貴キ其レ此ノ如シ。此貴重ナル自由ニシテ之ヲ誤解謬執シ遂ニ其主義ト相背馳スルニ至ラバ其弊害タル亦測ル可ラザルナリ。」（『東洋自由新聞』明治一四年三月一八日）ということで、国内に「自由の精神」を植え付け、それを適切に導き、文明富強の国を創る上に役立てようというわけです。

実は、「自由」という言葉は古くからある、中世からあると言われますが、だいたい最初は手前勝手という否定的な意味で使われた、それが幕末には段々積極的な価値概念でプラスのイメージをもって使われるようになります。明治になると、政府のトップの人たちが欧米列強に肩を並べる国づくりを進めるには、「自由・自主の精神」が大事だとしきりに強調する。

岩倉使節団の副使をつとめた大久保利通（一八三〇―七八）は、帰国直後に「立憲政体ニ関スル意見書」を執筆しました（明治六年一一月）。西園寺がまだフランスにいる頃です。日本は今後、君主専制をやめて立憲君主制（「君民共治」）にしなくてはいけないという主張を展開するのですが、その中で大久保は民主共和政治を非常に高く評価しています。「夫レ民主ノ政ハ天下ヲ以テ一人ニ私セズ、広ク国家ノ洪益ヲ計カリ、洽《あま》ネク人民ノ自由ヲ達シ、法政ノ旨ヲ失ハズ、首長ノ任ニ違ハズ、実ニ天理ノ本然ヲ完具スル者ニシテ」と言っているんですね。つまり民主共和政治を天の理によく適ったものだというのです。ここで「自由」という概念を積極的にプラスのイメージで使っているのは注目に値します。

大久保利通というと、そのころ明治政府の最高実力者ですから、彼が民主共和政治について、原理に適ったすばらしいものだとして高く評価しているのは大変興味深いですね。その他にもこの当時の明治政府の首脳は、日本の人民は自由自主の気性を身につけなければならない、というようなことをさかんに言っている。それは西園寺の「自由こそが文明富強の源」というのと同じ視点ですね。しかし同時に、現実の政治では民主共和政治はしばしば大きな弊害をもたらすとも大久保は指摘しています。「然レドモ其弊党ヲ樹テ類ヲ結ビ、漸次土崩頽敗ノ患モ亦測《はか》カル可カラズ。往時仏蘭西《フランス》ノ民主政治、其兇暴残虐ハ君主擅制《せんせい》ヨリ甚ダシト。名実相背《そむ》クニ及ンデハ亦此《か》クノ如シ。是亦至良ノ政体ト謂《い》フ可カラズ」というわけです。むろん、民主共和政治が現実には君主専制以上に兇暴残虐な圧政になることがあるというのは、フランス革命の時のジャコバン派の恐怖政治を念頭に置いているのですが、このあたりは、大久保は現実政治家としてフランスの実際の政治のあり方を的確に捉えていると思います。

さて話を西園寺公望にもどしましょう。宮中保守派からすれば、公家出身の西園寺に「自由」を旗幟に自由民権派のリーダー格となって反政府活動をされては、はなはだ困る。それで結局、圧力をかけて東洋自由新聞社長を止めさせ、今度は政府の方に入れるわけですね。そこで彼を参事院議官補に任官させる。議官補というのは彼にとってはいささか役不足ですけれども、参事院というのは現在で言えば法制局にあたるものでしょうか、西洋近代法を学んだ法制官僚の俊才たちが多数いる。西園寺は余り法制官僚というイメージではありませんが、とにかくフランス法に詳しいわけですから、それを役立てる意味もあって、参事院に入れたのでしょう。議長は伊藤博文です。伊藤とはおそらく岩倉使節団がパリに入った時から面識はあったと思います。

そして、翌一八八二年（明治一五年）に西園寺は、伊藤を中心とする憲法調査団の一員として再びヨーロッパに渡りました。自由民権運動から伊藤の憲法調査団へというのは、一見すると大きな方向転換のように見えますが、実際はそうではないと思います。いまから三〇年位前までは、明治政府は絶対主義専制政府で、自由民権運動はその打倒をめざす民主主義革命運動だとする見方が学界で流行していましたが、これは歴史状況に則した見方とはいえません。一九七〇年代以降の立憲政治形成についての実証的な歴史研究の進展とともに、そのような見方は全面的に修正されました。明治政府も民権派も立憲政治の実現という点では、共通の政治的目標をめざしていたというのが、私の見解であり、今日では日本近代史研究者の間の常識的理解になっています。それと、伊藤の憲法調査団がドイツ（プロイセン）憲法を学びに行ったという定説もあまりに単純すぎて正確ではないと思います。確かにドイツとオーストリアに長く滞在したのですが、イギリスにも二ヵ月ぐらいいるんですね。その間、ベルギーとかフランスにもしばしば行っています。随員たちもいろいろな国で調査活動をしています。

伊藤の憲法調査団の研究はまだまだ未開拓な部分が多く、細かいところはよく分かってはいません。ドイツとオーストリアが中心であったことは間違いないけれども、その他ベルギーとかイギリス、イギリスは成文憲法典はないのですが、立憲政治運営についてはこうした国々をはじめヨーロッパ諸国を広く見ています。だいたい一行の中でドイツ語が分かる人間がほとんどいないんですよね。ドイツを学びに行ったのなら、当然ドイツ語がよくできる人間を何人も連れて行くはずですが、ドイツ語が分かるのは河島醇（一八四七―一九一一）と平田東助（一八四九―一九二五）の二人しかいなかった。それから随員の中には西園寺のほかにも、かつて立志社の民権運動家として政府弾劾の檄文を書いた吉田正春という人物も入っています。そういうことを考えると、どうも最初からドイツ一辺倒で行ったのではなさそうです。ついでに指摘すれば、伊藤一行がドイツ到着早々、宰相ビスマルクに直接に会って憲法制定について、懇切な指導を受けたという説が流布されており、最近出版された立命館大学編の『西園寺公望伝』にもそう書いてありますが、これは誤りです。伊藤らがビスマルクに会ったのは、憲法調査を終了してドイツを離れる直前ですし、伊藤は日本への手紙の中で、ビスマルクの政治指導についてかなり批判的に書いています。彼がビスマルク心酔者だったような記述も正確とはいえないと思いますね。

この時、西園寺には、ヨーロッパの王室制度とフランス行政法の調査が課題として与えられていました。ただし、西園寺の調査が日本に帰って来てどこまで生かされたかについてはあまりよく分かっていません。

四　法典調査会副総裁・文部大臣時代――所有権不可侵と国際化教育

ヨーロッパでの憲法調査を通じて、西園寺公望にとって非常に大きな政治的資産になったのは、伊藤博文と深く知り合ったということです。伊藤とはその後ずっと政治的にはほとんど一緒の行動をとっていますす。伊藤グループの有力者の一人ということになったわけです。伊藤博文は能力があれば誰でも思い切って使うけれども、能力がないと案外簡単に部下を切り捨てるようなタイプの人だったので、山県有朋（一八三八―一九二二）が作ったような巨大な派閥は作らなかったのですが、西園寺や陸奥宗光（一八四四―九七）、それから後になると原敬などが伊藤系の政治家として、明治政府内の開明派を形成し、対外的には国際協調路線の推進、国内的には対議会宥和政策による立憲政治の確立をめざします。

憲法調査後、西園寺は日本に帰って来て参事院議官になり、華族制度ができて侯爵になりますが、その後、外交官としてオーストリアやドイツに駐在します。彼が政治家として本領を発揮するようになるのは、民法商法施行取調委員長、次いで法典調査会副総裁に選ばれ、明治二七年（一八九四年）伊藤内閣に文部大臣として入閣するころからですね。法典調査会総裁は伊藤博文です。伊藤は総理大臣ですから、非常に忙しいということで、実際にはほとんど西園寺が議長としてこの法典調査会を切り回したようです。

西園寺公望は議長役にしてはずいぶんいろいろ発言しているんですね。法典調査会は一四〇回にわたるもので、そのうち六割ぐらいはちゃんと出席して議長役をつとめ、一方で大臣もやっているわけですからたいへん忙しかったと思います。そもそも法典調査会がなぜできたかというと、有名な「民法典論争」がきっかけです。日本の初期の法制度はほとんどフランスから取り入れたわけで、井上毅がフランスに渡って司法制度を研究し、ボアソナードを呼んできて彼の指導の下で刑法と治罪法を作ります。治罪法というのは刑事訴訟法ですね。続いて民法を作る。ところが民法典の完成を前にして論争が起こる。「日本古来の伝統と相反するではないか」、あるいは「フランス法一辺倒ではなく、もっとイギリス法あるいはドイツ法を採り入れるべきではないか」という議論になるんですね。それがいわゆる「民法典論争」です。国粋派は「民法出デテ忠孝亡ブ」と家族関係を民法によって規定するのは日本の伝統的な家族道徳を破壊するものだといって非難します。それで断行派と延期派に分かれます。帝国大学ではフランス法の第一人者、梅《うめ》謙次郎が断行派で、同じ帝国大学教授でフランス法を学んだけれども、富井政章《まさあき》の方はもう少し慎重に考えようということで延期派に回ります。それから、帝国大学の穂積陳重《のぶしげ》、主としてイギリス法を学んだ人ですが彼も延期派です。それから和仏法学校（法政大学）と明治法律学校（明治大学）が断行派、それから東京法学院（中央大学）が延期派に回るわけです。そういう大論争があって、結局議会開設前に法律を作るのは具合が悪いということで、議会で延期を決めて法典調査会で再審査する。梅謙次郎と富井政章と穂積陳重、この三人が起草委員になり、各界の有力者を集めて、総裁伊藤博文、副総裁西園寺公望、実際の会議の議長はほとんど西園寺がつとめています。

それで西園寺はいろいろな発言をしている。なかなかおもしろい発言がたくさんあるんですね。例えば、封建制の名残であるから養子の制度と隠居の制度は止めた方がいい、戸主の制度も止めたほうがいい、議長席にありながらしきりにそういう発言をしています。しかし、それは少数意見なんですね。それはもっともな意見で理に適っているけれども、日本の長い習慣があるから今いきなりそういうことを言われても無理だというのが起草委員たちの意見で、西園寺も結局は起草委員の案に賛成して、養子制度とか戸主制度、隠居制度は残ることになりました。

おもしろいのは養子の制度ですね。尾藤正英氏など江戸時代を研究している学者がよく主張するんですが、江戸時代、封建時代の日本は血のつながりを重視しなかったというんですね。日本の封建社会は血のつながりをほとんど問題にしない。よく調べてみるとその通りなので、公家や大名は血がつながっていないものが多いのですね。他家の次男、三男を養子として連れてくる。もちろん血がつながっている場合もありますけれども、ほとんど血縁のない、あるいはかなり遠い血縁しかない、そういうものでも養子に入れて家名を繋ぐ。家名を繋ぐというのは非常に大事なことですから、そのためには血は必ずしも繋がらなくてもいい、というのが日本の封建社会の基本的なシステムです。

それは武士の社会だけではない。養子の制度というのは一般の庶民でも、だいたい商家は男の子があまり商才がないと見れば、男の子には他の好きなことをやらせて、それで娘がいれば娘に婿をとる、商才のある番頭とか、手代を娘婿にする。娘もいない場合には両養子をとる、商家ではこのケースはしょっちゅうあるわけです。それから伝統芸能の家元の制度でも、子供がいて芸の道に達者ならば自分の子供に継がせるけれども、そうでない場合にはやはり一番芸の道に達者な弟子を養子にして、血が繋がらなくてもいいから家名・流派名を繋げる。日本の封建性というのは血の繋がりを軽視した社会と言えます。これはちょっと意外に感じるかもしれませんが……。

幕末・明治になって西洋に行った人々の間では、日本社会のように血統を重んじないというのはよくない、ヨーロッパの近代国家は皆血統を重んじているんだから、日本も血統をもうちょっと重視した方がいい、養子制度はなくすか変えた方がいい、という議論はいろいろあるわけです。西園寺公望は西園寺家に養子に入ったわけで、自分にも男の子がいないから、結局、血縁のない娘婿に西園寺家を継がせることになるのですが、法典調査会の時は養子制度は封建時代の名残だから止めたほうがいいと盛んに言っています。

それから法典調査会でもう一つ彼がしきりに発言したのは、所有権というものはもっと重視しなければならない、所有権を制限するような条項は民法に盛り込んではいけないということです。大日本帝国憲法（明治憲法）には侵してはならない存在として三つの対象を挙げています。一つは天皇ですね。「天皇ハ神聖ニシテ侵スヘカラス」（第三条）。これは誰でもご存知の条文です。何となく天皇を神聖不可侵とするのは非常に日本的な観念だというような誤解がありますが、これは全く違うんですね。君主を神聖不可侵とするのは、ヨーロッパの観念です。日本人が作った最初の憲法案には、そういう神聖不可侵という条項は入っていませんでした。これは国民と天皇の道徳的な関係に関するものだから、憲法に入れる必要はないだろうというのが日本側の意見ですね。ところがドイツ人の法律顧問が、いや「神聖不可侵」は入れるべきだ、と。一九世紀のヨーロッパの立憲君主制の憲法には表現は少しずつ違いますが、必ずと言っていいくらいそうした条文が入っているわけですね。《King should be sacred and inviolable.》という英語のほとんど直訳ですから、「神聖ニシテ侵スヘカラス」というのはきわめてヨーロッパ的な観念です。それは君主は政治的な責任を負わないという君主無答責の原則をあらわした条文ですね。

天皇と並んであと二つ、明治憲法には不可侵の対象があります。一つは所有権、「日本臣民ハ其ノ所有権ヲ侵サルヽコトナシ」（第二七条）という規定がある。これは但し書きが付いていて、「公益ノ為必要ナル処分ハ法律ノ定ムル所ニ依ル」、公益のためにどうしても必要な処分をしなくてはいけない場合には、法律を作らなければならない。法律を作るというのは議会で議決しなくてはならないということですね。

三つ目は個人の信書、つまり手紙・封書ですね。これは「法律ニ定メタル場合ヲ除ク外」という留保条件がついておりますが、日本臣民は「信書ノ秘密ヲ侵サルヽコトナシ」(第二六条)。

そういうことで天皇と所有権と信書、この三つが原則不可侵です。天皇は無条件で不可侵で、他の二つとはちょっと違いますが……。ところが、憲法を作ったあと、民法を作る時に、あまり所有権の不可侵性を強調することは、公益のための必要な処分ができなくなって困るから、民法では少しこれを法律の制限の中でという表現を付け加えた方がいい、という意見が出ました。これに対して西園寺はそれはいけないというわけです。彼の発言を引用すると、「私は法律で制限がない以上は、所有権は自分の勝手である、煮て食おうが焼いて食おうが勝手であるという主義」であるという言い方をしています。「煮て食おうが焼いて食おうが勝手である」というのはいかにも西園寺らしい発言ですね。彼はちょっと戯謔《ぎぎゃく》的な発言をよくする人ですから。これも多分、フランスは所有権の絶対性というのが非常に強調されている国——ナポレオン民法ですね——だろうと思いますので、多分フランス譲りの考え方に立って発言したのだと思います。しかし、こういう意見は、法典調査会ではどうも少数意見だったようです。西園寺は議長ですから自分の意見は言っても多数意見には従って、固執することはしなかったということですね。

そのほか、文部大臣としてもなかなかユニークな教育法を提案しております。外国語教育と女子教育を大いに盛んにしなくてはいけない。日清戦争（一八九四―九五年）後、日本がどんどん国際化を進めなければいけない時代だから、外国語教育と女子教育が大切だと、彼は文部大臣時代に盛んに言ったわけです。第二教育勅語を発布して、外国語教育と女子教育を重んずる趣旨を盛り込もうとする案が作られていたようですが、実際には彼の文部大臣時代は短かったので、日の目を見ないで終わってしまいました。

五　桂園時代――西園寺公望と桂太郎の「情意投合」

さて、その後、伊藤のもとでずっと政治的な経歴を積んできた西園寺が、いわゆる桂園時代の一方の主役を務めます。西園寺は自ら望んで地位を得るということをほとんどしなかった人です。非常に聡明ですが、権力には恬淡としていて、政権への野心はありません。しかし、伊藤が西園寺を高く買って、自分の後継者となる政治家として西園寺を育てようとしたようです。明治三三年（一九〇〇年）に従来の自由民権派を糾合する形で立憲政友会が結成され、伊藤が総裁となりました。安定した立憲政治を日本で実現するというのがかねてからの自由民権派と政府の共通の狙いです。欧米列強と国際社会で肩を並べる強国をつくるという国家目標は共通で、しかも対外危機意識を共有しているわけです。それをしなければ日本は文明社会に生き残れないという危機感があります。だから明治政府と自由民権派の対立というのは、かつて私が学生の頃は、自由民権派が民主主義革命派で、明治政府は絶対主義専制政府であるという捉え方が主流でしたけれども、それは歴史状況に則して実証的に研究すれば明らかに間違いですね。自由民権派のリーダーたちがどんどん明治政府に入り、逆に明治政府のリーダーたちが野に下ると民権派のリーダーになるわけですから、目標は一緒なのです。

実際に議会が開かれると双方ともに協力と提携を進めるわけですね。その辺がドイツ流の憲法の運用と違うところで、ドイツあるいはプロイセンでは、下院の多数党が政権を取るという現象は第一次大戦の末期まで起こらない。ところが日本はドイツ流の憲法をモデルとしながら、イギリス流の立憲政治運営をしましたから、国会が開かれて八年で衆議院の多数党、憲政党の大隈重信（一八三八—一九二二）が政権を取るわけですね。その二年後に今度は伊藤博文がかつての自由民権派を糾合して立憲政友会を結成し、衆議院の第一党となる。そしてそれを基礎に自ら政党内閣を作った。この時に西園寺は、事実上の副総裁格で政友会に参加します。伊藤としては自分の後継者を作りたかったのでしょう。

立憲政友会ができて、伊藤博文はその後三年足らずで総裁を辞めて枢密院議長に就任し、西園寺公望が第二代の立憲政友会総裁になります。ただし、はじめに言ったように、西園寺公望というのは最も政党政治家らしくない政党指導者なんですね。そのころ、事実上党内を切り回したのは原敬で、伊藤博文に仕え、立憲政友会の幹事長などを務め、さらに西園寺公望総裁のもとで実力者として政友会を切り回すことになる。

第四次伊藤内閣の後に政権を取った桂太郎（一八四七—一九一三）は、山県有朋をうしろだてに、陸軍や藩閥（長州閥）勢力をバックにしているのですが、予算審議などで議会の協力が政局の運営には不可欠です。そうなると衆議院の第一党の立憲政友会を味方につけなければならない。そこで西園寺とだいたいトップ同士の話し合いでなんとか話をつけていく。桂と西園寺の「情意投合」です。情意投合というのは本当はちょっと品のない言葉ですね。もともとは男女間のことを言う言葉でしょうからね。とにかく阿吽《あうん》の呼吸で、妥協すべきところは妥協する、譲るべきところは譲る、突っぱねるところは突っぱねる、お互いに次の政権を暗黙のうちに予約し、協力して政局を運営する。桂が首相の時には次は、西園寺に政権を渡しますよ、と口では言わなくても暗黙の了解があるんですね。それから西園寺が政権を取ると、次は桂だと暗黙の了解の下に政権を交互に担当する、それが「情意投合」による桂園時代ということになるわけです。二人は同世代で、ほぼ同じころにヨーロッパに留学している。桂はドイツですが……。案外互いに気が合ったようですね。

しかし、先ほど言ったように、最も政党政治家らしくない総裁をいただいた原敬は大変苦労するわけです。原と西園寺の出会いは、原がパリの日本公使館に勤めていた時代にかなり深く知り合う関係になって、西園寺は外交官としてその時はたしか駐オーストリア公使でウィーンに勤務し、ついでベルリンに赴任して駐ドイツ公使になる。その間彼はしょっちゅうパリに出かけてましたから、そこで原と知り合い、立憲政友会では一方は総裁となり、他方は幹事長など党幹部となった、とにかく西園寺は立憲政友会の党内のことはほとんど原に任せ切り、頼り切った。

原敬の西園寺総裁への不満を『原敬日記』の中から見ると非常に面白い。これは升味準之輔氏の『日本政党史論』第三巻（東京大学出版会、一九六七）の孫引きで恐縮ですが、「余の西園寺を助けたること一日にあらず。然れども彼れは嘗て陸奥伯の評せし如く余り単純にて不熱心且つ周到の意思なく、骨の折るゝこと限りなし。其の割に余の尽力を認め居るとも思はれず、実に呆れかへるなり。……西園寺が党内に人望あると云ふも又此内閣を引受けたるも余の力多き事は彼れも知り居る筈なるに、余を出抜きて自分の失策を掩はんが為めに直接交渉をなすは彼の窮策とは云へ困った話なり」（明治四〇年一月一三日)。いろいろ下工作をさせながら、それとは全く違ったことをトップ同士で話し合ったりするわけですよね。それで原敬はいささか腹に据えかねることもあったのではないかと思います。それから、「従来余は一身の利害を顧みずして西園寺を助けたるも、彼は果たして余の義気を感得し居るや否や疑はし。大体は余の意見に従ふ事多きも、時々は余にも諮らずして寧ろ余にも秘して事を処する事あり。之が為めに往々内閣の不利を来たしたり」(明治四〇年七月一六日)。また「余は数年間西園寺を助け来り。彼が成功と称せらるゝ大部分は皆な余の画策を採用したる部分に属し、又彼は二度も内閣組織をなすに至りたるも余が尽力に依る事なるが、彼は余が為めには何等の考もなしたる事なし。余は固より富貴功名を貪るものにあらず。此の如き事柄は一切顧みざるものなれども、余は西園寺の周旋によりて位一級進みたることもなければ勲章一等を進めたる事もなし。陰に陽に彼を助けたるに彼は余の迷惑など毫も顧慮したる事なし」(明治四四年一二月二三日)。そういうことで、一生懸命自分が尽くしているのに、どうも西園寺は自分のことを一向に思っていないらしい、という原なりの不満がいろいろあったのでしょうね。政党を率いるというのは非常に大変なことですが、西園寺はそういう細々としたことはほとんど原に任せていたので、党内からの苦情もだいたい原のところに集まるわけです。苦心惨憺してようやく党内をまとめても、西園寺はそれが当たり前の顔をしている、というのですね。

原は非常に几帳面で緻密な人ですね。日記を見てもこまごましたことが詳しく書いてあります。それから松田正久というのがやはり西園寺のフランス時代の友人で、これも立憲政友会の大物です。松田の方はあまり実務家ではありませんから、実務的なものは原に任せて、ただ党内をまとめるには松田の人望がものをいった。この二人で西園寺を支えるという形ですね。

というようなわけで、原にはいろいろ不満があったかも知れませんが、ともかくも桂園時代というのは、政治的には比較的安定した時代です。それで、桂園の桂の方には大体背後に巨大な派閥をもっている山県有朋という大物がいて、その支えによって政権を担当していた。これに対して西園寺公望の方は、伊藤博文はもちろん影響力をもった人ですけれども派閥はあまり作らなかった人ですし、韓国統監として韓国へ行ってしまいますから山県に比べて国内政治での影響力は弱いんですね。そうなると原の補佐で西園寺が桂と話をつけて、党内は原と松田がまとめる。何といっても政友会は衆議院の第一党ですから、桂もこれを無視できない。結局、両者の対抗と協力によって桂園時代の政治が運営されていた。これがだいたい一〇年近く続く。その間、国内はいろいろ問題はあるけれども、とにかくまずまず安定した政局が運営されるわけです。

その後、桂がいよいよ自分で政党を作り出そうとしたらこれが大騒ぎになった。それは立憲政友会にすれば「情意投合」ができなくなりますから、新しい政党を作られては困るわけで、それが護憲運動の激化・大正政変の引き金になるんですが、その話はここでは省略させて頂きます。

おわりに――最後の元老として

大正政変を経て、西園寺は立憲政友会総裁を退き、原敬が後を継ぎ、第一次大戦末期に原内閣が成立して（一九一八年）、政党内閣時代がやってくる。これでようやく日本の立憲政治は順調に運営できるようになった。政党政治が「憲政の常道」として定着する、そういう時代がやってきたわけです。

この原内閣成立の時に、原を強く推薦したのが西園寺です。実は組閣の大命は最初は西園寺に下るのですね。一九一八年（大正七年）九月、寺内内閣退陣後に山県と西園寺と松方の三人が元老としていろいろ相談して、山県は政党内閣にするのは快しとしないので、西園寺に内閣を委ねて、挙国一致内閣を作らせようという考えで大命がいったん西園寺に下る。けれども西園寺はこれを断るわけです。そして衆議院の第一党の立憲政友会総裁である原に政権を委ねたいと原を強く推薦する。実はその前に原との間に連携プレーで、西園寺に多分大命が下るだろうけれども、それは辞退して、原を推薦するという話を進めている。しかも、第一次大戦末期で米騒動まであったのですから、政党内閣でなくてはとても政局は乗り切れない。民衆運動が高まっていて衆議院の第一党が政権を取るのは当たり前だ、ということで、西園寺の推薦で原内閣ができるわけです。今までさんざん苦労をかけたから、原を総理に奏請して長年の功労に報いたい、という個人的な思いもあったかも知れませんね。原も苦労の甲斐があったというものでしょう。とにかく、こうして政党内閣が「憲政の常道」として定着していきます。

原内閣成立直後に第一次世界大戦が終り、翌一九一九年、西園寺は日本の首席全権としてパリ講和会議に出席します。もう七〇歳で健康に不安があったため、医師・看護婦・使用人など引き連れてのちょっとした大名旅行で、彼がパリに着いた時には、会議はもうかなり進んでいました。その間、牧野伸顕（一八六一―一九四九）が全権団の代表格で、山東問題や人種差別撤廃問題で東奔西走しています。牧野に比べるとパリでの西園寺はちょっと存在感に乏しい。久々に会議議長のクレマンソー仏首相に会ったのに、通訳を介して簡単にあいさつしただけで、周囲の日本人を失望させたという話が伝えられています。

晩年の西園寺は、ただ一人残った最後の元老として、若い昭和天皇を立憲君主として育てるという、「君徳培養」につとめるとともに、立憲政治をいかに守っていくか、英米協調外交路線をいかに維持していくか、の二つを大きな課題とします。しかし残念なことに、一九三〇年代に入ると彼が意図した議会中心の立憲政治の安定と英米協調外交路線の維持は、二つとも失敗するわけです。満州事変が勃発してほぼ一年後の一九三二年（昭和七年）一〇月、「満州国」の否認と日本軍の撤退勧告を盛り込んだリットン報告書が公表され、日本国内に新聞はじめ各界で拒絶反応が高まりつつある時、西園寺は明治以来の日本外交をふりかえり、側近の者にこう述懐したそうです。

「国家の前途をいかにすべきかといふことについて、爾来《じらい》伊藤（博文）公始め自分たちは、『東洋の盟主たる日本』とか、『亜細亜《アジア》モンロー主義』とか、そんな狭い気持のものではなく、むしろ『世界の日本』といふ点に着眼してきたのである。東洋の問題にしてもやはり英米と協調してこそ、その間におのずから解決し得るのである。『亜細亜主義』とか『亜細亜モンロー主義』とか言っているよりも、その方が遙かに解決の捷径《はやみち》である。もっと世界の大局に着眼して国家の進むべき方向を考へなければならない。」（原田熊雄述『西園寺公と政局』二）

しかし、日本はその後、西園寺の願いとは全く反対の方向に進んでいきます。明治時代と違って元老の発言力はすっかり弱くなり、彼にはもうそれを抑える能力も気力もなくなってしまっていました。

しかも、革新派として新しい方向の先頭に立ったのが、公家華族政治家で西園寺が目をかけていた近衛文麿（一八九一―一九四五）だったというのも皮肉ですね。近衛首相のもとで日独伊三国同盟という西園寺が最も避けたかった事態が出現し、その二ヵ月後、一九四〇年（昭和一五年）一一月に西園寺公望は亡くなりました。日独伊三国同盟が出来た時に、病床に付き添っていた女中をかえりみて、「これでお前たちももう畳の上で死ねなくなった」と言ったという、本当かどうかわからないのですが、そういう話が伝えられています。明治の国づくりの苦労も知らずに、ひたすら革新熱に浮かされた若僧どもが国を滅ぼそうとしている、西園寺の胸のうちには、そんなやり切れない想いが秘められていたことでしょう。

今日は「西園寺公望とフランス」ということで、あまりフランスとは直接結び付かなかったのですがお話しさせていただきました。どうも御静聴ありがとうございました。

【質疑応答】

［質問①］西園寺公望は、オーストリアのシュタイン先生の講義を聞いていますね。シュタインの講義はその後、政治家としての西園寺が、法制局で日本の法律をつくる場合に影響があったんじゃないかと思いますが、いかがでしょうか？

［鳥海］はい。グナイスト、モッセ、シュタイン、その三人から講義を聞いて、その中ではシュタインの影響が一番強かったと言われますね。シュタインは、君権主義に否定的な思想の持ち主でしたから……。ただ、西園寺という人は、自分自身の立憲政治観を直接語るということはあまりしておりませんので、はたしてシュタインの考え方がどこでどういう形で影響を及ぼしたのか、その点は具体的にははっきりしない。確かにその後、宮中の保守派から民権派まで、多くの日本の政治家が「シュタイン詣で」をしました。グナイストやモッセの講義はかなり固苦しい講義で、これに対してシュタインは新聞記者の経験があった人ですから、その講義は具体的な実例

をよく引いたりして、大変分かりやすい。それから人柄も気さくな人だったようですね。憲法発布の後、金子堅

太郎がシュタインに会っていろいろ憲法についてコメントを求めたところ、病気だったにもかかわらず、非常に

丹念なコメントをしてくれた。グナイストの方は、かつて憲法の教えを受けたのだから、できあがったものを見

てくれと批評を乞うたのに、自分は君たちに講義をしたのだからでき上がったものには関心がない、そういう調

子で会ってもくれなかった。そういう人柄の違いもあって、伊藤博文はシュタインを是非日本に呼びたいと言っ

ていたのですね。健康上の理由もあってそれは無理だったのですけれども……。

［質問②］　西園寺公望は伊藤内閣で二回文部大臣をやっていますね。ある書物を見ますと、西園寺は立命館大学と京都大学の法学部を中心に京都大学を創ったというようなことも書いてございましたが、西園寺の教育に対する考え方について少しうかがいたいのですが。

［鳥海］　はい、文部大臣時代の、彼の教育の基本的な考え方は、現代風に言えば教育の国際化と自由化が必要だということでしょうね。今の日本の教育は余りに国家主義的になり過ぎている、ちょうど一八九〇年代後半は国家主義的な傾向が強まっていた時代ですが、日清戦争に勝って日本が国際社会に乗り出すためにむしろは国際化教育が必要で、そのためには外国語をもっと教えなければならない。国語や日本の古典の学習時間を減らしても外国語を教えなければいけない。それから、もう一つは女子教育ですね。これからの国際化を進める上では女子教育が大事だと。しかし特に前者の日本の古典を減らしてもいいから外国語をやれ、というのには相当強い抵抗があったわけで、当時「西園寺の世界主義教育」――「世界主義」というのは非難する意味で言っているのですが――西園寺の教育は自国の文化的伝統を無視した世界主義であって、それは認めがたい、という反対が相当強かったですね。

彼は文部大臣を第二次伊藤内閣で二年ぐらいですか、第三次伊藤内閣の時はほんの三ヵ月ですから、実際にはそういうことを実現する機会は余りなかったと思います。ただ日清戦争後、女子の義務教育就学率がぐんと上がる。一九〇〇年（明治三三年）に女子教育奨励の意味で授業料を廃止するんですね。それは西園寺文相時代ではないけれども、西園寺の貢献もあったのではないかと思いますね。

［質問③］　私（三浦）盛岡出身なものですから、郷土の偉人原敬に触れていただきうれしく思いました。薩長閥以外から出た初の「平民宰相」で、若い頃フランス人神父の書生になってフランス語を一生懸命習ったフランスに縁のある政治家ですから。

いくつか質問があるのですが、一つは、なぜ一〇年もフランスにいたのか。官費留学を私費に切り替えて、よほど楽しいことがあったのでしょう、さっさと日本へ帰ってお国のために働くような気持ちはあまり持っていなかったのでしょうか。パリ時代の交友として、ジュディット・ゴーティエとか、文学・芸術系の交際があり、日本の古い詩歌を翻訳するのを手伝ったとか、そういうエピソードも残っておりますが、そういうことも併せて、なぜ一〇年もいたのか。兆民も二年で帰って来ていますし、珍しいケースだと思います。

もう一つは、兆民とのフランスでの交流が帰国後も続いて、『東洋自由新聞』を創る時には社長として迎えられたということがありますが、その後は、兆民との私的交流、あるいは思想的・政治的交流があったのかどうか。

最後に、個人的なことですが、確か西園寺は結婚しなかったと思います……。なかなか風流な人だったようですが、どんな人だったのか、人柄を伝えるエピソードなどあったらお伺いしたいのですが。

［鳥海］　一〇年間の留学というのは確かに非常に長い。二〇歳そこそこでフランスへ行って、非常に大きなカルチャーショックを受けるのですが、段々馴染んでくると公家華族の当主として因習でがんじがらめになる日本に

はなかなか帰りたくなくなる、という気持ちは分かるような気がします。フランスで自由の雰囲気を味わった解放感は格別だったでしょうから……。しかも、それができる状況にあったわけですね。最初は官費留学で、他の留学生というのは官費を切られてしまったら、いくら頑張ってもそうそうは居られない。だけど、西園寺は官費を切られた後も、とにかくかなり無理をしても私費留学ができた。西園寺の手紙を見ていると、その後しょっちゅう日本に金策を依頼しているんですね。金を工面してくれという手紙がいろいろあります。宮中から御下賜金も出たし、西園寺を扶助しようという者もいたわけですよね。公家や大名華族でかなり長い間留学している人もいますので、どうも日本の華族社会に生を受けた人間には、ヨーロッパの社会的雰囲気は非常に魅力的だったのでしょうね。一説によると、エミール・アコラースから、君は国に帰って少し国のために尽くしたらどうかと言われたのが帰るきっかけになった、という話があります。

文化的にはどういう活動をしていたのかというのはよく分からないのですが、確かに芸術家のサークルに出入りして、ゴンクールとかマダム・ゴーティエなどに会ったりして、当時はジャポニスムの時代ですが、それに関していろいろな翻訳も手伝ったということが言われております。

中江兆民との私的な付き合いというのは日本に帰ってからもずっと続きました。政治的にはそんなに関係は深くなかったと思いますが……。西園寺公望は、政府の要職に就いた後も、かなりいろんな人に、芸術家なんかにもお金を出しているんですね。中江兆民の息子の丑吉にも中国留学の学費を出したと言われています。私的な付き合いというのは兆民が死ぬまで続いたと思います。

次に西園寺の人柄のことですが、法典調査会の議事録などを見ますと、西園寺は非常に軽妙な当意即妙の発言をする人で、さかんに戯謔《ぎぎゃく》的な表現を用いますね。これはよく言われているエピソードですが、ドイツ駐在の日本公使時代に、ちょうど日本では第一議会が開かれていて、議事堂が漏電による火災によって焼けてしまった

（一八九一年）。それをドイツ皇帝のヴィルヘルム二世が聞いて、ビスマルクを引退させて得意絶頂の頃のヴィルヘルム二世が、ややからかい気味に西園寺公使に向って「日本でも過激派や保守派がいるようだから、彼等が火をつけたんじゃないのか」とか「日本の建物は紙と木で出来ているだけだから、燃えると全部灰になってしまうそうだね」などと言ったそうです。確かにその当時は、現在ベルリンに残っているあの壮大な国会議事堂を建てている最中です、その国会議事堂が完成するのはもうちょっと後なんですが、ちょうど一八九〇年代の前半に完成するわけで、八〇年代の後半からベルリンの壮大な国会議事堂を建てていて、あそこの議事堂も後にナチス政権下で放火されたけれども灰にはならないわけですよね。

西園寺が咄嗟に「いやいや、あれは放火ではございません。建物の設計ミスによる漏電でございます。なにしろ、ドイツ人技師が設計致しましたから。」そういう風に答えてヴィルヘルム二世の鼻を明かしたという。それも本当の話なのか、西園寺自身はそういうことを語ってはいないのですが、そういう噂が伝えられています。西園寺だったらそれ位のことは言うだろう、彼の人柄からすればそういうことがあってもおかしくはありません。

それから、確かに彼は正式の結婚はしていません。当時の華族、特に公家華族ですから、結婚には面倒なさまざまのしがらみがある。それを嫌がって正式な結婚はしなかったんでしょうね。お妾《めかけ》さんは何人もいたようですが……。西園寺の手紙を見ると、よく柳橋や新橋の花柳界の話が出てくるんですね。伊藤博文もその方面は非常に好きだった人ですから、伊藤博文の手紙、それから井上馨と伊藤博文のやり取りなんかを見ると、「今、柳橋の方はどうだ、」そういう手紙をしょっちゅうやり取りしています。桂太郎も女性に関してはなかなかの発展家で、「情意投合」で政局を運営する時に、お互いに妾を連れて待合に行って、そこで話をつける、そういうこともあったようですね。現代の政治家でそんなことをしたら大騒ぎになるけれども、当時はまだまだ女性問題については大らかな時代だから、桂太郎には有名なお鯉という愛妾がいて、西園寺はなんて言ったか名前は忘れましたが、みんな花柳界の女性たちですね。伊藤の場合は、芸妓出身の女性と正式に結婚しています。もっとも伊藤の浮気話はその後も絶えず噂になっていますが……。

［質問④］　司会から感想的なことですが、ヨーロッパに五回行っているんですね。

［鳥海］　明治時代だけでそれくらいになりますかね。

［質問④］　私は実は今書き終わったある文章で、一九六〇年まで日本人でヨーロッパに二度以上行った人はごく運のいい外交官以外はいない、と書いたんですが、五度行った人がいるんで驚いちゃったんですが、しかも最初が一〇年間ですね。これは強烈な印象だったでしょうね、二〇歳で行って、フランスと日本は、今だって相当違うと思うんですけれども、この明治の初め頃はもう本当に他の星に降りたようなものだと思うから。一〇年居て、その頃だったら手紙は出すけれども、電話なんてないですから、もちろん今の若い人のように夏休みになったら日本へ帰って来て、また九月に出て行くなんてことはありえないわけですから、すごいですよね。影響はやっぱり大きいんじゃないでしょうか。私は全然知らなかったんですが、印象としてすごい特権階級の人が非常に自由になっちゃった、という気がします。

［鳥海］　特に若い時に行きましたからね。やっぱりフランスで解放感を味わったら帰りたくなくなるんじゃないですか。それに留学体験を武器に日本で立身出世しようという野心もなかったようですし……。

［質問⑤］　配布資料に、明治三年に長崎の広運館でフランス語を学ぶとありますが、この広運館というのはどういうものですか？

［鳥海］　広運館は洋学の学校です。当時、洋学校が全国に雨後のたけのこのようにたくさんできました。これは

誰に紹介されたのか、大村益次郎だったかな。もちろん長崎は江戸時代から蘭学塾などがあったところですから、早くから国際化が進んだところですよね。それで、フランス語も教えていたということです。

[質問⑥]　もう一つ伺いたいんですが。パリ・コミューンの最中に渡仏したということでしたが、一八七〇年に普仏戦争が起こってフランスは負けますよね。フランスの方が文明や国力が進んでいたはずなのが、プロイセンに負けてしまってフランスにとっては大変なショックだったわけですが、普仏戦争でフランスが負けたということは、当時の日本でどういうふうに伝えられ、日本のフランスのイメージ、あるいはプロイセンとかドイツのイメージにどういう影響を与えたのかでしょうか。

[鳥海]　それはやはり影響を与えたと思います。特に陸軍の軍事制度・技術は、幕府の時代からずっとフランス式なんですね。それをドイツ式に切り替えるのは普仏戦争でドイツが勝ってフランスが負けたからです。それからフランスが負けたのは、人心が非常に奢侈《しゃし》に流れていて、質実剛健の気風を失っているからだ、という議論は随分ありますね。軍事制度・技術、特に陸軍がドイツに転換したのはやはり普仏戦争の影響でしょう。西園寺の留学の少し前に桂太郎が陸軍から派遣されてヨーロッパに留学したのですが、はじめパリに行くつもりだったのが、ちょうど普仏戦争がはじまってベルリン留学に切りかえていますね。それ以外の分野では、法律制度などはやはりフランスが当時ヨーロッパの中でも一番整っていたので、刑法、治罪法、民法などはほとんどフランスです。普仏戦争で特に切り替えたということはありません。

[質問⑦]　陸軍幼年学校などではフランス式というか、フランス語で教育が行われていたと言いますが…。

[鳥海]　陸軍の場合はフランス語とドイツ語が多いですね、それからロシア語もいくらか……。砲兵はフランスの影響がかなり残りましたから、英語はむしろ主流ではありませんね、海軍はもちろん英語が主流です。

黒田清輝――「公」と「私」のはざまで揺れる日本近代洋画の確立者

三浦　篤

［司会（三浦）］　日仏文化講座「近代日本の建設とフランス」、今日は、日本の近代西洋絵画の創始者ともいうべき重要人物、黒田清輝をとりあげます。先週の西園寺公望は一〇年でしたが、黒田清輝も九年くらいフランスに滞在したようです。帰国後、東京美術学校西洋画科の主任として新しい伝統を切り開いたわけで、この高名な画家について東京大学助教授の三浦篤さんにお話しいただきます。

三浦さんをご紹介しますと、たまたま私と同姓ですが親戚ではありません。一九五七年、島根県のお生まれで、現在四〇代半ば、新進というよりはすでに立派な美術史家でいらっしゃいます。東大駒場の教養学科フランス科を卒業されていますが、そこでボードレール研究の阿部良雄先生から美術批評のほうの手ほどきを受けられたようです。その後、本郷の美術史学科に進まれ、高階秀爾先生の薫陶を受けられました。パリ第四大学ソルボンヌに留学され、博士号を取られたのは帰国後、最近のことのようですが、『マネとファンタン゠ラトゥールをめぐる芸術家の表象』という論文で博士号をお取りになっております。ご専門の一九世紀フランス絵画史のご研究の他に、今日のお話にも関連するところですが、日本とフランスの美術交流史の研究もなさっています。一九九九〜二〇〇〇年には、黒田清輝の先生であったラファエル・コランの回顧展も組織なさいました。著作はいくつもございますが、主著としては、二〇〇一年に東京大学出版会から出た『まなざしのレッスン(1) 西洋伝統絵画』という本があります。また、三年前でしたか、やはりこの日仏会館で「自画像の美術史」という文化講座を組織してくださり、その時の講演を基にした同名の編著がやはり東大出版会から出ております。

それでは早速お願いいたします。

ただいまご紹介にあずかりました三浦篤です。今日は日本近代洋画の父とも言うべき黒田清輝(一八六六―一九二四)についてお話ししたいと思います。学校の教科書にもしばしば掲載される《湖畔》[図1]は、おそらく高橋由一(一八二八―九四)の《鮭》と並んで、日本近代洋画史上もっとも有名な作品ではないでしょうか。黒田は一八八四年(明治一七年)から一八九三年(明治二六年)まで、九年間フランスに滞在して、西洋絵画を本格的に学びます。そして、帰国するや日本の洋画を刷新する活動を開始し、数年後には東京美術学校西洋画科教授となるわけですから、「近代日本の建設とフランス」というテーマにおいて、芸術分野で真っ先に挙げられるべき人物であることは間違いありません。上野の東京文化財研究所に寄贈されたその作品は、一九七七年(昭和五二年)から毎年一回、地方の美術館で展示されて、今だに多くの観衆を集めています。その意味では、国民的画家の一人と言ってもおかしくありません。私も去年の夏、和歌山県立近代美術館で開催された「黒田清輝展」に足を運んで、久しぶりに作品をじっくり見てきたばかりなんです。

では、黒田清輝はフランスに留学して何を学び、日本の絵画、美術に何をもたらしたのでしょうか。西欧とはまったく異質の極東文化圏からやってきた一人の青年が、パリで「美術」や「油絵」なるものに触れて自己の資質に目覚め、思い切って絵画の世界に一生を賭けた。いかにも、明治日本ならではといった出来事ですが、黒田の場合は、留学したときの年齢が若い上に、滞在期間が長く、経済条件にも恵まれていました。しかも、留学前に本格的な絵画修業をしていなかったので、西洋文化の摂取という点で、典型的なテストケースのような色合いを帯びています。まっさらな明治の日本人が西洋絵画をどこまで身につけ、独自の展開を見せることができたのかというのは、話は黒田に限りませんが、とても興味深い問題です。今日はそのような黒田清輝の人物と作品に、「公」と「私」の間の葛藤、揺らぎという視点から迫ってみたいと思います。

黒田清輝（毎日新聞社提供）

まず始めに、主人公の生い立ちと留学までの歩みを確認しておきましょう。黒田清輝は一八六六年（慶応二年）に生まれ、一九二四年（大正一三年）、五八歳で亡くなっています。ほぼ明治、大正時代を生きた人と言っていい。島津藩士黒田清兼《きよかね》の長男として生まれましたが、生まれる以前から男の子ならば叔父の黒田清綱《きよつな》の元へ養子

図１　黒田清輝《湖畔》1897（東京文化財研究所蔵）

に出すことが決まっていました。養母は貞子と言います。養父となった黒田清綱は、維新の戦いで武勲を立てて以来出世し、最後は子爵として貴族院議員にもなったという代表的な明治の顕官です。清輝は養子に出て、何不自由ない子供時代を過ごしました。麹町平河町の広大なお屋敷で暮らし、庭には大きな池があってその中で泳げたといいます。いわゆるお坊っちゃん育ちで、屈託のない伸びやかな性格、でも情の厚い一面もあったようです。大学予備門へ入るために最初は英語を学びますが、その後法律家を目指すためにフランス語に転じます。そして、一八八四年の一八歳のとき、黒田は法律を学ぶという目的を持ってフランス留学を果たすのです。明治初期の頃は、条件の整った人物は早い時期に留学しますが、その中でも一〇代後半に留学し、二〇代後半まで一〇年近くフランスで暮らせた人は決して多くなかったはずです。そういう非常に恵まれた環境の下で留学し、フランス社会の中で生活し、その文化をたっぷり吸収して帰って来た典型的な明治人だったのです。

ここで、留学以前の黒田と絵画との関わりについて若干申しますと、一二歳の時に水墨画を少し学んでいます。ただそれはすぐに止めてしまって、その後半年間、細田季治《すえはる》という画家の下で、鉛筆画、水彩画を学んでいます。これは黒田にとって趣味のようなものになりますが、本格的に絵画を修業するのはフランスに行ってから。ただ、絵心を養う最初のきっかけにはなったでしょうし、フランスに渡る際に母親が水彩絵具を持たせてやっているくらいですから、絵をたしなむ素人という風には言えるでしょう。そして、日本近代洋画の歴史を考えますと、黒田の子供時代は、工部美術学校に象徴されるような西洋絵画移入期だったのですが、その留学時代はちょうど伝統的な美術の復興期に当たり、むしろ洋画は不遇でした。そして、黒田が帰国する頃になって、もう一度日本で洋画を再興しようとする機運が高まり始めていました。文字通り絵に描いたような運の良さ、時代の巡り合わせとでも申しましょうか、まるで使命を託されたかのように、黒田は滞仏時代に法律から絵画へと己の進むべき道を転換していくのです。

(一) 留学期

法律から絵画への転向

こうして、黒田は一八八四年三月にフランスに渡り、ほぼ九年間をフランスで過ごすことになります。その当時、フランスは第三共和政ですが、絵画界の状況はと言えば、ざっとこんな感じでした。一般には、歴史画（物語画）を重視するアカデミズム絵画が、美術学校、サロン（官展）、美術アカデミーといった制度を後ろ盾に、大きな権威と社会的な評価を得ている。しかし、そうした古典的な絵画は実質的には翳りを見せ始めており、伝統を打ち破って、近代的な主題を新しい様式で描く印象派がすでに勃興していたのです（第一回印象派展は一八七四年です）。しかも、アカデミズムと印象派の中間に位置する折衷派が出現する一方で、革新派の陣営でも印象派以後のさまざまな絵画傾向が姿を現そうとしていました。ちなみに、黒田が本格的な絵画修業を始めた一八八六年という年は、黒田の先生になる折衷的なアカデミズムの画家ラファエル・コランの作品《フロレアル（花月）》［図2］が「サロン」で評判をとり、国家買い上げとなった年です。この八六年はまた、第八回目の最後の印象派展が開催された年でもあり、出品者の中にはルドン（象徴主義）や、若い世代のゴーガン（総合主義）、スーラ（新印象主義）の名前も見られました。そして、あのゴッホがパリにやって来たのも同じ年に他なりません。つまり、新旧入り乱れた坩堝のような美術状況の中で、黒田は画家になることを決意したのです。

ただし、パリに到着してすぐさま、黒田は絵画の世界に没入したわけではありません。二、三年の間はまだ法律の勉強を続けています。アルカンボーという個人教師についてフランス語の習得に励み、法律の学校に通い始めます。そして、パリで知り合った日本人たちと交流する中で、画家になるきっかけが芽生えたのです。その日本人たちとは、当時すでにパリにいた画家の山本芳翠（一八五〇―一九〇六）と藤雅三《まきぞう》（一八五三―一九一六）、日本美術をフランスに広めた画商の林忠正《ただまさ》（一八五六―一九〇六）です。山本芳翠は一八七八年のパリ万国博覧会のときにパリに来て、ジェロームというアカデミズムの大家に就いて絵の勉強をしていました。文学者のジュディット・ゴーティエやロベール・ド・モンテスキューとも交友があり、パリの文学・芸術界に入り込んでいた社交的な人物です。それから、黒田以前にパリに留学した有力画家としては、他に五姓田義松（一八五五―一九一五）がいます。義松はボナという別の有力画家の指導を受けていましたが、一八八一年から三年連続、日本人画家として初めてサロンに入選していますから、向こうで実力と技術を認められていたことは間違いありません。ただし、芳翠

図2　ラファエル・コラン《フロレアル（花月）》1886（アラス美術館蔵）

も義松も、画風は伝統的なアカデミズムの枠内に留まっているんです。暗い色調の写実的な様式で描いており、黒田のような明るく清新で、感覚的な絵画とは随分違っています。とりわけ、そんな自らの歴史的位置を自覚していた芳翠は、これからは新しい絵画を学ぶ人が出て来てほしいということで、若い黒田にしきりに画家転向を勧めたようです。最後に、藤雅三は黒田より前にコランに就いていた画家で、黒田にコランを紹介したという意味で重要な役割を果たしましたし、黒田と一緒に写生などもしていました。ただ、画家としてはその後目立った活躍はしていません。

このように、黒田の中に画家の資質があることを見て取った周囲の人間が、黒田に法律から絵画への転向を勧めたり、絵画の世界へ導いてくれたりしたんです。黒田自身、元々絵は好きなので、だんだんその気になっていき、一八八六年五月二一日に画家の道を志す許しを求める手紙を父親に書くことになります。ちなみに、黒田清輝の父親宛ての手紙はカタカナ混じりの漢文体候文でかしこまった感じがあり、「清輝」と署名してあります。それに対して養母の貞子に送る場合は、全文ひらがなの言文一致体の口語体でくだけた感じがあり、幼名の「新太郎」あるいは「新太」の署名で書かれています。なかなか対比的で面白い。

ここで、画家になる決意を父親に伝えた手紙を一部引用してみましょう。手紙の前半をかいつまんで申し上げますと、法律を勉強するためにパリに来たのだから、それをやらざるを得ないけれども、結局自分には法律は向いていないし、法律をやっても今後メリットは少ない、と縷々説明した後でこう書いています。「右の如く、色々と相考え申し候に、法律専門にて国益になる程の事をなさんは余程むずかしく存じ候。依りて今般、天性の好むところに基づき、断然画学修業と決心仕り候。当地において、現に油画を修業致し居る日本画工三人有りこれ候（五姓田・山本・藤氏）皆日本にては屈指の画家と申す事に候へども、美術に長じたる仏国の事に御座候へば、その人に乏しからず。右三人の画のごときは、まず西洋人の中に持ち出すべき程のものにあらずと申す事に御座候。もっとも何学にても一通りまでは皆々相達しべく申し候へども、ただ難きは少しく上に出る事に御座候　また画学は他の学問と異なり、何年学べば卒業するということはなく、その年の長短はただその人の天才によることに御座候。私一度決心致し候上は、一心に勉強を仕り候。その結果の好悪は、ただ天に御座候。」［原文：右ノ如ク色色ト相考へ申候ニ法律専門ニテ國益ニナル程ノ事を爲サンハ餘程六ヶ敷被存候　依而今般天性ノ好ム處ニ基キ斷然畫學修業ト決心仕候　於當地現ニ油畫ヲ修業致し居日本畫工三人有之候（五姓田・山本・藤氏）　皆日本ニテハ屈指ノ畫家ト申事ニ候得共美術ニ長ジタル佛國ノ事ニ御座候得ば其人ニ乏カラズ右三人ノ畫ノ如キハ先ヅ西洋人ノ中ニ持出ス可キ程ノモノニ非ズト申事ニ御座候　尤モ何學ニテモ一通迄ハ皆々相達シ可申候得共只難キハ少シク人ノ上ニ出ル事ニ御座候　又畫學ハ他ノ學問ト異ヒ何年學べバ卒業スルト云事ハ無之年ノ長短ハ只其人ノ天才ニ依ル事ニ御座候　私一度決心致し候上ハ一心ニ勉強可仕候　其結果ノ好悪ハ只天ニ御座候」」

絵画のことを「画学」という言い方をしていますが、画家になるという断固たる決意を披瀝し、五姓田、山本、藤など先駆者たちの上を行く大きな抱負をにじませています。そして、父親からとりあえず法学と画学の二足わらじを履いて良いという許可を得るのです。その後、さらに一年半ぐらい、絵の勉強を続けると同時に法律の学校にも通うという状況が続きます。

もう一通、今度は母親宛ての手紙をご紹介します。これは一八八七年四月、かなり画学修業が進んだ頃に書かれたものです。「こないだからだいがつこうのほうがおやすみになりましたからこのしゆうかんはゑのほうを一つしつぺ〔＝せっせと〕べんきよういたしました　まことにまことにおもしろいことでございます　ゑをかいておると三じかんや四じかんぐらいたつのはわけはありません　このまへのにちようにふぢ〔＝藤〕さんといふゑかきさんと一しよにいなかにあさからでかけゑのけいこをいたしました　おひるのごぜんはぱんとひるゑたにくとをかひくさはらにねころんでふたりしてたべましたまことになんともかんともゆわれないあぢがいたしました。」

母親宛ての手紙には、夢中になって絵の勉強をしていること、フランスの生活にひたっていることを素直に伝えているんですね。何か充実して愉悦に満ちた世界を感じさせます。父親宛の手紙が「公」の部分を表しているとするなら、母親宛の手紙は「私」の領域を示しているとも言えるでしょう。

このように、黒田の中では法律から絵画の方に次第に気持ちが移っていき、実際にそれに割く時間も増えていきました。最終的に絵の方に完全に専念する決心をしたのは一八八七年一〇月頃です。考えてみれば、明治のこの時代に行政官・政治家の父親の期待を担って、法律修業のためにフランス留学した人間がよくも決心したと思いますし、またよく父親も許したものです。これはある意味で、「公」の世界よりも「私」の世界を優先した思い切った決断です。しかし、このあたりが明治の国家主義、立身出世主義の現れともいえますが、法律を放棄し、美術に賭けるといっても、やはり文化・芸術の領域において社会的に成功する、日本における西洋画を担うという意識は、黒田の中に充分にあるのです。決して、個人だけの問題にはなりません。そのため、趣味や感性がものをいう「私」事である絵画の世界自体において、新たに「公」と「私」の揺らぎという問題が黒田に生じます。それは学ばなくてはならない、描かなくてはならない絵と、自分の気質にあった描きたい絵との間の葛藤です。

ラファエル・コランとアカデミックな修業

まず、黒田が就いたラファエル・コラン（一八五〇―一九一六）とはどういう画家だったのでしょうか。二人の出会いは、黒田の回想によれば先にコランに就いていた藤雅三が橋渡しになったとのことですし、コランの回想によれば画商林忠正も黒田を紹介したようです。したがって、まったくの偶然の遭遇というのではなく、パリの人間関係がコランと黒田の師弟関係を生み出したのですが、私の考えでは他にも理由があると思われます。コランは日本の美術品を熱心に蒐集しており、ジャポニスムの画家でもあったのです。その意味で親近感があったこと、また繊細優美で穏やかな裸婦を描くコランの画風自体が日本人の感性に合っていたこと、そういう面でも黒田は惹かれたのではないかと思っています。そして、黒田はまるで父親であるかのように、生涯コランを慕っています。

数年前に、私は「ラファエル・コラン展」という展覧会（福岡市美術館他）を日本で組織したことがあるんですが、コランという画家は基本的にはアカデミズムの路線に立つ人です。主に描くのは、牧歌的な背景を前にした現実感のある裸婦像ですが、寓意性を帯びている場合も多い。ただし、画面はかなり明るくなっており、戸外の光も意識しているので、その様式は外光派アカデミズム、あるいは自然主義の影響を受けた折衷的なアカデミズムと規定することができます。たとえば、一八八四年のサロンに出品した《フロレアル（花月）》［図2］が典型的です。野原に寝そべる上品にして優雅な、でも生々しさもある裸婦です。しかし、初夏を象徴する題名が物語るように、決して現実の風俗として描いたものではありません。これはあくまでも、理想化された牧歌的な美の世界なのです。寓意性と現実性、理想的なものと写実的なものが、うまくバランスを取っているのです。

しかも、この絵の風景の描き方を見ると、外光の明るさを加味した色合いである上に、いささか印象派を思わせるような筆触も見られます。つまり、コランとは基本的にアカデミズムの画家であり、印象派ほど革新的ではないにしても、それなりに新しい要素を取り込んだ画家だったのです。そして、黒田清輝がこのような画家に学んだことが、その後の日本近代洋画の性格をかなり決定づけたと思われます。別の観点からいえば、黒田は一足飛びに印象派の影響を受けることはなかった。つまり、油絵の伝統がない国から来て、アカデミズムを否定した印象派に共感を持てるはずもなかったのです。伝統を知らなければ、革新の真の意味は分からない。人間の視覚の当然の限界です。その代わり、日本人が当時理解し得る最良の部分を自分の中に取り入れたとはいえますし、コランを通して他の絵画傾向も学べました。

それでは、黒田は具体的にどういう教育を受けたのでしょうか。黒田はコランから個人的にも指導を受けていますが、主に勉強した場所は「アカデミー・コラロッシ」というモンパルナスの画塾です。そこにコランは自分の教室を持っていました。黒田はそこに、一八八六年夏からパリで絵の勉強を始めた久米桂一郎（一八六六―一九三四）――『米欧回覧実記』を書いた久米邦武《くにたけ》の長男で黒田の親友となります――と一緒に熱心に通ったのです。最初は徹底的にデッサンの訓練を行いました。第一段階は複製版画の模写、第二段階は石膏デッサン、そして第三段階が裸体のモデルを使った人体デッサンです。東京文化財研究所には、黒田の木炭デッサンがたくさん保存されていますが、その中にはラファエロのデッサンを模写したものから、古代彫刻の石膏デッサン、さらには数多くの裸体デッサンが含まれています。コランの指導の下に、きわめてアカデミックで本格的な美術教育を受けたのです。そして、三年以上を費やしたこのデッサンの訓練において、黒田は大きな進歩を見せ、微妙な陰影を付けた素描が立派に描けるようになっていきました。時間とともに腕を上げているのは明らかで、かなり努力をしたのだと思います。正式のデッサンの訓練以外にも、小さな写生帖をもって常にスケッチしています。その成果は三九冊の写生帖として残っており、身辺雑記風のスケッチもあれば、美術解剖学講義のクロッキー、人物をクローズアップしたもの、旅行中のスケッチなどいろいろです。作品準備のための素描も描き込んでいます。

さて、厳しいデッサンの訓練を経て、ようやく絵筆を持つことができました。でも、自由な制作はまだ先の話、裸体人物像の油彩習作を描き、歴史画の下絵を制作し、過去の名画を模写したりします。とにかく、油彩においても人体をきちんと描けるというのが基本中の基本で、それを徹底的に教え込まれます。こうした習練は最終的に、人物群像で構成された、物語的な主題を表す「歴史画」や抽象的な概念を表す「寓意画」の制作を目的とするものでした。西洋の古典的、伝統的な絵画を描くための勉強に必死に取り組み、技術をマスターし、新しい物の見方を自らの中に肉体化しようとする日本人画学生、それが黒田でした。

このような修業を、黒田は模範的なまでにクリアしていきます。しかし、それは西洋絵画の基礎訓練としては大いに役立ちますが、黒田自身は決して歴史画や寓意画を積極的に描くことはありませんでした。コラン風の裸婦像ですら、帰国直前の作《朝妝《ちょうしょう》》［図4］にいたるまで、ほとんど試みていません。どうも、黒田が本当に描きたかったのは、アカデミズムの枠内で理想とされた種類の絵ではなかったようです。

実はそのことと関連して興味深いのは、黒田が最初の留学中によく旅行をしたのがベルギー、オランダであり、イタリアは訪れていないということなんです。本格的に西洋絵画を学ぼうと思えば、芸術の国イタリアに当然行っただろうと思われるのですが、まったく足を運んでいない。逆にベルギー、オランダに親しみを覚えて、ハーグの美術館にあるレンブラント作品の模写をしています。自分にとって親しみやすい、市民社会の中から生まれた肖像画、風俗画、風景画などに、より共感を覚えたのではないでしょうか。ルーヴル美術館でも、イタリア絵画ではなく、もっぱらオランダ派の絵を模写しています。それが黒田の感性かな、と思います。また、フランスの画家では、ミレーなどバルビゾン派にとても共感を持っているんですね。ですから、最後までクラシックな西洋絵画というのは、もちろんその訓練もしたし、頭では分かっていても、自分自身の感性はそれを素直には受けつけなかった、受け入れなかった。その辺りは黒田清輝の、ある意味で分裂というか、引き裂かれた部分ではないかと思います。アカデミックな絵画伝統がちょっと疎遠な到達しがたい目標としてある。それは模範であり、描くべき絵です。ところが、自分としてはむしろオランダ絵画とかバルビゾン派などの方に惹かれる、より世俗的というか自然主義的な絵画の方に関心が向くし、そういう絵を描いてみたい、というわけです。そのような分裂が、黒田にはずっと付いてまわったように見えます。すなわち、絵画の世界に入っても「公」と「私」の葛藤があったのです。そして黒田は、留学後半期を思い切って描きたい絵の制作に費やします。それには、パリから離れたグレー村という環境と、マリアという女性の存在が不可欠でした。

グレー村での制作とマリア・ビヨー

黒田は一八九〇年頃から、本拠地をパリからフォンテーヌブロー近郊のグレー゠シュル゠ロワンという場所に移してしまいます。パリにも時々は行きますが、九三年に帰国するまでの間、フォンテーヌブロー近郊の小村というか田舎町グレーに家を借りて滞在し、そこで作品を制作するのです。パリとアカデミックな絵画世界から解放された黒田は、ロワン川のほとりの豊かな自然の中で伸び伸びと生活し、感性のおもむくままに自由に絵を描きます。帰国してからグレーのことを語った、黒田自身の懐かしそうな言葉を引きましょう。「グレーの四季は四季共に好いので、何時の時候が一番好いかと云はれると、一寸返事に困るのだね、春は空が晴れて、麦の芽が一面に出た野原の青い中に、林檎の美しい花が咲いて居るのも好いし、夏は麦が黄いのに、紅い虞美人草（コクリコ）と、藍色の矢車の花とが交つて一面に咲乱れて居るし、月の色から云ても、白い乾いた道路に蒼い様な影が有るのなぞは、一寸日本では見られない景色だね。(略)。絵でも描きに出た時は、疲れて草の上に横になると日本の様に草の葉が硬くなくて柔かで、蚊や蟻の類が居ず、草に香気の有る花が咲いてゐて、寝て居る顔の上を風が吹くと、何とも謂はれない好い香がするのだね。重に密の様な匂ひだよ(略)。」

何と幸福そうな、恍惚としたような、充溢感にあふれた自然との交わりでしょう。これまで、「公」の美術の世界で真面目に努力してきた黒田ですが、そうした訓練をほぼ終えたところで、パリに居続けるのではなく、「私」の感性にぴったり合った場所で、愉悦に満ちた絵の制作に浸りたくなったのではないでしょうか。ところで、黒田がグレーを選んだもう一つの理由は、そこに外国人芸術家のコロニーが出来ていたからです。イギリス、アイルランド、北欧、アメリカ、カナダなどからも画家志望の青年たちがグレーに集まっていて、芸術家村のようなものが形成されていました。そして、黒田が移り住んで以来、近代日本の洋画家たちにとってグレーは訪れるべき聖地のような場所になります。たとえば、日本の画家の中でもっとも多くグレーの風景を描いた浅井忠(一八五六—一九〇七)の場合は、一九〇〇〜一九〇二年に文部省の留学生としてパリ滞在中に、グレー村を四度も訪れているのです。ちなみに、二〇〇一年には、今のグレー市になんと「黒田清輝通り」が誕生しました。黒田はフランスの道に名前を残した最初の日本人ということになったのです。

さて、話を戻しますが、黒田はグレーで豚肉屋《シャルキュトリー》——黒田は手紙の中では「豚屋」と書いています——をやっていた人の家の離れを借りて、そこに独りで住んでいました。その家主の娘の一人が黒田の身の回りの世話をしてくれたようです。名前をマリア・ビヨー(一八七〇—一九六〇)といいました。この女性こそは、黒田のグレー時代の主要作品のモデルになった非常に重要な人物です。《針仕事》(一八九〇）や《読書》（一八九一）といったグレー時代の作品は、このマリアをモデルにして描いたものです。《読書》の方は「フランス芸術家協会」のサロンに入選していますから、黒田が初めて公に認められた作品ということになります。

やはりマリアがモデルになった、この時期の力作《厨房》［図3］を見てみましょう。かなり大きなサイズで、台所の入り口で椅子に座る女性を描いています。よく見ると、彼女は男物の上着のようなものを羽織っています。黒田とマリアの関係は手紙の端々からうかがう限りかなり親密だし、恋愛感情に近いものがあったのでないかと推測する向きもあるくらいです。確かに、ご飯を作ってくれたり、モデルになってくれたりした女性ですし、黒田も時計を贈ったりしていますから、仲むつまじかったようです。黒田は日記の中で、「メシハ鞠屋《マリヤ》がちやアーンとこしらえて置て呉れたから仕合也」（一八九二年一〇月六日、日記の中では彼女の名前を鞠屋美陽［もしくは美夭］と書いています）などと書いていますから、実に微笑ましいものです。ちなみに、このとき黒田は二六歳、マリアは二二歳です。ただし、二人がどの程度まで深い関係だったのか、というのは分かりません。育ちや身分や状況などを考えると、とても結ばれる仲とは思えませんが、黒田の本当の気持ちは不明です。でも、明治の日本人留学生が異国の地で経験した青春の恋心のようなものはあったのではないでしょうか。《厨房》ではそのマリアをポーズさせて、本当にしっかりと描き込み、特に顔や手に光が微妙に反射している辺りとか、実に丁寧かつ細やかに描いています。とても良い絵です。青味がかった抑えた色調であるにもかかわらず、冷たい感じはせず、描いている画家の熱気や充実感がかえって伝わってくるような作品だと思います。

もっとも、黒田の作品にはかなり幅の広さがありまして、このような室内の人物画を描くと思えば、戸外の女性人物像や風景画も残しています。印象派ほどの筆触分割や色彩表現はないのですが、少なくとも外光派というか、印象派的な要素を取り入れた自然主義と言えるような作品も多く残しています。実際、このグレー時代に黒田が影響を受けたと思われるのは、ジュール・バスティアン゠ルパージュ（一八四八―一八八四）という画家です。バスティアン゠ルパージュは最初、コランと同じく国立美術学校でカバネルという大家に学んだのですが、アカデミズムと印象派を折衷し、農民風俗を描く自然主義の画家として当時一世を風靡していました。黒田がグレーで制作する頃にはすでに死んでいましたが、グレーに移り住んでからの黒田は、バスティアン゠ルパージュの影響圏の中で制作したのだと思われます。今の《厨房》もそういう視点で捉え直す必要があるかもしれません。とはいえ、黒田は決して単純な画家ではありません。ちょっと意外な側面を見せるのは《ブレハの少女》（一八九二）という絵で、久米桂一郎と一緒にブルターニュの先に位置するブレハ島に行ったときに描いたもの。貧しい少女を表していますが、明暗を強調し、どことなく情動的な側面を感じさせる作品になっているんです。ですから、黒田はかなり柔軟性のある画家であって、様々な絵画傾向を取り入れて、自分なりにこなすことができたということ

図3　黒田清輝《厨房》1892
（東京芸術大学大学美術館蔵）

がよく分かります。

こういうふうに、黒田は新鮮な感覚でグレーの自然を描いたり、人物像を描いたりしますが、だからといってコランのことを忘れたわけではありません。黒田は同じ時期に、緑の森をバックに白い服を着たコラン風の上品な女性像も描いていますから、いろいろ揺れがあるんですね。自分の中で描きたいグレーの自然と人物、特にマリア・ビヨーをモデルとした女性像というのがあって、私はやはり黒田の一番良い部分はマリアをモデルにした一連の作品ではないかと思いますが、しかし元々の先生はコランですから、コランの影響を受けた作品も描くわけです。そしてまた、人物群像で構成した本格的な作品も描かなければならないと考えるのです。コランに就いた以上は、アカデミックな意味でも通用するようなきちんとした作品を描きたいというのは、弟子としての自然な気持ちでしょうし、また絵画における「公」へのこだわりでもあるでしょう。というわけで、《夏（野遊び）》（一八九二）という野心的な作品を構想し、デッサンと下絵をたくさん残していますが、残念ながら未完成に終わっています。なかなか難しかったようです。黒田清輝は才能豊かな画家ですが、複数人物のいる、構想力を必要とする複雑な構図の作品は、もしかしたら少し苦手だったのかなという感じがしなくもありません。

そして、コランのもとで絵画を学んだ成果として、帰国前にもう一点黒田の描いた作品が《朝妝《ちょうしょう》》［図4］という裸婦図です。これは戦争で焼失してしまったのですが、コラン自身が裸婦を得意とした画家ですから、卒業試験ではありませんが、これだけの進歩があったということを留学の成果として師に見せたかったのだと思います。鏡を使った室内の裸婦像で、寝起きの化粧という風俗画風の設定です。コランのように理想化されたヌードではありませんが、黒田としてはかなり力を注いで制作したのは確かでしょう。この絵をコランに見せたところ評価してくれて、ピュヴィ・ド・シャヴァンヌに紹介してあげようということになりました。ピュヴィ・ド・シャヴァンヌ（一八二四―九八）というのは、当時の名だたる画家で、ソルボンヌ大学、パンテオン、パリ市庁舎といった公共建築物にたくさん壁画を残している、第三共和政を代表する大壁画家なんです。そのシャヴァンヌに会いに行き、《朝妝》を見せて助言を受け、手直しした作品を「フランス国民美術協会」のサロンに展示できることになりました。この展覧会は、先の《読書》が入選した「フランス芸術家協会」のサロンが分裂してできたもので、結局黒田はパリのふたつの主要なサロンを制覇して、帰国の途につけることになったわけです。これは、華々しい実績を持って堂々と日本に帰国することを意味します。

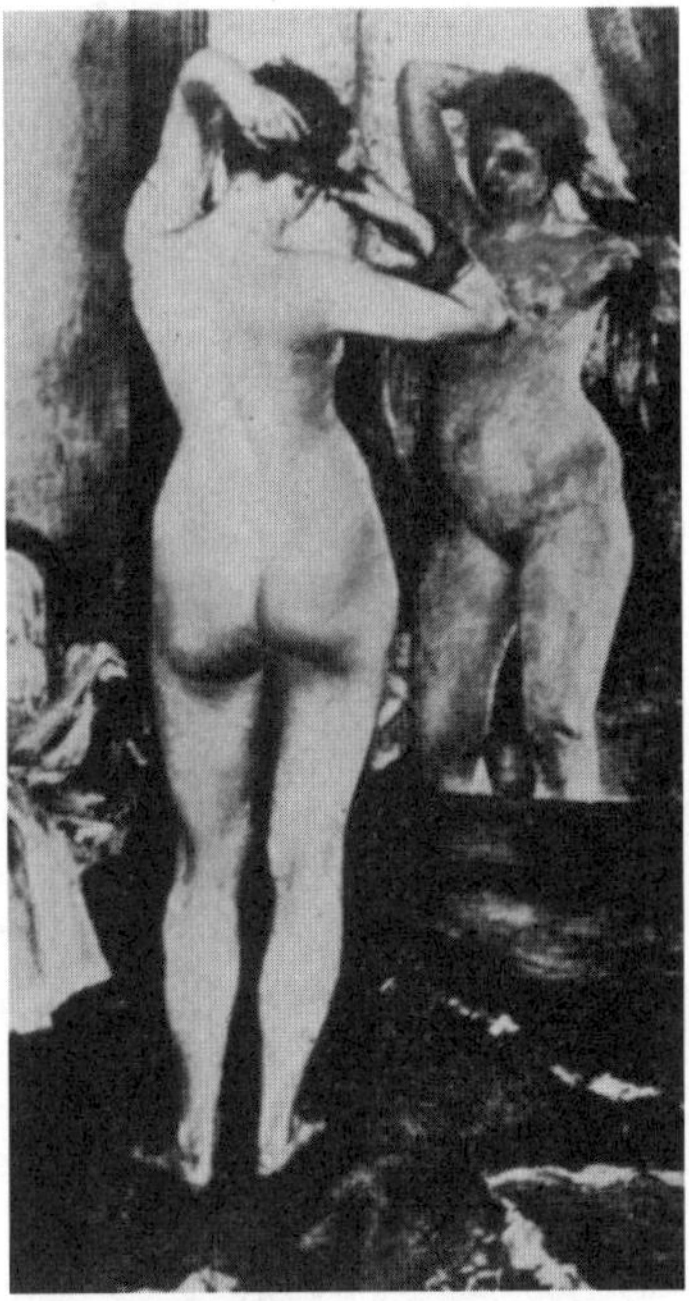

図4　黒田清輝《朝妝》1893（焼失）

㈡　帰国後

天真道場から白馬会へ、「新派」の誕生

実は、帰国直前、直後ぐらいの黒田は、もっとも大胆な作品を描いています。人物モチーフを中心からずらした《菊花と婦人像》（一八九二）や、俯瞰的な視点から対象を捉えた《舞妓》

（一八九三）など、印象派のドガを思わせるような斬新な構図です。コランの弟子としてアカデミックな教育の成果をある程度出した上で、黒田はやはり才能のある人ですから、いろいろ新しい試みもしたいという気持ちになったのは無理もないでしょう。そして、もしも黒田清輝が印象派のそういった大胆な構図の影響を受けたと見なせるならば、印象派の画家たちの方は日本美術、特に浮世絵版画の影響をすでに受けているわけです。これはかなり興味深い美術現象ではないでしょうか。つまり、日本の版画が印象派に影響を与え（ジャポニスム）、それを黒田が取り込んで日本に持ち帰った（ジャポニスムの里帰り）という、文化のブーメラン現象のようなものが起こったことになるのです。日仏美術交流という視点からとても面白い歴史の断面ですが、それはまた別の話になるので、ここで止めておきます。

さて、そういった大胆な画面構成や、印象派に近い筆致とか色使いを、この時期黒田は積極的に押し進めるわけで、帰国直後の自由な立場から、画家としてもっともラディカルな試みを行っていると言ってもいいでしょう。《昼寝》（一八九四）という作品にいたっては、印象派というよりも、フォーヴィスムのような、二〇世紀の前衛絵画を思わせる大胆なタッチと色調を用いています。黒田の中でも異例です。これ以後、さすがにこれほどまでの大胆な試みはしていませんが。こうした帰国直後の黒田の制作ぶりは、画家としての関心や幅の広さを物語ると同時に、新帰朝者としての使命感をも表していると思われます。黒田はアカデミズムから前衛まで、当時のフランスに見られたあらゆる絵画傾向を日本に持ち帰ろうとした。ラファエル・コランの弟子にはなったけれど、とにかく自分に吸収できるものは全部吸収して日本に持ち帰り、美術界に刺激を与えようと意図したのではないか。おおげさに言えば、日本における美術の発展というナショナリスティックな使命感のようなものです。しかも、法律の道を放棄してこの道に入った以上、期するものはあったでしょうし。

そして、自らの制作活動のみならず、フランスで学んできたものを伝えて後進の育成を図るという美術教育の面でも、黒田は活動を開始します。まず一八九四年（明治二七年）に、画塾「天真道場」を開きました。これは山本芳翠が持っていた画塾「生巧館《せいこうかん》」を受け継いで、名称を変えたものです。一足先に帰国していた山本芳翠は、黒田が帰ってくると、もう後は黒田に任せたといわんばかりに、自分の画塾を生徒ごと譲り渡してしまうのです。黒田にかける期待の大きさがわかります。その「天真道場」で、黒田は「アカデミー・コラロッシ」のコラン教室に倣って、石膏デッサンと人体デッサンを中心に教えました。ただし、模写はあまり勧めないし、その訓練もしません。ここのところは唯一、黒田がパリで経験した修業と違うところだと思います。黒田自身は、最初の段階でラファエロのデッサンなどを模写しているのですが、どうも模写や臨写は型や手本にはめてしまってよくないと考えていたようです。あくまでも自由で、個性的な見方が大事だと強く意識していたせいか、模写を省いてまず石膏デッサン、人体デッサンから始めたのです。そして、「天真道場」での教育を延長、拡充する形で、一八九六年（明治二九年）から東京美術学校の嘱託教員として、画家の卵たちを指導することになります。

他方、黒田は新しい洋画を推進するための自由な集まりとして、「白馬会」という団体を仲間たちと一緒に創ります。当時、「明治美術会」という洋画家の団体があったのですが、そこから分裂する形で黒田は「白馬会」を創り、一八九六年（明治二九年）から原則として毎年一回展覧会を催します（明治四四年に解散）。「白馬会」にはフランス流のリベラリズムが浸透していました。黒田の言葉を借りれば、「自由が第一」の「新しい倶楽部」を目指したのです。それは、絵の制作において自由というだけではなくて、芸術家として社会の中で自由に生きていく、という意味も含んだリベラリズムです。その際、パリで見聞し、体験した若い芸術家たちのボヘミアン的な生き方は、ひとつのモデルを提供したと思われます。

このように、黒田は明治中期の日本にフランスの新しい絵画を根付かせようと、さまざまな活動を通して社会にアピールしていくのです。ただし、当時の日本の西洋画壇というのはまだ印象派以前の、いやラファエル・コラン以前の、伝統的な西洋絵画をようやく受容していたという段階ですから、そこにアカデミズムから前衛まで全部吸収した画家が一気にその成果を出したら、その衝撃度はわれわれの想像以上に凄まじいものだったと思います。

たとえば、先ほど述べた裸体画《朝妝》［図4］の展示も事件を起こしました。帰国して二年経った一八九五年（明治二八年）に、京都で開催された第四回内国勧業博に出品したところ、大騒ぎに、もっと言えばスキャンダルになってしまったんです。つまり、裸の女を描いた絵を出すとはけしからん、公序良俗を乱す、というわけです。今から見れば、この程度のヌードになぜと思うかもしれませんが、当時の基準や意識からすれば、また文化の伝統の違いからすれば、当然の反応でもありました。社会的な意味でスキャンダルになってしまい、「裸体画論争」というのも起こります。その時に黒田は、美術の裸体表現に関する日本の理解の遅れを悟るわけですが、自身は批判に対してあまり反論せず、むしろ盟友の久米桂一郎の方が弁護の論陣を張ります。パリ留学中から仲の良かった久米桂一郎は最初画家を目指しますが、後に実作者の部分は黒田に任せてしまい、自分は美術教育者、啓蒙家になってしまうのです。東京美術学校で美術解剖学の講義を長年受け持ちますし、美術に関する啓蒙的な文章をたくさん書いて、とりわけ日本における西洋絵画の普及に努めました。《朝妝》が事件になったときも、久米は「裸体は美術の基礎」という擁護論を新聞紙上に発表して、黒田を弁護したのです。

こうして黒田は、西洋絵画の新しいヴィジョンと技法を近代日本にもたらしました。特に、明るい色調がそれまでの洋画と際立って違っていたので、世間の人は黒田とその信奉者を「新派」、それ以前の明治美術会系の画家たちを「旧派」と呼びました。あるいは、前者を「紫派」（色調が淡く紫色がかっていたので）、それに対して後者を「脂派《やに》」（脂《やに》のように黒い、暗い色調ということで）と命名したりしました。そういう対比が社会的に流布していたくらい、黒田のもたらした絵画は清新で明るいイメージを体現していたのです。そして黒田自身の考えでは、「新派」と「旧派」の本質的な違いは、規則や手本に縛られるか、自由に描くかという点にこそありました。

東京美術学校教授就任、「構想画」への挑戦

黒田清輝は一八九八年（明治三一年）に、東京美術学校西洋画科教授になります。これは制度的にも、日本の洋画を指導するポジションに就いたということを意味します。帰国直後は新しくて、大胆な試みを行い、日本の絵画界に刺激を与えましたが、東京美術学校教授として正式に教えるということは、もっとも公的な、文字通りアカデミックな場で、西洋絵画の手ほどきをするということになってしまうわけです。そうすると、やはりアカデミックな美術教育を行わなければいけない。黒田は同じ年のある談話の中で、美術学校西洋画科の新しいカリキュラムについて、「この洋画科は都合四年の学期で、第一年は石膏物の写生、第二年は人物即ち裸体等の写生、此二年は木炭で、第三年に至り油絵を習はせ、第第四年を以て卒業試験に充てる」(「美術学校と西洋画」)と説明しています。すなわち、実技に関していえば、前半の二年で木炭による石膏デッサンと人体デッサンを、後半の二年で油彩の習練をして卒業に至るというコースを考えたのです。

では、最終的にどのような作品を描くことを目指していたのか。同じ談話の中で黒田はこう述べています。「歴史画を課題とすればとて、何も歴史画を重んじての訳ではない、仮令ば智識とか、愛とか云ふ様な無形的の画題を捉へて、充分の想像を筆端に走らする如きは無論高尚なことなれど、二三年やつた位の処では出来そうにもない、其れよりは先づ相当な歴史画を将つて、其課題とするのが至極稽古中に適すると思ひます。」西洋絵画教育に関して公的な責任が生じた時点で、黒田が正統的な「歴史画」という言葉を意識的に使い、絵画制作のひとつの目標と定めているのは重要です。そして、物語画としての歴史画よりも抽象的な主題を持つ寓意画を、さらに高尚なジャンルと見なしている点でも注目に値します。これは、黒田が別の機会に「理想画」と呼んでいるものにほぼ等しいと思われますが、コランの《フロレアル(花月)》のように、裸婦を用いて寓意的な作品を描いたコランの弟子ならではと言うべきでしょう。形式面から言えば、習作や下絵を基に人物群像で構成した、本格的な「コンポジション」あるいは「タブロー」を目指すということになります。

しかし、そんな理想的でアカデミックな作品が、当時日本のどこにあったでしょうか。黒田自身、滞仏中に試みて未完成に終わっています。となれば、何としてもそのような絵を、黒田自らがお手本として描いて見せなければなりません。つまり、ある高尚な主題や理念、あるいは思想のようなものを、きちんとした構成によって表した本格的な作品を提示する必要が生じたのです。日本近代絵画史では黒田

図5　黒田清輝《昔語り》1898（焼失）

が目標とするそうした絵画を広く「構想画」と呼ぶことがほぼ定着していますが、その「構想画」を黒田自身が実際に描くことになります。

東京美術学校で教え始めた一八九六年の第一回白馬会展に、黒田は《昔語り》［図5］という作品のためのデッサンや下絵を多数展示しました。全部で六一点も出品しています。これは普通では考えられないことです。完成作ではなく、構想や準備の段階を見せることはまさに異例です。しかしその甲斐あって、本格的な大画面の作品を描くためにはこれだけ入念な下準備が必要なのかと、広く感銘を与えたようです。画学生に対する教育的な効果もありました。

この《昔語り》という作品は、黒田が帰国してすぐ京都に遊んだ時に構想を得て、そのまま温めていたものです。その後、住友家から作品注文を受けたときに、実現に向かって動き始めます。平家物語の中に「小督」というお話がありまして、高倉天皇と女官の悲恋の物語なんですが、黒田は京都の清閑寺というお寺に行った時に、お坊さんからそれを聞いて感銘を受けます。それで、悲恋を物語る僧侶を中心に据えて、それを取り囲む人々がさまざまなポーズで話に聞き入っている、という画面を構築したのです。まさしく「構想画」と言えるだけの内容に仕上がった完成作品を、黒田は第三回白馬会展に出品します。本格的な西洋絵画というのはこういうものなのだと、黒田自身がお手本を示したわけです。ただ残念なことに、この作品は第二次世界大戦の時に、同じく須磨の住友家別邸にあった《朝妝》と一緒に焼失してしまいました。ともあれ、ここには「公」の使命を意識した黒田の努力の跡が見られます。しかし皮肉なことに、黒田清輝の代表作として私たちの頭に思い浮かぶのは、このような大作ではなく、むしろ「私」的な部分が素直に出た作品の方なのです。それこそが《湖畔》［図1］です。

黒田清輝の作品の中で最も有名な《湖畔》もまた、ちょうどこの頃に制作されました。《昔語り》の方は手間ひまかけた数年越しの大作、《湖畔》の方はふと思いついて、その時の感興に身を委ねて一ヵ月で描いてしまった作品です。避暑に来た箱根で照子夫人と散歩していて、その姿を見てああこれは絵になると思い、すぐにスケッチをしてこういう作品に仕上げたものです。黒田の心持ちが素直に出ていて、好感が持てます。西洋帰りの画家が全力を込めたよそいきの作品ではなくて、もちろん油絵なんですが、全体に淡い感じの色合いで、あっさりした日本画風の趣のある絵。力を入れないで、軽く描いています。そして、人物を中心からちょっとずらしていますよね。この空白部分の作り方がやはり日本的な感覚を思わせる。つまり、私が言いたいのは、肩の力を抜いた作品に日本人としての感性が出てしまう、つまり、西洋画を日本化してしまったということです。そして、この《湖畔》が黒田清輝の代表作として認知されてしまったのは、非常に興味深い歴史的な問題だと思います。もっとも西洋的ではな

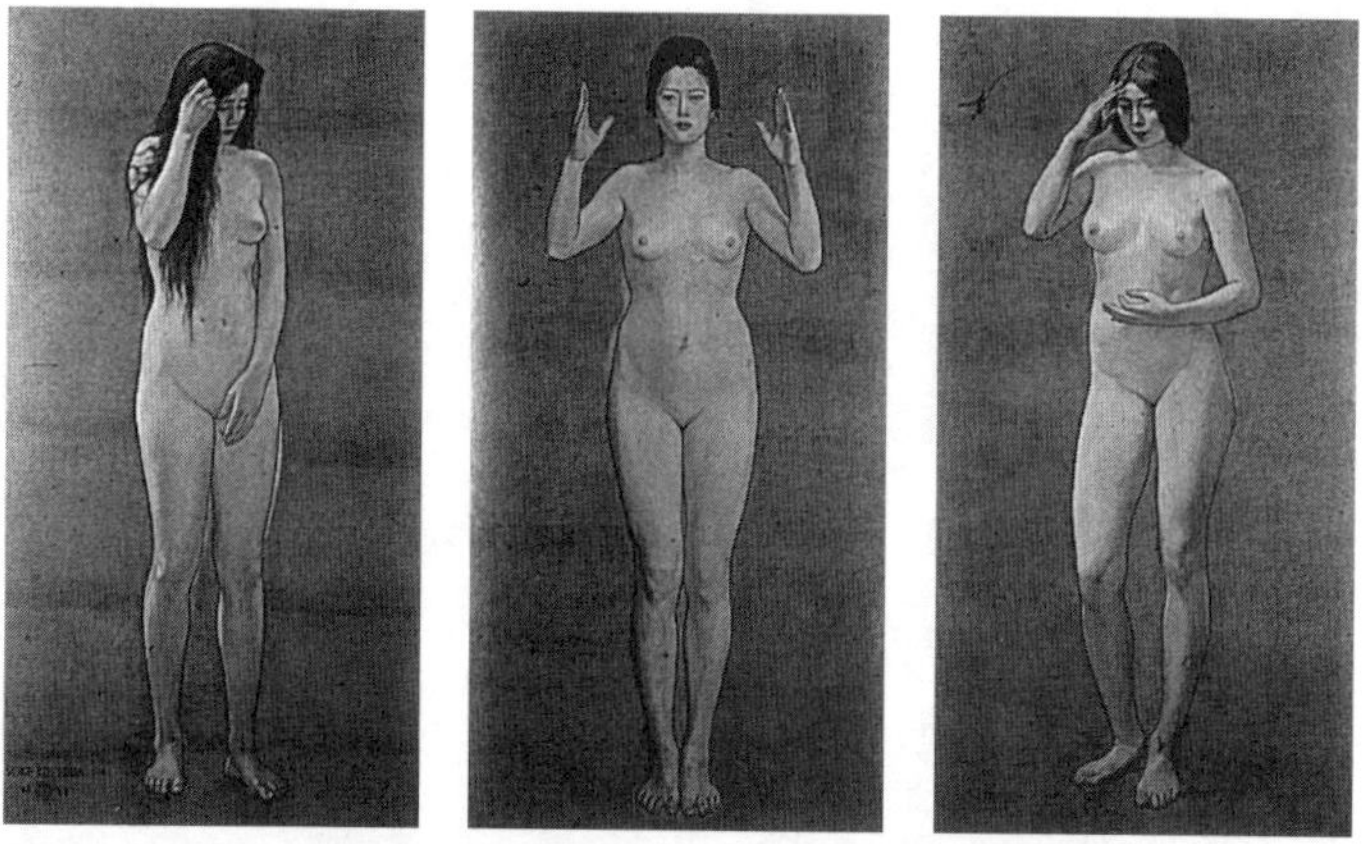

図６　黒田清輝《智・感・情》1899（東京文化財研究所蔵）

い、日本化された油絵が、逆説的にも、というよりおそらくそうだからこそ、黒田清輝の代表作になってしまったのが、何とも示唆的です。

一九〇〇年パリ万国博覧会と《智・感・情》

実は、黒田の描いた本格的な大作で、一般にあまり知られていない絵がもう一点あります。《智・感・情》［図6］という作品です。これは寓意画で、しかも裸婦です。この裸婦の部分はアカデミックな修業をしてきた画家の筆によるきちんとした描き方になっています。そして背景は「金地」です。裸婦像を縁取る輪郭線とこの「金地」は、これもまた平面的な日本の絵画を思わせるところがあり、その意味では西洋的な裸婦像と日本美術の伝統を融合したような面白さを持っています。そして、そのことは一九〇〇年のパリ万国博覧会における日本美術展に出品した作品、ということとも関係するかもしれません。つまり、日本における西洋画の代表作としてこの作品を描いて、万博に送ったのです。《智・感・情》とは全然タイプの違う《湖畔》も一緒に出品されています。

さて、《昔語り》は歴史的な物語を背景に持った現代風俗画としての「構想画」でしたが、この《智・感・情》は、黒田がさらに理想として目指していた寓意画です。当時の資料から、右から順に「智」、「感」、「情」を表していると考えられます。それぞれが、絵画における「理想派」(「智」)、「感覚派」(「感」)、「写実派」(「情」)を意味しているようです。当時のフランスにおける絵画傾向ということから考えるならば、「理想派」はアカデミズムのことでしょう。そして、「感覚派」は印象派に近いかと思います。そして、「写実派」はバスティアン=ルパージュの自然主義を思い起こします。ですから、この作品にそのような寓意性があるとするならば、さらに踏み込んでいえば、――これは私の勝手な推測に過ぎませんが――、フランス絵画の多面的な要素を自分は摂取したのだと、黒田が表明しているのかもしれません。つまり、コランに代表されるような、折衷的であるけれどもアカデミズムの部分と、そして逆に非常に新しい印象派的な感覚主義と、その中間にあるようなバスティアン=ルパージュの自然主義的なものを、全て自分が日本に根付かせようとしていることを表した寓意、というふうに読み取れなくもありません。

ただ、他にもこの《智・感・情》に関しては様々な解釈があります。ただ、一つ気になるのは、この作品を黒田がパリで発表した時に、フランス語のタイトルが《智・感・情》になっていないということです。それに相当するフランス語になっていなくて、単に《女性習作(エチュード・ド・ファム)》というタイトルで出品しているのです。もし何らかの意味を込めたとするならば、どうして文字通りのタイトルを付けなかったのかという疑問が生じます。その理由もまたいろいろ推測されており、直訳しても理解されないからという理由ももちろん考えられましょう。ただ、よく見るとこの作品は、女性裸体人物像を三つ集成した内容で、構成はむしろ単純であり、決して複雑な群像構図の作品というわけではありません。入念に構成された「理想画」のレベルにまで達していないと思い、黒田が遠慮して、控えめなタイトルに変えたんじゃないかとも思われます。とりわけ、裸婦の大家であり、万博でこの作品を見るであろう先生のコランに対する気がねです。それはともあれ、黒田は万国博覧会における西洋画日本代表としての役割を、この作品と《湖畔》を含めた五点の作品によって果たします。結果として、黒田は日本の洋画家として最高の銀賞をもらいました。

一九〇〇年から翌年にかけて、黒田が再びフランスに滞在したのは、一九〇〇年パリ万博に参加するためだけではなく、文部省から絵画教授法の研究を命じられていたためです。そして、コランとも再会し、あらためて指導を受けます。帰国前には、前回の留学時に行っていないイタリア旅行もして、画家としての見聞も広めました。ところで、一九〇〇年のパリには万博を機に多くの日本人が集まっていました。黒田との関係でいえば、久米桂一郎が美術教育の調査のために前年から来ていましたし、一八九七年から岡田三郎助（一八六九―一九三九）が洋画家として初の文部省留学生として、一九〇〇年からは同じ留学生として和田英作（一八七四―一九五九）もパリにいました。岡田と和田はともに東京美術学校における黒田の弟子です。また、先程触れたように浅井忠も当時パリにいました。いや画家だけではありません。他にも様々な専門の人たちがこのフランスの都にいたわけで、特に芸術・人文系の人間が中心となって「パンテオン会」という親睦団体が作られています（発案者の一人は黒田）。そして幸いなことに、『パンテオン会雑誌』という手作りの会員回覧雑誌が残っているのです。この貴重な資料は、今年にも翻字刊行される予定です。

晩年、美術行政官としての活動

帰国後の黒田は、むしろ美術行政官、政治家の部分の仕事が増えていきました。試みに、黒田が一九二四年に亡くなった時の役職を申し上げますと、東京美術学校西洋画科教授、これはずっと続けています。そして帝国美術院長でした。これは森鷗外(一八六二―一九二二)の後を継いでいます。そして国民美術協会会頭であり、帝室技芸員でした。洋画家としては最初の帝室技芸員です。また貴族院議員でもありました。こういう多くの役職に就いていた人ですから多忙を極めていて、自分で絵筆をとって描く時間が少なくなります。公職の部分が肥大化してしまって、画家としての部分が圧迫されていたのです。

むろん、東京駅の帝室用玄関の壁画制作を指揮したり、ピュヴィ・ド・シャヴァンヌ風の作品を試みたりと、決して画家としての野心を捨ててしまったわけではありません。東京美術学校西洋画科教授として、やはり本格的な「理想画」(「構想画」)、「タブロー」を描かねばというプレッシャーが常にあったようです。たとえば、日本にあったラファエル・コランの作品をもう一度勉強して、黒田自身《花野《はなの》》(一九〇七―一五)という裸婦の群像を描こうと試みたりします。ところが、これもまた未完で、大雑把な下絵の段階で終わっているんですね。だから、自分が目標とする「公」の絵画をなかなか完成することができない。それが、黒田の中に常にわだかまっていた、つらい部分だったのかなという気がします。無理して描こうとしていたような。むしろ黒田は《湖畔》のように、もう少しスケッチ風に気楽に描いた作品とか、自然主義的な傾向をもった作品の方が、本来の感性に合ったのではないかと思われるのでなおさらです。黒田は百合の花がたいへん好きでしたが、百合の花をクローズアップした《鉄砲百合》(一九〇九)のような作品の方が、むしろ黒田の気質に合って、素直にその良さが出ているような印象を覚えたりします。

実際、黒田は絵画における「公」と「私」の葛藤、揺らぎを示す言葉を残しています。一九一六年(大正五年)の第一〇回文展(文部省美術展覧会)の感想を述べている文章の中で、自分はスケッチ以上に進みたいと言っているのです。印象的な文章なので引用させていただきます。「私の欲を言へば、一体にもう少しスケッチの域を脱して、画と云ふものになる様に進みたいと思ふ。まだ殆んどタブロウといふものを作る腕がない。どうしても此のスケッチ時代を脱しなければならん。今の処ではスケッチだから、心持が現はれて居るが、スケッチでない画にも、心持ち十分に現し得る程度に進みたい。私自身も、今迄殆どスケッチだけしか拵《こしら》へて居ない。之から画を拵へたいと思ふ。」――自分の絵はまだ「スケッチ」程度であって、「画」「タブロウ」と言えるような作品を描けていない、とは。長期のフランス留学をして功なり名を遂げた画家、すでにそれなりの作品を積み上げてきた日本洋画を代表する画家の晩年の言葉としては、あまりにも寂しいと言わずにはいられません。黒田清輝という人は、本当に恵まれた環境で、恵まれたコースをたどって、日本洋画の礎を築いた画家ですが、その心中にこういう思いがあったというのは、ある意味で悲劇とすら言えるかもしれません。

確かに、晩年の黒田は本当にスケッチ風の作品ばかり描くようになりました。絶筆となった《梅林》(一九二四)もそうです。これは小品ですが、黒田の心の中のある種の後悔とも無念とも形容できるような心持ちを感じさせます。時に荒れ狂う思いが激しい筆触に乗り移ったかのようです。確かに、黒田の後半生は非常に多忙で、美術行政や文化外交に時間をとられてしまったことは否めません。自分自身、満足の行く制作ができていなかったとの思いも強かったでしょう。ただ、画家としての黒田の主観的な気持ちは別にしても、全体として彼はよくその使命を果たしたのではないかと思います。最晩年の黒田は、貴顕の士というか、数々の名誉に取り囲まれて、日本の洋画界の大御所、重鎮となります。「公」的にはそうですが、「私」人としては別荘で気ままにスケッチ的な制作を楽しんだりしています。「公」と「私」という致し方のない葛藤は、黒田の生涯にわたって続いたようです。

おわりに

最後に、私なりにまとめさせていただきます。黒田清輝がパリに留学して法律から絵画へ方向転換した時、最初に学んだコランがやはり非常に重要な存在だと思います。アカデミックな教育を通してひとつの規範を学んだからです。これこそが、法律という「公」を捨てた後で、絵画における「公」の部分を形成したと考えられます。その後、グレー村でバスティアン=ルパージュという自然主義の画家の影響を受けながら、マリアをモデルに自分の感性を素直に出すような作品を描くのは、絵画における「私」の部分に重心が移動したわけです。日本に帰ってからは、当初は大胆な印象派風の絵も描きますが、東京美術学校就任の頃から、もう一度アカデミックな方向に戻って「構想画」を制作するようになります。実作でも教育でも、「公」を意識せざるを得なくなったのでしょう。しかし、画家としてそれをやり遂げられなかったという思いが残り、「私」的な絵画の自由な充実した展開をかえって阻害したような印象も受けます。西洋絵画という日本人にとって異質なものを身につけるにあたり、これだけの揺らぎがあったのは、黒田の資質のせいでもあり、環境や時代の縛りのせいでもあったのでしょう。

とはいえ、黒田はアカデミズムと前衛の中間にある広い部分の絵画を日本にしっかりともたらしました。その多面的な在り方を貪欲に摂取して日本へ帰り、作品制作の場で自らも示していったのです。それはやはり大変に大きな業績です。当時、他のどの画家も為しえなかった、黒田ならではの歴史的な意義だろうと思います。事実、東京美術学校での教育と白馬会の活動を通じて、次の世代を担う画家たちも次々と育っていきました。ただ、そこに一つ悲劇があるとするならば、黒田自身が自分の作品に必ずしも満足していなかったと思われることです。コランのような作品を自分はどうしても作ることができないという思い。これはもしかしたら、黒田自身の画家としての資質の中に、構想力というか構成する力が少し足りなかったせいかもしれません。では当時の洋画家の中で誰がそれをできたのかというと、そういう構想力のある希な画家は黒田直系の留学した画家たちではなく、逆に留学しなかった青木繁(一八八二―一九一一)などかもしれません。充実した構想画とも言うべき、あの《海の幸》(一九〇四)や《わだつみのいろこの宮》(一九〇七)を思い浮かべてください。黒田清輝における「公」と「私」の葛藤や揺らぎが落とした影の部分を忘れてはならないでしょう。

その後、あまりにも黒田の威光が大きかったがゆえに、日本近代洋画史において黒田以前の旧派の部分が埋もれてしまいました。最近になって旧派の掘り起こしが盛んになってきまして、その絵に共感を持つ人からは、黒田清輝の功罪があるんじゃないかという意見すら出てきています。しかし、私は全体として見るならば、もちろん罪の部分もあろうけれども、やはりもたらしたものの大きさをより評価すべきだろうと思います。西洋近代絵画の水準をきちんと日本で示した画家――それは実作のレベルでも、久米桂一郎とともに言説のレベルでもそうですが――、そういう画家は他にいなかったのです。私自身は黒田清輝をこれからもう一度冷静に再検討する必要があると思っています。ただ単に日本近代洋画史でもっとも重要な画家の一人というのではなくて、西洋絵画の研究成果とともにもっと客観的に黒田のことを調べ直したいと思っています。ただし、それがどういう結果をもたらすにせよ、黒田の影響力の大きさと歴史的な意義は否定できないと思います。どうも御静聴ありがとうございました。

【質疑応答】

[質問①] 今日のお話、大変おもしろかったのですが、どうしてだろうと常々思っていた問題がございます。黒田清輝もそうですが、原田直次郎も山本芳翠も、その後グレーへ行った浅井忠もそうなんですが、外国に居た時に描いた作品は、非常に魅力的だと思うのです。ところが、たとえば原田直次郎の《靴屋の親父》なんていうのは、凄い迫力のある作品なのに、帰って来てなぜ《騎龍観音》になってしまうのか。山本芳翠も《裸婦》が《浦島》になりますし、黒田清輝にしても、マリア・ビヨー嬢を描いた作品の方が《舞妓》よりもずっと魅力的だし、上手だというふうに私は感じるんですね。浅井忠もグレーの《秋の木立》とか《洗濯場》とか、そういった作品はヨーロッパで展示しても決して負けないと思うのに、《春畝》みたいになると、日本では教科書では必ず出てくるんですけれども、あまり魅力のない作品になってしまう。これは一体何だろうかと常々思っていたのですが、ご意見がございましたらお聞かせいただきたいと思います。

[三浦] これは大問題をおっしゃられたわけで、一言ではお答えするのは難しいのですが、とても大事な問題だと思います。このことは画家だけの問題ではないかもしれないとも思います。画家がなぜ滞欧時代の作品の魅力を帰国後の作品で喪失してしまうのかという理由は、やはり特に芸術家にとっての風土や感覚の問題だと思いま

す。油絵というのは日本の風土に根差して出てきたものではないわけですよね。外国に居てそれを使って、その風土、雰囲気、空気の中で描いている時のリアリティ、切実感といったものが、おそらく日本に帰国してしまうと消滅してしまうと思うんです。どこか絵空事になってしまう、リアリティを失ってしまって、空気も違う色合いも違う、そうすると感覚に違和感が起こり、むしろ画家の中にあった本来の日本人としての感性の方が出てきてしまう。そうすると必然的に何か和洋折衷のような形に向かってしまうのではないかと思います。それは良し悪しの問題ではなくて、自分が意識してもそうならざるを得ないような状況なのかなと。ちょっと宿命論的なんですけれども、私にはそう思えます。

そして、そのことと関連してもう一つ私が思うのは、留学しなかった画家の方がかえって面白い絵を描く場合があるという点です。それも同時に考える必要があると思います。高橋由一がそうですし、青木繁や岸田劉生もそうなのですが、西洋美術を間接的に学びつつも、日本の固有性というか土着性というか、むしろそれにこだわって油絵を描く、日本に居て己の感性に執着して描いた人の絵の方が逆に面白い、というような現象も同時に考察すべきだと思います。

［質問②］　素朴な質問をさせていただきますが、初めに一八歳でフランスへ行ったと、しかも日本でフランス語を勉強し始めたのが法律を学ぶためであったと。それでうかがいたいのは、それは彼の極めて個人的な判断だったのか、それとも当時の時代の要請で、法律をやるためにフランス語を勉強することが流行ではないとしても、時代の流れ、時代の要請であったのかどうか、というのが一つです。

それから、黒田の時代にはずっとフランスに残って絵を描いて行こうというオプションはまったくあり得なかったのか、まだ若い段階だから、フランスの画壇で評価されることはなかったのか、そのことをちょっとお伺いしたいのですが。

［三浦］　最初のご質問なんですけれども、これは当時の流行というか当然の道で、日本はあの頃法律はフランスをモデルにしていましたから、法律をやるのなら外国語はフランス語というのは当然の選択です。ちなみに、一八七三年にはボアソナードが来日し、法典編纂にたずさわることになります。それは黒田自身の趣味とか性向ということとは、直接は関係ないんじゃないかと思います。それが第一点です。

　そして、帰国しないというオプションはあり得なかったかという二番目のご質問ですが、これは当時においては、ほとんどあり得なかっただろうと思います。やはり帰国するということが大前提だったと思います。もう少し時代が進めばまた違ってくるでしょうけれども、たとえば藤田嗣治のように。評価ということに関しては、二度サロンに入選しているわけですから、画家としての出発点には立っていたわけです。もしも、黒田がそのままフランスに居着いていたとしたら、それなりに評価される画家になったのではないかと思います。

［質問③］　黒田は長く、洋画を勉強するためにフランスへ留学してというパターンの源流というか、モデルとなったわけですよね。それがどの程度、後の世代まで「黒田モデル」というのが有効だったのか、そしてそれに対して別な道、さっき留学しない道もあるとおっしゃって、それは興味深いんですけれども、留学した中でたとえば人気のある画家では、黒田より二〇歳ぐらい下になりますが藤田嗣治（一八八六―一九六八）とか梅原龍三郎（一八八八―一九八六）とか、もっと下の佐伯祐三（一八九八―一九二八）とか、時代はさらに後ですが岡本太郎（一九一一―九六）とか、いろいろな個性的な人が出てくるわけですけれども、いわゆる「黒田モデル」というのはどの程度、後の世代にとって意味をもったのでしょうか。

［三浦］　黒田の場合は、本当に理想的な条件が揃っていました。黒田は一つのモデルではありますが、全員が黒

田と同じように留学出来たわけではありません。その点、黒田以後重要なことは、留学が制度化されることでしょう。岡田三郎助や和田英作などは文部省の派遣留学生として行っています。このような道も開けるんです。

それから、もう一つおもしろいのは、「黒田モデル」は「留学」のモデルであると同時に、「パリ神話」のモデルにもなったことです。芸術はパリだ、絵を勉強するならパリだ、という芸術神話を作ってしまったのが大きいんじゃないでしょうか。これ以後、洋画を目指す画家たちがこぞってパリへ留学しようとします。佐伯祐三もその神話の磁場の中にいて留学したんでしょうし、パリ神話——黒田の場合「グレー神話」もありますが——の起点という部分も無視できないと思います。

実は、黒田とも関係がある岩村透という評論家が、一九〇二年に『巴里の美術学生』という本を出すんです。これはパリで、いかに画学生たちが楽しく芸術家生活を送り、学校での厳しい訓練もあるけれど、どのように自由でボヘミアンな生活を送っているかを活写して、当時ベストセラーになった本です。この『巴里の美術学生』がさらにパリにまつわる芸術神話を増幅し、日本の画学生たちのバイブルのようになってしまいました。

いずれにせよ、「黒田モデル」は画家の留学という意味では、基本的に西洋に学んで帰り、日本に移入するパターンだろうと思います。日本で変質させることがあったとしても、基本的には受動的だと思います。そして、これは黒田以降つい最近まで命脈を保っていたパターンではないでしょうか（行き先はニューヨークに変わったりしても）。ただし、現在ではその意味は急速に失われつつあります。そして、絵画の世界においては、おそらくは藤田嗣治以降、西洋と対決する、新しいものを認めさせる、さらには永住するなどという新しいパターンが生まれたのだと思います。もちろん、「藤田モデル」と言えるようなそうした生き方を実践できるのは、ごく少数の人たちだけですが。

永井荷風——フランスを愛した自由人

加藤周一

［司会（三浦）］　秋の文化講座「近代日本の建設とフランス」は、五人の人物を取り上げ、フランスとの関係で明治の日本がどういうふうに出来上がったのか振り返ってみよう、という企画であります。今日はその最後で、永井荷風について加藤周一先生にお話しいただきます。

今回取り上げる五人の中で、永井荷風は一番若手と申しますか、一八七九年（明治一二年）の生まれ、明治だけではなく大正、昭和まで生きた作家です。今日は年表のようなものはありませんので、大事な年号だけ申しますと、アメリカ経由で念願のフランスへ行ったのが一九〇七年、一九〇八年に帰って来て、翌年『ふらんす物語』を発表しますが、あまりに中身が刺激的であるということで発禁になってしまいます。その後の荷風の生き方は、洋行帰りにふさわしくなく、江戸の戯作《げさく》者を擬して、奇人と言われ、『濹東綺譚』などあまたの名作を遺したことは皆さんご存知のところです。フランス語に訳された小説も一〇点はあります。

加藤周一先生はご紹介するまでもありません。今回、加藤先生においでいただいて我々一同、名誉に感じております し、お元気な姿を拝見し嬉しく思います。

お読みになった方も多いと思いますが、先生には『羊の歌』（上下、岩波新書）という自伝があります。仏文系の作家・評論家と思われていますが、先生は医学部のご出身で、一九五一年からのフランス留学時代のことも詳しく書かれています。「ひつじ」というのは未年《ひつじ》から来ているわけですね。私、母親がたまたま同じ未年生まれなものですから、今年八四歳というのはインプットされているんですが……、このあいだ朝日の夕刊に出ていましたが、誕生日をお祝いして京都の方で講演をなさったそうです。今まで誕生日を知らなかったんですが、加藤先生の誕生日は非常に憶えやすいですね。九・一一とは何の関係もありませんが一九一九で、一九一九年の九月一九日のお生まれなそうです。これを機会に先生の誕生日を憶えて、毎年お祝いできればいいなと思っております。

衆議院選挙の直後ですので、おそらくイラク派兵がらみで日本の今の話なども出てくるかもしれません。では加藤先生お願いいたします。

今日は「永井荷風とフランス」という題でお話ししますが、永井荷風という人は、生涯を通じてフランスとの関係が深かった作家だと思います。フランスとの関係が彼以上に深い小説家・作家が、明治以後いたかどうかわからないほどです。(註1) 森鷗外（一八六二―一九二二）のドイツ、あるいはドイツ語世界との関係が密接だったように、また夏目漱石（一八六七―一九一六）がちょうど世紀の変わる頃ロンドンに何年か留学して、英文学の影響を強く受けたように、荷風の場合はフランスとフランス文学の影響が非常に強かったということになります。しかし荷風にはそれだけでもないところがあって、細かく見るとなかなか複雑です。

（註1）「自分は中學校で初めて世界歴史を學んだ時から、子供心に何と云ふ理由もなくフランスが好きになった。」（「巴里のわかれ」、『ふらんす物語』）

『ふらんす物語』は一九〇九年に刊行発禁となる。「巴里のわかれ」の経験は一九〇八年五月末のことである。その後森鷗外や上田敏の翻訳・紹介を通じて、西洋文学殊にフランス文学に惹かれ、「いかにして仏蘭西語を學び、仏蘭西の地を踏まんとの心を起こすに至る（「書かでもの記」、一九一八）。そして米国経由、一九〇七年の夏ついにフランスに至る。滞在の場所は、リヨンとパリ、期間は併せて一年にみたない。そこで荷風が見たフランスは、いわゆる《la belle époque》のフランスである。その印象を要約して、『ふらんす物語』にいう。「旅人の空想と現実とは常に錯誤すると云ふけれど、現実に見たフランスは、見ざる以前のフランスよりも更に美しく、更に優しかった。」（「巴里のわかれ」）。第一印象は彼の生涯を通じて変らない。

永井荷風（毎日新聞社提供）

一　洋行するまで――父への依存と反発

荷風は一八七九年、東京小石川の生まれ、一九五九年に亡くなったんですが、彼の家族関係の背景には、鷲津毅堂《わしづきどう》という詩人がいたんですね。江戸末期から明治以後にかけて、一八二五年から一八八二年まで生きた詩人・儒者で、後になってから荷風が『下谷叢話』という本の中で書きました(註2)。この本は江戸末期幕末の詩人たちの話です。ペリーの艦隊が来て外国からの圧力が加わり、国内では百姓一揆が起こって、幕府の力が低下し維新が近づいてくる時代。そういう幕末の政治経済状況に対して、漢詩人たちはどういうふうに反応したか。『下谷叢話』は毅堂とその親族でもあるもう一人の高名な詩人、大沼枕山を中心として、彼らの先輩、友人、弟子、その他周辺の人たちを描き出しています。(註3)

(註2)『下谷叢話』は一九二〇年代中葉、何度も改訂されました。初め『下谷のはなし』として雑誌『女性』に連載され(一九二四)、その後改作され『下谷叢話』と題し単行本として刊行されました(一九二六)。さらなる改訂版には冨山房の百科文庫『改訂下谷叢話』があり(一九三九)、書誌的記述は岩波版『荷風全集第十五巻』(一九九三)に見ることができます。

(註3) 荷風が『下谷叢話』を作った理由は三つあります。第一、親族関係。第二、鷗外のいわゆる〝史伝〟の影響。そして第三、幕末の危機と詩人との関係の裡に関東大震災から中国侵略戦争へ向う日本社会の危機と彼自身との関係の反映を見たからでしょう。ここでその内容に立ち入ることは、荷風とフランスという主題から逸れるので出来ませんが、毅堂と枕山の鋭い対照にだけ注意しておきたいと思います。毅堂には時代に積極的に参画しようとする面があり、海防の必要について著作があったほどです。枕山は時代の急変に対し、退いて閑居し、つき離して社会を眺めながら、古書と文学に専念するという態度をとりました。荷風の叙述が、毅堂よりも枕山に厚かったのはいうまでもないでしょう。『下谷叢話』は枕山の一律(一八五四)から引いています。

「小室垂幃温旧業　残樽断簡是生涯」

これはそのまま荷風その人の感慨でもあったにちがいありません。

私が初めて『下谷叢話』に接したのは、冨山房の文庫版(一九三九)によってです。それより先に私は暗夜に一条の光を見るが如く『濹東綺譚』(一九三七春)を読んでいました。一九三七年は上海事変と南京虐殺の年、一九三九年はノモンハンと第二次世界大戦開始の年です。私にとって、『下谷叢話』と『濹東綺譚』、大沼枕山と永井荷風は、一体化していました。見わたしたところ幃を垂れて旧業を温める以外にできることは何もなくなっていたのです。

その鷲津毅堂に、永井壮吉《そうきち》（のちの荷風）の父親、永井久一郎が弟子入りして、漢学を習ったわけです。そして、恒《つね》という毅堂の娘と結婚しました。その頃の結婚ですから、師の娘と結婚したというのは久一郎が毅堂から非常に高く評価されていたということでしょう。その長男が、名前は壮吉、号は荷風。荷風の母方の祖父が鷲津毅堂です。毅堂は、先ほど申し上げたように、幕末の漢詩人の代表的なひとりです。そこで見込まれた永井久一郎という人、つまり荷風の父親もやはり詩人で、号は来青《らいせい》、『来青閣集』という詩集があって、私も見たことがありますが、明治初期の代表的な漢詩人のひとりです。趣味に漢詩を作ったというのではなくて、詩人としても知られていました。

それだけではなく、久一郎は明治以後の新しい時代を意識して、西洋の教育が必要だという考えから、アメリカ合州国のプリンストンに遊学したこともあるんです。明治政府の役人になって出世して、かなりの地位についたところで天下り、日本郵船に入ります。日本郵船というのは国策会社で、日本最大の海運業の会社です。そして、その支店長として上海に行ったり、横浜支店長にもなりました。一九世紀の終わりごろの話ですから、非常に高い地位だと思います。

横浜支店長というのは、日本郵船にとってはほとんど本店と同じ重さをもっていたでしょう。当時の貿易の中心は絹で、最大の市場はアメリカです。当時の横浜は絹貿易の中心地で、そこの海運業を采配する地位にあった人です。

ですから二つのことが言えます。一つは、後でこのことは重要になるんですが、荷風の家族的関係というのは、漢学の家と言ってもいいほど、漢学と密接な関係があったということです。鷲津毅堂が祖父で、大沼枕山とも親族関係にあった。もう一つは、永井久一郎という父親は、成功した官僚で成功した実業家だったということです。日本郵船の横浜支店長というのは、今で言うと、よほどの大企業の会長とか社長に匹敵するものです。その頃は階級差が強かったので、支配層の中の一部だということなんですね。

その長男ですから、そこに問題が生じるわけです。二〇歳ぐらいの息子の立場から言えば、親父には到底経済力では敵わない。ちょっと稼いだって、そんなものは吹っ飛ぶ程の経済力です。それに、官僚や実業界での影響力というか、そういうネットワークは比べ物にならないなど強力な親父です。

文化的な教養という点でも、いくら勉強してもちょっと太刀打ちができない。全然西洋のことは知らないかと言うとそうでもないんで、プリンストンに留学した人です。そうなると、どうやって親父から独立するかというのが難しい問題になるはずです。そういう時に残っている唯一の可能性は、親父に出来ないこと、親父がしたらスキャンダルになるようなことをやることしかないでしょう。

例えば、寄席で高座に上がって落語を語る、それは親父の立場からはできないでしょう。それから小説。小説家というのは認められていましたけれども、社会全体の評価から言えばまだ明治以前の強い伝統がありますから、表向きの真面目な文学はやはり漢文と漢詩だったんですね。小説というのは俗なもので、だいたい女子供、っていうと女性の方には悪いけれども、私が言うんじゃないからしょうがない、その当時の女子供の冗談みたいなもので、真面目な大人は相手にしない。当時の人気作家、尾崎紅葉（一八六七—一九〇三）でさえそうです。

小説を書くとか、落語を語るとか、吉原とか、女遊び、それから酒をたくさん飲んで酔いつぶれるとか……。そういうことは一切、真面目人間で出世した親父が出来もしないし、知りもしないことだったたでしょう。親父に対抗できるのはそういうことなんで、荷風は、二〇代初めの頃から、小説や寄席の世界に入っていくんですね。

それはかなり一般的な問題で、親父に対する依存――依存しなくては暮らせませんし、第一そんなに金を使うことはできない――と同時に、依存の現実そのものへの激しい反発があったと思います。そういう二面的な親父の影響から荷風は出発したのです。

二　自然主義と『地獄の花』

そのうちどうしてかフランスの文化に魅せられて、フランスに行きたくなった。一八九七年、つまり彼が一八歳の時に高等商業学校付属の外国語学校に学生として入ります。そこで習う言葉は中国語です。そこまではだいたい親父の差し金というか、親父は中国との貿易が大事だということを見抜いて息子を後で実業家にするために中国語の学校に入れたのでしょう。そこまで荷風は親父に従っていたけれども、学校へ入ると、親父に反抗するためにあらゆる手段を講じました。あらゆる手段というのは、女遊びをしてお酒を飲んで落語を習って、偽名《ペンネーム》で小説をたくさん書くとか、そういうふうなことだったので、その中で彼はかなり早い時期から彼のフランスを発見したのでしょう。

小説を書いているうちに、多分英語を媒介としてフランス文学を知るようになり、やがてフランス語を習って、原文でゾラやモーパッサンを読むようになったのだろうと思います。しかし学校からは追い出されます。試験に遅れるかなんかして手続き上の問題と、酔っ払うことや女との関係は良く知られていて学校から放逐されてしまいます。放逐されるのが一九〇一年なんですが、放逐されてから後が彼の生涯の第二期になると思います。そこでもっぱら小説を書く。一九〇一年に学校から放逐されると最初のフランスとの接触が起こるんですね。暁星の中学校があって、フランス系のミッション・スクールです。荷風はそこの夜学でフランス語を習い出します。そして同時に本も出します。一九〇二年（明治三五年）に二つの本を出すんですが、フランスに関係があるんです。一つは『地獄の花』という小説ですね。もう一つは『女優ナナ』というゾラの小説の翻訳です。翻訳はフランス語からだったらしい。

『地獄の花』というのは大変面白い小説です。というのは、その頃はもう自然主義の文学というのが紹介され、私小説が流行っていたわけです。田山花袋（一八七一―一九三〇）や島崎藤村（一八七二―一九四三）、そういう人たちです。彼らは西洋文学を読みながらその背景の西洋社会をよく知らなかったと思うんです。自然主義が西洋の新しい文学であると思って、田山花袋にしても岩野泡鳴《ほうめい》（一八七三―一九二〇）にしても、英語の訳で読んだんですが、あまり深く読み込んではいなかった。

自然主義について、藤村には有名な言葉があって、「文学者は人生の従軍記者だ。作り話じゃなくて、人生の真実を書くんだ」と言っていたんですね。しかし、それはかなり表面的なことで、「人生の真実」とは何かということについて藤村はほとんど何も理論的なことを言っていません。花袋は西洋の新しい文学は、自然主義であり、自然主義は何事も「露骨」で「眞相」で、「自然」でなければならぬと主張するものだ、と書いていました(註4)。だから日本の「自然主義」とよばれた文学作品は、ちょっと人には言いにくいようなこと、お金に困っていることとか、女との関係とか、そういうことを割りに率直に、自分の経験をそのまま書くことを目標としたのです。「割りに率直」だから「自然」で、日本の伝統的な風俗習慣からみればその描写は「露骨」または「大膽」で、何よりも作家みずからが経験したことだから「眞相」です。それがいわゆる「自然主義私小説」です。

（註4） 荷風は一九〇二年に『地獄の花』を書きました。花袋が「露骨なる描寫」でこのような主張をしていたのは一九〇四年のことです。

「けれど十九世紀革新以後の泰西の文學は果たしてどうであろうか。その鍍文學が滅茶滅茶に破壊されてしまって、何事も露骨でなければならん、何事も眞相でなければならん、何事も自然でなければならんという叫声が、大陸の文學の至る処に行き渡って、その思潮は疾風の枯葉を捲んがごとき勢で……」（千葉俊一・坪内祐三編『日本近代文學論選［明治・大正編］』、岩波文庫、九三－九四頁）。

その代表的な例として、花袋はイプセン、トルストイ、ゾラ、ドストイェフスキーを挙げています。これがヨーロッパの「自然主義」の代表的な作家でないことは言うまでもないでしょう。一九〇四年の花袋にとっては、イプセンやゾラと、トルストイやドストイェフスキーの違いは問題ではなかった。

なぜ花袋は、一九世紀の後半の西洋文学における科学思想（遺伝、社会的環境、進歩、通俗科学的楽天主義）に注意しなかったのでしょうか。それは花袋だけの問題ではありません。花袋にとってと同じように、泰西の文学の「勢」がしかじかであれば、それを輸入し、それに従うことが、日本側において当然と考えられていました。日本の科学者も同じように泰西の科学の「勢」の輸入に熱心だったのです。したがって日本では誰も科学と文学との関係を心配していませんでした。

今英仏を中心とする一九世紀西洋の科学をS_1、それを移植した日本の科学をS_2、同時代の西洋文学をL_1、日本文学をL_2としましょう。この四者の影響関係を矢印で示せば、一九世紀後半から二〇世紀前半へかけての彼我の状況は次のようになります。

$$S_1 \rightarrow S_2$$
$$\downarrow$$
$$L_1 \rightarrow L_2$$

ゾラやイプセンに代表されるL_1は、S_1からの強い影響を受けています。花袋や藤村に代表されるL_2は、L_1からの強い影響を受けているだけで、S_1からも、S_2からも、何ら影響を受けていません。日本の科学S_2は、西洋の科学技術S_1を吸収するのに忙しく、みずからL_2に影響を及ぼすほど科学的思考を社会に浸透させていなかったのです。これはいわゆる「自然主義」を説明するのに便利な図式ですが、近代日本の文化一般を説明するのにも、ある程度役立つでしょう。

ところがフランスの自然主義は全く違うものです。フランスの自然主義というと、ゾラ（一八四〇—一九〇二）にしてもモーパッサン（一八五〇—九三）にしても、イポリット・テーヌ（一八二八—九三）という理論家にしても皆同じことで、自然主義の大事な点は、要するに「遺伝と環境が人物を決定する」ということです。比較的単純に理解された実証主義的な一九世紀哲学がその背景にあります。典型的にはオーギュスト・コント、特殊な領域では、遺伝学のメンデル、実験医学のクロード・ベルナール、そしてもちろん進化論のダーウィン。その哲学の最初の文学的表現が自然主義です。だから『ナナ』（一八七九）というのは、これは妖婦というか、性的に自堕落な女性なんですが、ゾラはそれを遺伝で説明しようとしているんですね。もう一つは環境が貧しくて、いろいろな社会的条件が女をだんだんだん追い詰めて売春の方へもっていくことになります。「遺伝的条件」と「社会的条件」の二つが重なって、人間の運命がだんだんだんに決まっていくという考えが、フランス自然主義の背景にあるのです。

日本の自然主義の中にはほとんど全くそれがないです。遺伝のことを考えている人はほとんどいない。社会的な条件を意識的に分析する小説もマルクス主義の影響があらわれるまでほとんどないと言ってもよいでしょう。ところが唯一の例外が『地獄の花』（一九〇二）なんです。この小説には三人の女が出て来ます。元富裕な英国人宣教師の（あまりありそうもない話ですが）妾で、英国人の死後その巨大な財産をゆずりうけた縞子。彼女は元同じ宣教師の通訳をしていた老人と通じていて、歳よりも若くみえる中年の女です。その夫婦は東京の豪邸に住み、物質的には豊かですが、英国人の財産を奪ったとして、偽善的な新聞に書きたてられ、「世間」から非難され、排斥されています（社会環境）。縞子は夫の他にキリスト教徒で小説家志願の青年とも関係している多情な女です。その娘、富子は二度離婚した若い女で、今はひとりで東京の大きな別邸に住み、「世間」を無視するように〟自由奔放〟な生活を送っています（遺伝的要因）。彼女の弟はまだ子供で、両親と本邸にいます。その子供の住みこみ家庭教師として雇われて来るのが模範的な「良家の子女」園子。小説は、富子と同年輩だが生活態度の対照的にちがう園子が、小説家志願の青年をめぐる縞子との三角関係、彼女の勤務する学校の校長による強姦事件などを通じて、富子のような「自由」な女になろうと決心するに到る過程（社会的環境と事件）を描いています。

作者みずからそのあとがきに、「余は専ら、祖先の遺伝と境遇に伴ふ暗黒なる幾多の欲情、腕力、暴力等の事実を憚りなく活寫せんと欲す」（『全集』第二巻、岩波、一九九三、二三二頁）と言います。これはゾラの小説の思想的背景を十分に理解したものとはいえないでしょう。しかし要点を外してはいません。(註5)『地獄の花』はよく書かれているかどうかは別にして、それはゾラの方がうまいし、ゾラよりはるかに小規模ですが、しかしとにかく主人公の社会的条件と遺伝的条件を併せて、その後の行動や性格の形成を説明しようとした点で、世間ではあまりそう言われませんが、私は近代日本文学が生んだ最初の自然主義小説だと思います。フランス的な意味、ヨーロッパ的な意味では。荷風を除く日本式「自然

主義」は、ヨーロッパの自然主義とはほとんど何らの本質的関係をもちませんでした。[註6]

(註5)「他の作家とちがって、英訳でなくフランス語で読んでいた荷風は、『ナナ』、『獣人』を翻案したり抄訳したりしただけでなく、ゾラの小説の中心にあるものを曲りなりにも理解していた。他の作家たちが、せいぜい人生の暗さ醜さにとどまっているのとちがって、荷風の視線は、ゾラの小説が、環境と遺伝という内外二つの決定因に操られる人間の生態に肝心の焦点をあわせていることを、およそのところ見とどけていた。」(菅野昭正〝明治のゾラ〟、藤原書店「機」二〇〇三年四月、No一三六)

菅野氏はこのあとにつづけて、その後の荷風は、ゾラを誤解したからではなく、正解した上でゾラから離れていった、と指摘しています。明瞭で正確な指摘です。

(註6) だから日本の二〇世紀文学に、いわゆる「自然主義者」たちが積極的な意味をもたなかったということではありません。それどころか「私小説」という形式を通じて、彼らは明治以後の「近代化」過程で日本社会が生み出した基本的問題の一つ、すなわち地方(農村)対中央(都会)、大家族主義対個人の独立という問題を描き出しました。そういうことが可能であったのは、彼らに社会学的な視点や方法があったからではなく、自然主義の作家たちの圧倒的多数が、東京に出てきた地方豪家の出身者たちであったからです。地方の実家からの仕送り生活。農村共同体の不自由と下宿屋住いの文学青年の自由、その相克・矛盾の問題こそは、彼らが、そして彼らのみが(漱石や荷風とはちがって)生きた問題であり、内面化した問題でした。この点について、もっと詳しくは、拙著『日本文学史序説』下巻をみて下さい。

三 アメリカからフランスへ

荷風が暁星でフランス語を習いにいったのは何かの理由で習いにいったんでしょうけれど、それだけじゃなくて、初めからフランス文学に対する強い関心があったからに違いありません。

そういうふうなことからフランスに行きたいと思ったんですね。一つには親父から独立することが目的です。一番根本的な解決法は親から離れ一緒に暮らさないことです。しかし依存性は残ります。親父が許可しないのに出かけるわけにもいかない。ところがその親父はフランス留学に真っ向から反対した。しかし、アメリカなら行ってもいいと言います。彼の商業的な考え方、それからアメリカには日本郵船の支店もあったからです。

そういうわけで、フランスにすぐに行けなければ、アメリカでもいいからとにかく親父から離れるために、また何かのつてがあればフランスへ渡りたいということを考えながらアメリカへ行ったんですね。これが荷風の第二期だと思います。アメリカに行ったのがだいたい一九〇三年から一九〇七年夏まで、五年くらいアメリカに滞在することになりました。初めはタコマTacomaで、シアトルのすぐそばですね。西部の町ですが、割りに日本人がいました。そこからいろいろなところを通って、シカゴに行って、結局ワシントンDCを経て、最後はニューヨークに行くんです。このようにアメリカを縦断しながら……、かなり経済的に困った時期もありました。

そして日本人の友達もいて、相談しながら何とかしてフランスに行きたいと思っていたんですね。それにはちょっと説明もついていて、どうもアメリカの中西部、田舎の町には、芸術的に洗練された話はない、ということです。だいたい話が嚙み合わない。彼が考えていた芸術や文学からは遠い距離があって、アメリカの田舎で話し相手はいなかったわけです。だからニューヨークに向かって行く。同時に、できるものならばフランスに行きたいと考えていたのです。

そこで二つ障害が生じます。まず旅費を作らなければフランスに行けません。親父は金を出さないと言っていますから、結局、銀行に勤めたり、銀行を辞めてから日本大使館の小使みたいなことをしたりしながら、経済的な生活を送っています。二〇代の五年間、ワシントンとニューヨークで、フランス人の家に下宿したりして、何とかフランス語を覚えようとしました。

ワシントンでは、よく分からないんですが、気立てのいい娼婦と仲が良くなり、一種の恋愛関係になって、娼婦の方は非常に彼のことを好きになります。彼らはワシントンDCで会うんですけれども、荷風がニューヨークへ行くと彼女がそこへ追っかけてきたりということがあるのですが、フランスへ行くにはその女性を置いて行かなければならない。別れるべきか別れるべきじゃないかという問題が起ります。別れなければフランスに行かれない、行かれないまま日本に引き戻されるかもしれないと感じ、しかし別れたくはないとも感じる。恋愛感情だから当然の話ですが、非常に迷っていました。親父からの手紙はフランス行きを全く支持しない。それで、糧道を断たれれば、それはもう稼ぐといったって大変ですから、フランスに行くどころではありません。フランスにも行けず、ワシントンで会った女とも別れなきゃならない。だからニューヨークで行方をくらまして蒸発しちゃって親父からも日本からも離れて死ぬまでそこにいようか、そうするとフランスも諦めなければならないけれど、日本へ帰るのは最悪のことだとも考えていたのです。

迷っている最中に突如として、ニューヨークで勤めていた銀行で、やはり親父の口利きがあったんだと思いますね、正金《しょうきん》銀行ですから……、支店長から呼ばれます。これはどうせ解雇されるんだという覚悟で行ってみると、さにあらずで、銀行のフランス支店で欠員があるから、一人見習いの若い人を雇いたいということがあって、ワシントンから荷風をフランスへ送るという話が出てきました。彼はもう本当に踊り上がるばかりの喜びようです。大使館のバックアップがあって、銀行は欠員のために彼をリヨンへ送ります。

それもやはり親父の差し金あってのことです。要するに親父はずっと付いて回る問題なんです。ちょっと話がうますぎます。どうしてもフランスに行きたいと思っていて、銀行ではあまりいい銀行員ではない、そういう人をわざわざフランスに送り出すという決定は、容易なことじゃないはずです。実は親父の差し金だった。父親は非常に強くフランス行きに反対していたけれども、陰ではそれが可能になるように手を打って、結局彼をフランスへ送り出します。あの女性との関係がどうなったかというと、もちろんそこで切れてしまいます。「別れの晩にどうなったかは言うに忍びず」と彼は言っていますが。どういうふうになったかは分かりません。もちろんその女の人は随分悲しんだでしょう。しかし彼の頭はもうフランスの方へいっちゃっていました。

それで、一九〇七年にアメリカからフランスへ向かいます。七月にフランスに着いて、パリ経由でリヨンへ行って、リヨンの銀行に勤めることになります。一九〇七年の七月から一九〇八年三月まで、およそ一年、リヨンの正金銀行に勤めました。しかし、彼は銀行の仕事を好きじゃなかった。他に暮しようがないから、仕方のないことでした。その間は、銀行に勤めているかぎりお金が入りますから、ほとんど毎晩音楽を聞いたりオペラを見た、その後パリに行ってもそうです。

結局、一九〇七〜八年までリヨンにいたんですね。ご存知のようにリヨンとパリはちょっと離れているので、当時の鉄道ではそう簡単に日帰りはできません。それで、荷風は一九〇八年三月にパリに行くんですが、それは召還命令を受けてのことです。彼はもう銀行を離れて、日本に帰らなければいけないという親父の命令が来たのです。だからパリにいたのは三月末から五月の終わり頃まで、二ヵ月ちょっと、せいぜい三ヵ月弱ぐらいです。荷風は五年間アメリカにいました。そして、一年足らずフランスにいて、それは主としてリヨンにでした。リヨンからパリに来て、パリは三ヵ月足らず非常に短い間です。日本へ帰って『ふらんす物語』を書きました。

四 帰国後の荷風、『濹東綺譚』と『断腸亭日乗』

日本へ帰って来てからの荷風は有名な作家になって、たくさんの本を書き日本の文壇で成功します。帰国は一九〇八年ですから、一九〇八年から一九四五年、第二次世界大戦が終わる時まで、その間非常にたくさんの本を書きました。それはだいたい二つ三つぐらいのカテゴリーに分かれると思います。

一つは、帰ってすぐに東京の街を見て、その時の感想を書いたものです。だいたいは批判で、あまり好きではないようです。たいへん厳しい批判で、日本の近代化のいびつなことについて。それは当たり前でしょう、一九〇八年というと日露戦争（一九〇四—五年）の直後ですから、日露戦争で気の大きくなった日本人が沢山いたのです。だけど、東京の街は第一次大戦の前ですから、下水はないし、道は舗装されていない、建物はところどころ煉瓦の家もあるけれど、変なペンキが塗ってある、と荷風は言っています。その東京とパリとは比較になりません。パリはベルエポックの時代でしたから、完成された街としてすばらしく綺麗だったでしょう。もちろん道は舗装されていますし、すでに地下鉄もあります。パリはヨーロッパの大都市であって、東京はフランスの田舎町に及ぶか及ばないかという程度だったのです。

そういうことの批判があります。夏目漱石にも、森鷗外にもそういう批判がありました。鷗外には

『普請中《ふしんちゅう》』があるし、漱石にもいろいろ批判的な言説があります。荷風の場合には、日本の近代化の歪みみたいなものに対する大変厳しい批判が『帰朝者の日記』で出て、『紅茶の後』とか『日和下駄』とか後まで続いていくわけです。それが第一の種類です。

しかし、『日和下駄』からはちょっとニュアンスが変わってきます。初めは東京の、いわゆる近代化の批判だけれども、『日和下駄』はもう諦めています。批判しないでむしろ、江戸が残っている路地や裏町を歩きます。かくれているような小さな祠とか神社やお寺、要するに江戸時代の名残りを拾って歩くようになりました。それが第一のカテゴリーです。

第二のものは本格的な小説です。それはだいたい芸者の世界を題材にして書いたものです。芸者の世界は、近代化がなくて古い習慣の残っている世界ですから、それを中心にして『おかめ笹《ざさ》』とか『腕くらべ』とか有名な小説をたくさん書きました。『日和下駄』で散歩したところを舞台にして、描くのは芸者の世界です。

それからもう一つ、その頃書いた作品に『下谷叢話』があります。これには親父の影響ばかりでなく、鷗外の影響があります。鷗外がいわゆる「史伝」というものを書き出したんですね。渋江抽斎《しぶえちゅうさい》、伊沢蘭軒《らんけん》、北条霞亭《かてい》という三人が一番大きいですが、江戸の中期から末期にかけての儒者の伝記を作ったわけです。それに誘発されたということもあって、初めて祖父の時代、鷲津毅堂の時代に飛ぶんです。下谷に彼らは住んでいましたから『下谷叢話』です。そして、さっき言った江戸末期の、幕末の漢詩人たちの伝記を作りました。グループの伝記ですね。『下谷叢話』は詩を引用しながら、詩人たちとその時代を語った実に美しい本です。序文も見事だし、中身も綺麗です。鷗外の「史伝」よりも短く、面白く読めます。

幕末だから世の中が激しく動いている、そういう時に彼らがどういうふうに反応したかというのは非常に面白い。まあ二つに分かれますね。一つは政治のことは一切関わりなくて、黒船が来ようが来まいがそんなことは関係ないんで、伝統的な手法を守るという態度です。もう一つは、国を憂い、このまま行けばひどいことになるんじゃないかという、警世というか、世の中に対する漢詩人の発言です。それを『下谷叢話』で荷風は書きました。これはちょっと芸者の世界とは違います。

そして最後に書いた傑作が『濹東綺譚』で一九三七年です。一九三七年というのは日中事変の拡大した年です。一九三六年が二・二六事件。三七年から日中戦争が拡大し、上海の大戦争となり、南京大虐殺へ続きます。そこで荷風は、徹底的に個人的な、私娼との交情、付き合いを語りながら、世の中のことに対する批判を書きました。『濹東綺譚』はそういう意味で、三七年段階での日本軍国主義に対するアンチテーゼを提示したのです。こっちに軍国主義と中国侵略戦争があれば、こちらには川向こうの私娼窟があり、そこにこそ本当の人情があるということです。人情を掘り下げていけば、そこに日本の文化の伝統もあるでしょう、日本の文化は大きな声で軍国主義を唱えている政府の宣伝の中にないのです。本当の文化、人情の本当の細やかさはむしろ、一番軽蔑されている下積みの、川向こうの女たちの中にあるだろうということで、そういうものを書きまし

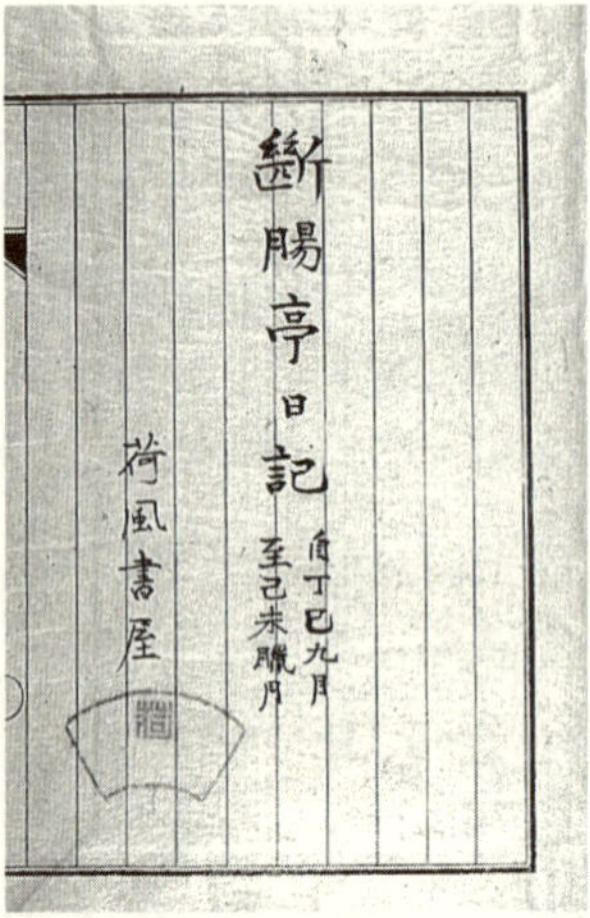

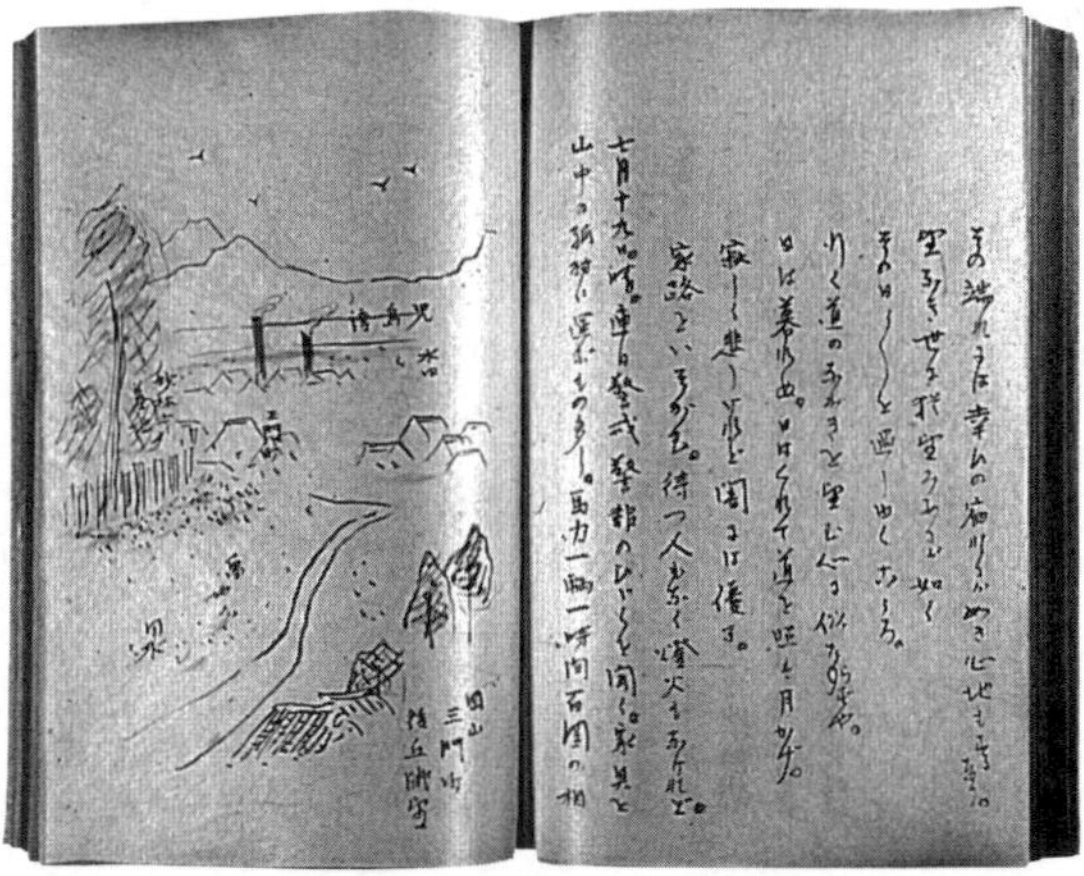

（右）『断腸亭日乗』タイトルページ。
（左）同、昭和二〇年七月一三日。
（『〈新潮日本文学アルバム〉永井荷風』新潮社）

た。それはフランスとはほとんど関係ない、しかし関係あるかもしれない。それはフランスから彼が何を受け取ったかという問題になりますが。

一九四五年以後に刊行されて有名なのは『断腸亭日《だんちょうていにち》乗《じょう》』です。その日記の中でも殊に有名なのは、一九四五年、戦争最後の年の五月三日の条ですね。「天網疎ならず」という……、二行ぐらいです。非常に簡単なんです。今日は晴れている、天気晴朗みたいなことがあって、その後に「新聞紙ヒトラー、ムソリーニの二凶戦敗れて死したる由を報ず、天網漏らさず」とあって、これで平和が回復するのも近いだろうというようなことで終わっています。

しかし、一九四五年の五月にヒトラー、ムッソリーニはもちろん大日本帝国の同盟国の指導者でした。だから普通はヒトラー、ムッソリーニの「二凶」とは言わないんです。「ヒトラー、ムソリーニの二凶戦敗れて死したる由を報ず、天網漏らさず」というのは、悪い奴に天罰が下ったという意味ですから、そういうことをこの四五年の五月に書いた人は非常に少なかったでしょう。戦争賛成に回った高見順（一九〇七―六五）の日記とは違います。

しかし、もう一人、ほとんど同じような文句を書いたのは渡辺一夫（一九〇一―七五）です。東京大学のフランス文学科の教授で、四五年の日記はフランス語です。もし万一誰かの目に触れたら危険だからです。戦後には訳されて出版されています。その日記にはヒトラー・ムッソリーニの死を祝うという意味のことが書いてあります。日本語で、「ヒトラー、ムソリーニの二凶」の死を祝ったのは荷風、フランス語で祝ったのは日本人では渡辺一夫だと思います。そのくらいの稀なことでした。

『断腸亭日乗』について続けますが、四五年の三月九日に、荷風の家（偏奇館）も焼けてしまって、家に置いていた蔵書も一切全部燃えてしまいます。さて、荷風には二つの生活があったんですね。一つは芸者の世界、玉の井や浅草に散歩もする。もう一つは家で漢詩やフランス語の本を読む。それは芸者さんには分からない、一人で読むんですね。二つの生活。本を焼かれてしまったので、その生活の半分は崩れてしまいました。それを非常に悲しんで、偏奇館と蔵書の炎上が半分は文学への別れみたいなことになるんです。

その後は疎開ですから、いろいろな所へ行きます。家が焼けてしまいましたから、東京の郊外の友達の家に泊まって、それから関西へ行って、京都を通って明石まで行きます。明石のお寺に寄寓して、それからもっと先に岡山の方まで行くんです。だんだん疎開で逃げて行くことになるわけです。

その時の状況が『断腸亭日乗』に書いてあります。『断腸亭日乗』というのは、今日は晴れとか曇りとかあって、それから、誰かが食べ物を持ってきてくれたとか、どこへ行ったとか、汽車には乗れないからしばらく歩いてからバスに乗り継いだとか、そういうことがずっとあります。しかしまたどういう本を読んだかということも書いてあるのです。そこで『断腸亭日乗』を、爆撃があって焼け出されてから、逃げて行く荷風が、その途中でどういうふうな本を読んだかということを全部調べますと、日本語の本はほとんど読んでいないんです。これは異常なことでしょう。行った先々では本なんて売っていません。日本中焼け野原という時に、五月五日、フランソワ・モーリヤックの短篇小説を読んだという記事があります。文字通り引用すると、「モリヤックの短篇三章読む」とだけあるんですね。

それからまたちょっと経って、同じ月に、アンリ・マルタンという人の『通俗フランス史』という本を誰かから貰って、挿絵を見て、くれた友達とたいへん楽しく話した、ということが出てくる。フランス史の挿絵ですよ。それを眺めるのが焼け出されの真っ最中です！

六月は、明石。そこで西林寺《せいりんじ》というお寺に寄寓するんですが、お寺の書院から海が見える。そうすると、「書院の縁先より淡路の島影を望む」というんです。明石だから淡路島の島影が見えるんですね。「海波洋々マラルメが牧神の午後の一詩を想起せしむ」と言うんです。『牧神の午後』*L'Après-midi d'un Faune* という詩がマラルメにあるのですが、そのマラルメの詩を思い出させると。そういう人は少ないでしょう。焼け出されて明石まで行って、海のほとりだったので、マラルメの『牧神の午後』はかなり突飛な感じがすると思います。

その次は、岡山の港に出ると、今度は「往年仏国リヨンで見たソーヌ河畔の光景を想起せしむ」と言うので、思い出すのはリヨンの光景なんですね。川向こうの丘の上に古い町があります。それから、それでまたその次に、午後になってから、岡山の家の中で、「東京から携えてきたフランス訳トルストイの『アンナ・カレーニナ』を飜読す」というのがあります。日本語訳もすでにあったと思いますが、わざわざフランス語訳を持って来て、ロシア文学までフランス語で読んだのです。いかにフランス語とその文学への執着が強かったかを表していると思います。

今申し上げたのは焼け出された直後のことですね。誰が焼け出されたのでしょうか。一九〇八年に日本に帰って来て、四五年まで四〇年近く、主として芸者の世界を書いたきわめて著名な作家です。江戸末期の人情本とか黄表紙とか読本《よみほん》とかの代表的な作家為永春水についてのエッセイも書きました。江戸末期と芸者と伝統的な日本、それから反近代化ということで有名な作家で、あれだけの作品を作った人が焼け出された後に読んでいた本のリストに、日本語の本が一つもないんです。その期間に読んでいた本は全部フランス語です。ということは、フランスから帰って荷風が芸者の世界に行ったのは、いわゆる「日本回帰」だということを意味するでしょうか？ 若い時には西洋のことにかぶれ、西洋のことを勉強して、年を取ると日本のことに興味を持つようになって戻ってくるのが日本回帰なら、たしかにそういう人もいると思います。しかし荷風の場合はそう簡単ではないということが分かるはずです。焼け出されたあとの最後の時期に、これだけ立て続けにフランス語の本だけを読んでいる以上、フランス文化崇拝から日本に回帰したという解釈は成り立たないと思います。そう単純ではない。では何が起こったのだろうという問題が出てくるんじゃないかと思います。

親父への反発があるからといっても、最後の方は先ほども言いましたように『下谷叢話』で鷲津毅堂と幕末の漢詩人の世界へ帰ります。親父に対して……、私は最初に反発、それから依存性と言ったけれども、それだけではないと思うんです。反発であると同時に父親の文化への愛着もあった。愛着と憎悪の両方です。

親父はアメリカの荷風に、漢詩を含めて古い文体の手紙を書くんですね。すると荷風は読んで、この文体で手紙を書かれても全然気持ちが伝わらない、親子の愛情なんてものは私は感じたことがない、これじゃあ自分の感じが表現できない、と言っています。しかし、ある時にはそう言っているけれども、実際深いところでは愛憎は同じものではないかと思います。

そして、もっと大きな枠だとフランスと日本との関係も複雑だったでしょう。糧道を断たれて日本へ帰るのだと言っているけれども――『ふらんす物語』の中にそういうことが盛んに出てくるんですが――、それも簡単に金の問題だけではないんじゃないかという気がします。フランスには恋愛感情、日本に対しては愛憎関係でしょう。

要するに荷風の江戸文化というのは、おそらく、一面ではフランスの文化の代用品だと思います。どうしてもフランスにいられない、本当はもっといたかった、それは疑う余地がない。それを無理やりに経済的事情で東京に戻された。帰ってみると、あまりにも東京とパリは違う。当たり前の話なんだけれども、あまりにも違うからパリに似たところをどこかに発見しようとすれば、それは個々の芸者というよりも、ある文化が長い期間をかけて作り出したところの、一種の様式、スティルです。スティルは身振りでもあるし、着物でもあるし、お化粧の仕方でもあるし、建物でもあるし、いろいろな慣習の全体が、長い間に作られたひとつの文化で統一性をもっている。部分と全体が有機的に関連している。だから一つの要素だけ取ってしまうわけにはいかない。その中で、部分が相互に関連しながら、とにかく調和的な全体を作るというのが文化の性質です。その性質が二〇世紀初頭のパリにはあって、東京にはなかった。しかし一九世紀初頭の江戸にはあった――と少なくとも荷風は感じたのです。

五　フランスへの恋愛感情と批判精神

パリを立つとき、彼はGare Saint-Lazarre（サン=ラザール駅）から出たらしいんです、イギリス回りで日本に帰るんですから。その鉄道の駅も、そこに一種の魅力と独特の雰囲気があり、それはひとつの文化が作り出したものです。そういう文化を彼は求めていたのでしょう。もちろんパリと江戸の色や形は似ていません。しかし、「文化の統一性」みたいなものは共通している。ユニテ unitéであると共にイダンティテ identité――そういうものはパリとかつての江戸とは同じだったろうと荷風は感じたにちがいありません。もう江戸じゃないけれども、その少し残っているところに向かって行ったということになるんだと思います。

その文化はどちらの場合も、とくに荷風が認識したフランス文化、三ヵ月の間に直接感じることのできたパリの文化というのは、大変感覚的なものです。リヨン時代からすでにそうですが。感覚的なものは水の音だったり、空気の肌触りだったり、それから夕方の空の色だったりする。そういうことは『ふらんす物語』の中に非常によく出ています。この本は不思議な本で、いま読むと少しおかしいんじゃないかと思うかもしれない、表面的にはあまりにフランス崇拝に見えるんです。しかし、それだけじゃないだろうと私は考えますね。

一つだけ言いますと別れる時の話です。「パリの別れ」、フランスとの別れという一節があって、最後に、さっき言ったようにいよいよどうしても帰らなければならないという時のことです。船は英国から出ますから、サン=ラザールの駅へ行って汽車に乗って、セーヌ沿いに進み、ノルマンディーを横切り、ディエップの港からドーヴァーをフェリーで渡って、ニューヘヴンから鉄道でロンドンに行くんです。

それから日本行きの船に乗る。その時、ちょっと極端ですが、途中で汽車の窓から見たノルマンディーの空は晴れていた、英国の空も晴れていたけれど、「しかし、フランスで見るような柔らかな滑らかな光沢を帯びてはいない」、フランスの青空とイギリスの青空では違う、いっぺん別れてきたフランスの空はもう永久に見られないという感慨にふけるのです。両側にある樹木、それから牧場、英国のカントリーサイドの木立は「どことなくいかつく、あのローヌの河畔、コローが絵に見るようなやさしい枝振りというものは全くない」とこう言うんです。これは、イギリス人だったら怒ると思いますけれどね。

しかし、それは客観的な問題ではなくて、フランスから別れた時に荷風がそう感じたということです。非常に敏感な一種の感受性が動いている。それは客観的にどうってことではなくて、要するに「あばたもえくぼ」みたいなもので、一種の恋愛感情に近いでしょう。アメリカには生きている本当の恋人がいた、別れるのが難しかった。そしてフランスは短かったせいもあって恋人がいたわけじゃないけれど、フランス全体が……、全部行ったわけではなく、リヨンからパリへ行ってイル＝ド＝フランスからノルマンディーでしょ。だからずいぶん限られたフランスですけれども、そこで彼が感じたのは、空の色まで、木の枝振りまで美しい、そういうことです。それはフランスに恋している人の話じゃないかな。

だから馬鹿馬鹿しいかというとそうでもない。それは、ほんの三ヵ月のパリ、リヨンから数えれば一年、フランスはベル・エポック、一九一四年の世界大戦の前のフランスです。中江兆民なんかの時代とは違って、パリ・コミューン（一八七一年）からもずいぶん遠いですね。ちょうど世紀の交替期のフランスはベル・エポックの時代。エミール・ガレーらによる二度目のジャポニスムがあったりした時代ですね。荷風は全く感覚的な、アンリ・ド・レニエとボナールとドビュッシーの時代のフランスを感じたわけです。彼自身がそう言っています。一種の感覚的なフランスとの恋愛の話みたいなものだと思うんです。

私は『ふらんす物語』を何度も読んだことがあります。ちょっとおかしいとは思いますが、全ての恋人はおかしいのでこの場合に限らない、ただおかしいだけではないと思います。ある一つの文化を理解するためには、愛情がないと深く理解できない。純粋に知的にだけ異文化を理解することはできない、それは他人を理解する場合も同じでしょう。個人でも、例えば一人の男が一人の女の人に会ったときに、全面的に、客観的に理解することはできないし、知的な理解には限界があると思うんですね。他人の意識の認識不可能性です。愛情がなければ深いところはわからない。もちろん愛は人を盲目にします。しかし愛がなければ、人の心のなかに入ることはできないのです。相手がフランス文化でも同じ。荷風は、もちろん客観的ではないです、彼が持っていたデータは三ヵ月の経験なんですからたかが知れています。しかし大事なことだけは確かに把握していたんで、それは愛情によってです。彼は愛情を通して見たから、フランスの文化の一面を、確かに、深く、自分自身の一部となるところまで解することができたのです。もし分からなければ、どうして何十年も、五〇年も文壇にいて、途中に戦争を通って、焼け出されて、フランス語の本を読みつづけたでしょうか。彼のフランスへの愛着にはものすごい力がひそんでいたに違いないんで、そうでなければそんなに長く生き延びるはずはないんです。

晩年の彼は浅草によく行きました。興味が芸者から踊り子に移ったようです。浅草では映画館に時々入るんですね。しかしフランスの映画しか観なかったらしい。どうしてかっていうと、話がおもしろいからではなくて、フランス語が聞けるから、と言っていたという証言があります。私はさもありなんと思い、果してそうかと思い、そうでなければならないとさえ考えるのです。

しかしそれだけじゃないんですね。もう一つは知的な問題で、おそらく知的なフランスの一面が読書を通して入ってきたと思いますね。それも変わらなかったと思うんですね。それは何だろうということになりますが、多分、一種の批判精神みたいなものだと思います。フランスの文化の中にある批判精神みたいなもの、それがなければ個人主義はない。だから日本国には個人主義がほとんど全くないわけでしょう。ないからああいう戦争を何年もやってあれほどの人を殺して、みんなが声をそろえ、同じマルス（戦の神）の歌を合唱していたのです。しかし荷風の批判精神は絶えずさめていました。――実に鮮やかに、明瞭に、情け容赦なく、人間的な威厳をもって、私たちが今それを『断腸亭日乗』に読むように。どうして荷風は生き延びられたのか、なぜそういうことが可能だったのか。私はそれは可能だと思うんですね。ただ非常に稀だから、理屈はちょっと言えないけれども、読書を通じてそういう強い、どうしても壊れないような内面化された、批判的精神がいつも目覚めているというような影響を、必ずしもフランスからとは限らないと思いますが、外国の文化から受け取ることは可能だと思います。

私の念頭に浮かぶのは林達夫（一八九六―一九八四）です。林達夫は戦争前にヨーロッパに行ったことがない。だから直接の感覚的な経験はない。しかし、よく読んだんです。そして、読書を通じて、彼の中に批判精神が入ってきた。『歴史の暮方』という本がありますが、そこにはあの戦争中に言論の自由のある限り戦争を批判するけれども、なくなれば筆を断つと宣言して筆を断つ批判精神が生きていました。そういう強力な精神は彼の場合は明らかに書物を通じて入ってきた。だからそういうことは可能なんだろうと思います。

それからさっきお話しした私の先生、渡辺一夫先生がフランス語で日記を書いていました。私は個人的にもお付き合いがありましたが、戦争中全然微動だにしなかったですね。座右の銘はこういうものです。日記の中でも繰り返されていますが、ラテン語なんですが、日本語で先に言えば、「もしできれば憎みたいけれども、できなければ、我が意に反してもやむをえず愛するだろう」です。《Odero si potero, si non, invitus amabo.》。元の句はおそらく個人の女の人について言ったのでしょう。できれば憎みたいけれども惹かれてしまう、という。戦争中の座右の銘として渡辺先生が取られたのは、対象は日本だと思いますね。ファシズムは文化の破壊というふうに考えておられたから、ファシズムの日本を憎みたいけれども、もしできなければ、まあ日本への愛着を捨てきるわけにもいかないということだろうと思います。

私の話はこれでおしまいにします。質問のある方はなさってください。

【質疑応答】

［質問①］　フランス滞在が非常に短かかったということが、荷風にとってプラスになったということはあるんでしょうか？　彼がフランスに対する愛情を持続できたのは、ひょっとして滞在が短かかったためではないかと思うのですが。

［加藤］　私はなぜ彼がフランスに愛情をもったか、フランスのあらゆるものに、ということはちょっと説明できないけれど。だから恋愛の例を引いたんですよ。どうして誰かが恋人になったかっていうことは説明できないで

しょう？　ことに第三者に客観的に説明することはできないと思うんですね。ただ、二人の人間の間に深いコミュニカシオンが、相互理解が本当に可能になるためには愛情が必要だということです。なぜそういうことになるかということは非常に難しいと思います。だから、それは立ち入ってもしょうがない。ただ、荷風を読んでいるとそういうことを非常に強く感じるんですよ。興味のある方は『ふらんす物語』をよく読んでください。ちょっとおかしいかなと思うかもしれませんが、全部読めばそうじゃないということがわかると思います。おかしいんじゃなくて、あれは一種の恋愛の陶酔状態みたいなもので、第三者には少し変でも、すばらしい。当人にとっては、かけ替えのない経験です。

［質問②］　明治維新以降、日本がいわゆるモダニズムで近代化をしていくと、それに対して反旗を翻すアンチ・モダニズムの人が出る、荷風はそういう立場である。また非常に一匹狼的である。今まで定説になった荷風のイメージはそうですね。先生の「雑種文化論」との関わりで言った場合に、荷風の立場はどうなんですか。つまり、日本社会全体がモダニズムにいっていて、荷風だけはアンチ・モダニストであった。確かに貴重な存在ではあるとしても、日本全体は近代化し、しかも雑種文化的になってきているわけでしょう。そういう中で文学者だから個人としてそういうアンチを唱えてもいいということになるのでしょうか。雑種文化論者としてはどう思いますか？

［加藤］　荷風の世代はだいたい境だと思いますが、それよりもうちょっと上の人たちだと、代表的な作家・知識人で、さっき言った鷗外と漱石の場合も、彼らだけではなくて、もっと多くの明治の知識人たちには、自分たちで国を創ろうとしているんだという意識があったと思います。鷗外の場合は、非常にはっきりしているでしょ。何か問題が出てくるとどういう対策を講じるべきかを考えたり、発言したりするわけですね。問題の中で一番普

遍的なあらゆる作家が挑んだ問題は近代化の問題ですね。いわゆる近代化と称して変な建物を作るわけですから。それをみっともないと思うわけなんで。鷗外は『普請中』という短篇を書いて、あれはおかしい、この国は永久に普請中だなんてことを言っていますね。

それから漱石はさっき引きませんでしたが、「私の個人主義」で、やはり上滑りというか表面的なもので本当に深い西洋文化の消化じゃない、しかしだからといって止めるわけにはいかないから、このまま上っ滑りのまま滑っていくよりしょうがないというようなことを言っています。

それは社会全体、国全体についての話ですね。自分がどういうふうに生きるかという問題ではなくて、全体についての話です。荷風は徹底個人主義なんです。社会全体の問題について代案を提案するとか、こういうふうにしたらいいだろうと言っているんじゃないんでね。そうじゃなくて、私はとてもじゃないけど耐えられないから、どこか裏道の中に小さな神社か御稲荷さんかなんかを探して、古い日本が残っているところを訪ねて心を慰めるということですね。だから、徹底的に文学者なんで、一般的な問題については彼は提案したりなんかしないわけです。そういうふうには出て行かない。しかし、そこがおもしろいところなんで、では関係ないかと言うと、戦争への反対なんていうのは徹底しているわけです。

荷風は一番、日本の外だったら教育のある世界の人々の、非常に広汎な人々と共通な意見を持っていたでしょう。ヒトラー、ムッソリーニが亡くなって戦争も終わるだろう、と。荷風の日記の中で、友達と一緒に祝宴を張っています。隣の人か知人かが、八月一五日の後で、鶏肉と葡萄酒を持ってきてくれたんですね。これはもっけの幸いで好い時に来たというんで、その鶏の肉と葡萄酒で皆が集まって祝宴を張ったという。八月一五日の祝宴です。逆にどうしていいのか分からない、と高見順は日記に書いています。当時の新聞に、呆然としてどうしていいか分からないということを言った文学者はたくさんいたわけですね。呆然じゃなくて祝宴を張る。それが筋が通っているということなんだと思います。だけど、社会に対して新しい計画とか、こういうふうにしたらいいでしょうという政策とか、そういうことには立ち入っていないんですね。漱石はそこまでいっていないかもしれないけれども、鷗外は明らかに晩年になると社会主義を研究していました。それについて意見を書いているけれども、指導者の一人として責任を感じたからでしょうね。ところが荷風は指導者なんてまっぴらですから、そういうことはないわけです。だから社会主義という考え方は全然知らないし、社会主義という考え方には接してないと思います。

だけどその個人主義がおもしろいんです。付和雷同しない。これは私の想像ですが、彼は多分アメリカでもある程度、ことにフランスの読書を通して、ゾラのドレフュスの時の文書なんかを通して学んだものだと思います。それでは、そういうことはフランスからしか学べないのかというと、私はそうは思いません。フランスからも学べるんで、荷風の場合にはそうだったということです。共通する点は、付和雷同しないということです。中国なら「君子は和して同ぜず」という。個人の尊厳、自由みたいなものは、どこの文化にもあるんですが、荷風はそれをフランスから学んだんですね。

[質問③]　ドレフュス事件のお話が出ましたが、もちろん荷風は事件の経緯を知っています。ところが、帰国後まもなく大逆事件がありましたね。天皇暗殺計画を理由に多くの社会主義者が検挙され死刑になる、一九一〇年の大逆事件。その時相当ショックを受けたようです。しかし、フランスと日本は全く社会的政治的な状況が違いますから、荷風はゾラのように知識人的行動ができません、あまりにもギャップが大きいから。それで大逆事件のとき彼はどう考え、どう反応したのでしょうか？　そのことをちょっとお話しいただくと、彼の日本の現実との関わりが分かるのではないかと思うんですが。

［加藤］　それは大変荷風的なんですが、たしか『花火』という題じゃないかと思います。「花火」とはあんまり関係がないんだけれども、要するに大逆事件があって、作家というものは、もしこれがフランスだったら、あのドレフュス事件の時のゾラのように、「われ弾劾す」*J'accuse.*を書くのが本当の作家である。我が国では状況が違うから、そういうことは誰もしないし、私もできない。しかしそんなのは作家という名に値しない。少なくともフランスの標準から言えば作家ではない。じゃあ何かというと、戯作者である他はない。その辺からは、非常に皮肉になっていく、私はもう諦めた、この国ではそういうことは到底できないので、戯作者になって、いろんな世の中の痴情の話なんかを書いて、皆様の慰みに奉仕する、それができることの全部です、なんてことを書いています。ただし『花火』は事件後およそ一〇年、一九一九年の作です。

一九一〇年の大逆事件に対する反応は、ご承知のように、啄木をはじめたくさんあります。蘆花も抗議し、啄木ももちろん抗議していますが、鷗外も、あれは大したもんだと思いますね、陸軍の軍人ですから。大逆事件に反応して短篇小説『沈黙の塔』というのを書いています。荷風のもその一つだと思います。当時の作家たちがかなり反応しましたが、大多数ではありませんでした。

荷風は比較的小数の五人とか六人とかそういう中の一人で、彼が何を言いたかったかははっきりしています。試金石ですね。私は一般的に戦争が嫌いで平和を守りたいとか、人権が大事なんだとか、それだけではだめだ。一九一〇年の大逆事件はひどいものです。でっち上げ裁判もいいところ。ただ一般に人権を擁護したいとか、平和をというのではなくて、具体的な権力の濫用、たとえば一九一〇年の大逆事件に抗議する、ということが大事だと思いますね。

一般論というのは、「総論賛成で各論は違う」なんてよく言いますけれども、そういう感じで、やはり各論に結び付けないと、総論だけでは駄目だと思います。理想主義あるいは大きな枠でみた目的や方向性がはっきりしていなければならない。しかし、同時にそれは具体的な場合に適応できなければならない。戦争一般に反対が問題ではない。イラクでやっている戦争にあなたは賛成なのか、反対なのか。無条件に賛成する首相もいるわけだから、その首相に賛成なのか反対なのか。漠然と平和というだけなら誰だって望みますよ。ブッシュ大統領はもちろん平和を望んでいるし、サダム・フセインも多分平和を望んでいたでしょう。

荷風は間違ってはいない。ちゃんとはっきり一九一〇年の特定の事件に対して反応しています。

[質問④] 荷風とは直接関係ないんですが、若い時の考えと年を取った時の考えは変わるものなのかどうか、先生のご経験をお聞かせ願いたいと思います。「三つ子の魂百まで」と申しますが、子供の時の考え方と、六〇とか七〇とか年を取ってからの考えは違うかどうか……。

[加藤] それは違うでしょう。違わなかったら困るじゃないですか。あんまりいつまでも子供みたいだと。子供は子供の考え方ですけれども。

私は、まず第一に、子供が天使のようだというのは嘘だと思います。それは大人の都合から見た子供だと思うんですね。大人の都合から見た子供は、飾り立てて、七五三とかなんとか、子供から見ればたいへん迷惑な話だと思う。着物は重いしね、窮屈でしょ。それともう一つは「天使」ということですが、これは世界中どこでもそうなんです。童話っていうと子供は純真だとかね、そういうことは私は信じないんですよ。あんまり違わないと思います。大人と同じように騙したり足を引っ張ったり嫉妬したり、ありとあらゆることをだいたい似たようなことで……、ことにいじめが大変だと騒いでいるけれども、大人は年中いじめをやっているでしょ。だから子供と同じで、子供「も」いじめをしているんで、子供「だから」いじめをしているんじゃないと思いますね。そういうことを私は子供について感じます。

ついでながら、フランス文学に引き付けて言えば、そういう意味の天使じゃない。現実的な子供を描くのがうまいのはプルーストですね。プルーストの短篇集があります。あの『失われた時を求めて』の前に書いたもので、そこに出てくる子供が実におもしろい、さすがだと思う。独特ですよ。あれだけ子供を現実的に書いた小説は少ないと思います。『楽しみと日々』ですね。

[質問⑤] 永井荷風の場合、日本の作家では鷗外に傾倒していたと思いますし、江戸の戯作者とか漢詩人も好きでした。フランス文学ではモーパッサンとかゾラとかアンリ・ド・レニエとか、プルーストはあんまり知らなかったように思いますが、先生自身がお感じになるフランスの作家で、荷風が一番傾倒していた、愛着をもっていたのは誰だと感じますか？

[加藤] それは特定のひとりには絞れないと思いますね。だけど、詩では『珊瑚集』にたくさん入っていますが、もし一人挙げるとするならばアンリ・ド・レニエでしょうね。

多分ある程度、為永春水はアンリ・ド・レニエの代用品であるという面がある。しかし、それだけじゃないと思いますけれどね。文化・文政はベル・エポックのパリの代わりです。

散文では、一番影響力があったのは、ずいぶん広く読んでいる人だけどモーパッサンじゃないでしょうか、そういう気がしますね。ゾラじゃないと思います。ゾラはちょっと長いし、それから動物的というか野生的というか、やはりゾラは剛腕、非常に強い腕ですよね。そういうことが彼の小説の全体にあるし、器質的にも荷風とそう合わないかもしれないと思いますね。

[質問⑥] 『断腸亭日乗』の確か、大正年間だったと思います。正確な日付けは忘れましたが、ある日の日記に

『ジャン・クリストフ』を読むという一行がありますが、あの大河小説をフランス語で読了するような、そういうフランス語の力を持っていたのでしょうか？

［加藤］　それはちょっと分かりませんが、翻訳を見てもやはりかなり読めたんじゃないかな、と思います。ある程度は早く読めたんじゃないでしょうか。

［質問⑦］　荷風と渡辺一夫がフランス文学を通して戦争に抵抗する精神を養ったというお話がありましたが、戦前に外国文学、例えば英文学とかドイツ文学、フランス文学を学んだ方は非常に多かったのに、荷風や渡辺一夫のような戦争に対する態度は出てきてない、ほとんどの場合、戦争になびいていったり、僕の先生の先生なんかは、戦争が始まれば、英語を捨ててボルネオに大砲をもって出かけるという文章を戦前に書いています。その違いはどこから来るのか、例えば今回のイラク戦争の問題に対しての、知識人としての在り方と外国文学の関係についてお話しいただければと思います。

［加藤］　話せば切りがないテーマですが、明治以後、典型的なのは内村鑑三（一八六一―一九三〇）だと思います。内村鑑三は日清戦争は支持したんです。その後で、それは間違いだったということを認めて日露戦争には反対した。それから第一次世界大戦にも反対したんですね。それで日清戦争と日露戦争では関係ないですが、第一次大戦にはアメリカも参戦しています。内村鑑三はニューイングランドの学校に留学したことがあって、そこの教会とは強い関係があった人です。だからアメリカ人自身が一種の先生ですね。

　そのアメリカ人自身が賛成していた第一次世界大戦にも反対しました。彼は日清戦争の後で、ほとんどクエーカーみたいな、パシフィストに近い強い反戦主義者になりました。そうするとアメリカも批判します。戦争の時に流されないための一つの条件は、ある原理を捉まえて、それはどこで捉まえてもいい、ニューイングランドでも北海道で捉まえてもいい、とにかく捉まえて、その原理を決して手離さないということです。内村鑑三が何を捉まえたかというと、普遍的なもの、つまり、アメリカと日本との両方の上に立つ原理です。一部の内村鑑三の弟子たち、後継者たちはやはり戦争に反対した。南原繁《なんばら》（一八八九―一九七四）なんて人はそうですね。あの人はプロテスタントの立場で。彼が捉まえたのは普遍的なもので日本に関係ないんですよ。日本だろうがドイツだろうがアメリカだろうが、全ての人間に当てはまるある種の原理であるということだと思います。

宗教ではないけれども、渡辺先生もそうだと思います。ちょっと楽天的な面があったかもしれないけれど、世界の国際的な知的社会の中の基本的な理性というか、常識というか、良心という考え方がありますね。それを信じていたのでしょう。しかも、そんなに突飛なことをしていると先生は思われていなかったわけで、それは外国でどうなっているか知っていたからです。世界中の知識層は圧倒的多数が、ヒトラーに反対だったんです。もちろん日本の中国侵略にも反対だった。ただ、議論しているのは日本の中だけの話ですから、そういう意味では全然微動だにしなかった。日本の中の地域的な現象が「聖戦」で、普遍的な現象は戦争反対でした。

例えば道元が、一三世紀の初め、曹洞禅ですが、中国に留学して帰ってきて、彼が言っていることは、中国に対しても手厳しいです。仏教は中国から来たんですから、だいたい日本の仏教の指導者で中国崇拝でない人はほとんどいなかった。それは、ちょうどフランス文学者でフランス崇拝でない人がほとんどいないのと同じです。どうしてそれを超えるかというと、それは普遍的な原理を捉まえた時です。道元は仏教の禅を捉まえたのですね。だから、中国と日本の区別なんてのは何でもない。ナショナリズムでは全然ないんですよ。中国の寺院の批判をした日本の僧侶は歴史的に見てほとんどいないんです。ですが、道元は平気で、太宗国の禅林に本当の禅者は一人もいない、と言う。例外は天道如浄という彼の先生なんですけれども、天道如浄だけが唯一の例外である。他はもうがらくたで、全然仏教なんか分かっちゃいないと。太宗国でさえそうなんですから、この辺境の日本ではもちろん誰も分かっていない、と言っています。彼にとっては禅宗の原理が究極的な真理であるから、彼はそれを捉まえたと思っていたので、全身でそれを自分のものとしていたわけでしょう。だから国境の問題は大したものではなくなる。そうじゃないと、中国は進んでいて日本は遅れているというふうになるわけです。あるいはそのウラ返しで、『中朝事実』（山鹿素行）や、『馭戎慨言《からおさめのうれたみごと》』（本居宣長）の狂信的ナショナリズムになります。英国の資本主義に比べて日本の資本主義にはねじれがある、というふうになって、文化的な水準を比較すると、圧倒的にフランスの方が高いというようになるわけです。だけど内村鑑三にとっては、彼の神を信じるか信じないかだけが究極の問題です。なぜならば人は信仰によって義とされるので、文化によって義とされるのではないからです。

［司会］　加藤先生が最近座談でおっしゃっていた中で、精神の自由というのが一番貴重で、精神の自由のためには官庁や大学に勤めて月給を貰う身分になってはいけない、だから自分は、自由を贖うために経済的にはたいへんな犠牲を払ってきた、自由を買っているんだとおっしゃっていたんで、なるほどと思いました。荷風は慶應の教授になったんですが、ろくに教えなくて途中で辞めてしまいました。加藤先生も単発的な客員教授だけで、基本的な生活は筆一本ですよね。荷風と加藤先生の共通点は、何より自由を大事にする姿勢のように思います。どうもありがとうございました。

II　両大戦間のパリの日本人

大杉　榮——自由への疾走

鎌田　慧

［司会（三浦）］　三浦信孝と申します。小林善彦先生に代わりまして、日仏会館文化講座の一回目の講師鎌田慧先生をご紹介させていただきます。日仏会館では、春と秋に日仏文化講座と銘打ちまして、いろんなテーマで五つほどの連続講演会を行います。この春（二〇〇一年）にはフランスの地域というテーマでシンポジウム形式の文化講座を行いました。この秋は小林先生のアイディアを私が引きつぎまして第一次大戦の後、要するに両大戦間にパリでいろんな日本人が生きていた、その中には芸術家として、詩人として、哲学者として有名な方々がたくさんいるわけですね、その中でアナキストの大杉栄、絵描きの藤田嗣治、『「いき」の構造』で知られる哲学者の九鬼周造、詩人の金子光晴、小説家の横光利一、この五人を選び、それぞれの人物を語るにふさわしいと思われる講師の先生方にお願いしまして、この一〇月、毎週火曜日に五回にわたってこの講座をもつことができました。

一回目は、鎌田慧さんの大杉栄ですが、多分先生と呼ばれるのはお嫌だと思うので鎌田さんと呼ばせていただきます。お生まれは青森県の弘前のご出身で、早稲田大学の露文を出たということですが、ロシア文学という感じとは一味違う社会派のルポルタージュ作家として活躍されていることは、皆様ご存知の通りです。先ほどお伺いしたら、すでに九〇冊ほど本を書かれているそうで、そのテーマは多岐にわたりまして、労働問題、社会問題、あるいは自然災害、原発の問題などですね。

今日お話しいただく大杉栄に関しましては四年ほど前でしょうか、『大杉榮―自由への疾走―』（岩波書店、一九九七）というかなり厚い本を出されております。大杉栄はご存知のように東京外語大のフランス語科出身で、ファーブルの『昆虫記』を部分訳ですが訳した人で、フランスへ行って一九二三年のメーデーの時にサン＝ドニで演説してフランスの労働者を唸らせたというんですが、本当にどれだけフランス語ができたか分かりませんが、フランスとは縁の深いアナキストであったということで取り上げました。鎌田さんご自身も毎年のようにフランスへいらっしゃるようですが、この六月にはストラスブールで開かれた死刑の問題をめぐる国際会議にいらしていたそうです。それからちょっとプライベートな話になりますが、お嬢さまが音楽の勉強でずっとフランスに留学されているということもあって、フランスとは意外に縁の深い方です。著書が九〇冊と申しましたが、鎌田さんはフランスでも有名な方なんですね。と申しますのは、『自動車絶望工場』（講談社文庫）という本が七〇年代に書かれておりますけれども、実際にトヨタで現場の経験をして書かれた本だと思います、それがフランス語で *TOYOTA, usine de désespoir* というタイトルで翻訳されておりますし、もう一つ、*Le Jaopn, l'envers du miracle*『日本、奇跡の裏側』という本もフランス語に訳されているという方であります。では、鎌田さんどうぞよろしくお願いいたします。

大杉　栄（毎日新聞社提供）

はじめに

三浦さんにはフランスで一回、日本で二、三度シンポジウムの時に同時通訳をしていただきまして、たいへん感謝しているのです。わたしの話というのは、曖昧模糊としてよく分からないところが多いものですから、多分すごいご苦労をおかけしたと思います。それで負い目があるものですから、来いと言われると来ないわけにはいかないのでして、今日こちらにうかがったわけです。

今日は大杉栄（一八八五—一九二三）について、その存在の意味についてお話しできればと思っています。大杉栄のお父さんという方は、大杉東《あずま》という名前でして、新潟県の新発田に駐屯する陸軍連隊の大隊長をやってました。日露戦争（一九〇四—五年）にも出撃して負傷、金鵄《きんし》勲章を貰った人ですね。これは大杉栄の自伝には書かれていません、こういうことは一切。それで新発田市へ行って調べてきたんですけれども。本人自身、親戚にも陸軍幹部が多かったんで、子どものころは、陸軍大将になろうと思ってました。だいたい、日本の子どもたちは、僕のころまで、大きくなったら、陸軍大将になりたい、と思っていたものです。

それで彼は、陸軍幼年学校に入るんですね。東条英樹もそうですし、瀬島龍三さんなんかも陸軍幼年学校から陸軍大学校、そして参謀本部の幹部というエリートコースだったんですね。陸軍幼年学校では語学もやりまして、英語、ドイツ語、フランス語を教えていたんですけれども、彼はドイツ語のクラスに入る予定だったんです。ところが、どうしたことかフランス語のクラスに入っちゃったんですね。陸軍幼年学校は一四歳から始めるんですけれども。お父さんはその後、自分の息子が思いがけなくも社会主義者になってしまったものですから、「フランス語をやっていなかったら、社会主義者なんかになっていなかった」と、すごい嘆いていたんですよ。ドイツ語のクラスに行っていたらどうなっていたんでしょう。堅っくるしい社会主義者になっていたか、それとも親のいうとおり陸軍の将校になっていたのかどうか。フランス語をやったからアナキストになった、というのは達観でして。

お父さんはすごく残念だったわけですね。彼自身は士官学校出ではなかったんです、そんな出世コースじゃなかった。むしろ実直な軍人だったんですけれど、それでも、ドイツ語やったり、あとからロシア語をちょっとかじったりしていたんです。一家にはそういう国際性があったんですね。

大杉栄はご存知のように、「一犯一語」と言ってまして、刑務所に入るたびに、語学を習得してくることを自慢していまして、フランス語をベースにして、エスペラント語、ドイツ語、英語、イタリア語というふうにやっています。これは、こういう本を差し入れしてくれというリストが、獄中からの手紙で残っていますけれども、独仏、伊仏、西仏辞典というように、フランス語を軸にして語学を習得していたんですね。多分、そっちの方が早かったんでしょう。独学でマスターしていた。発音がどうだったのかという点についてはよく分かりません。

ただ、後からお話ししますけれども、先ほど三浦さんもお話しされていたように、一九二三年のメーデーに、パリ郊外のサン＝ドニ市へ出かけていって演説しました。それで逮捕されたんです。演説した時に観衆が皆、C'est ça! C'est ça!（そうだ、そうだ！）と相槌を打っていたといいますから、ちゃんと通じたんだと思います。それで彼は、フランスの、いまサッカーの大競技場があるサン＝ドニ市、パリの「赤い町」と昔呼ばれていた、労働者の町なんですが、いまは移民労働者が多い、そこで逮捕されてラ・サンテの刑務所 la prison de la Santé（パリ一四区）にぶち込まれることになるのです。これは日本人としては、珍しかったんじゃないでしょうか。フランスで政治犯として逮捕されて、政治犯の監獄に入ったというのは。

それで、そのまま刑務所に置いてくれればよかったんですね。フランス語の勉強をして、フランスに憧れて、フランスで演説して、フランスの官憲に捕まって、フランスの刑務所に入れられる。もしもそのまま、あと半年でも入っていれば、彼は殺されなくて済んだんです。歴史に「もしも」ということは言えないんですけど、もう少し遅く日本に帰って来れば、つまり、その年の九月一日の関東大震災のさなかに殺されるんですが、関東大震災が過ぎてからフランス官憲が釈放してくれれば、日本で憲兵隊に拉致され、虐殺されることはなかったのです。ま、でもそういうふうな運命だったと思います。

わたしは大杉栄という人を、傑出した人物だと思っています。わたしが彼について書いた評伝のタイトルは、『自由への疾走』というんですが、自由にむかって猛然と走って行って、権力に激突して殺されるという、伊藤野枝や神近市子とのかかわりなどもあって、華やかなアナキストだったんですね。日本の社会主義者とか、共産主義者というのは、みなどこかくすんだ感じでさほどおもしろい人物はいないんです、人間的にですね。ところが大杉栄は華《はな》のある、傑出していたおもしろい人物だったと思います。会ってみたかったと思います。

一 自由への憧れ

まあ、どういう人物だったかについては、あとでお話ししますけれども、陸軍将校になるつもりが、どうして社会主義者になってしまったかといいますと、一つは陸軍幼年学校というのが管理教育を徹底したところなんですね。全寮制で外出は禁止、新聞も読ませない、という閉鎖的なところだったんですね。幼年学校出身の方がおられると、あるいはノスタルジーもあるでしょうから、そうばっかりじゃないと批判さるかもしれません。それなりにエリートの学校だったから、いろんな想いがあるでしょうけれども、とにかく大杉栄はこの学校には馴染めなかったんですね。

お父さんは大杉が幼児のとき、四国の丸亀の連隊から新発田の連隊へ移ってきましたから、新発田が第二の故郷だ、などと言っているんです。名古屋の幼年学校のときに「新発田の自由な空」というようなことを言っています。彼が育った新発田では、かつての連隊があった場所に自衛隊が駐屯しているんです。高い松の老木が昔をしのばせる練兵場が、いま自衛隊の基地になっているんです。その練兵場の周辺が住宅地になっています。大杉一家は、その練兵場のそばの住宅地を、階級があがるにつれて、だんだんと大きい家に転居するようになります。お父さんは馬で通勤していたといいます。そういう子ども時代、大杉自身のイメージは、「自由」だったんですね。「新発田の自由の空」と言っているように。ということは陸軍幼年学校がいかに閉塞的な不自由な空間だったか、ということなんです。

彼はどもりだったんです、だから演説がうまくできなかった。それでも、フランス語ではどもらなかったっていうんですが。陸軍幼年学校の時代に号令をかけるときなんかは、どもりだからできなかったんじゃないか、とも言われています。わたしも、学生の頃までどもりだったっていう経験があるので、どもりの苦悩というか、じれったさはよく分かるんですけれども。激するとなかなか言葉が出てこないんですね。だからそれで大杉はいじめられたんだとか、ぐれたんだということも言われてますが、そんなことよりも、自由性を抑圧する徹底した管理教育には向かなかったと思います。

それで、同級生と喧嘩して幼年学校をやめてしまいます。彼は、旧制中学校に入学するための予備校に通うために東京にやってきます。それでもフランス語の勉強はつづけていました。フランス語は、一四歳から外語大学の卒業までですから、けっこう年季は入っていたと思います。昔は今と違うにしても、うまくしゃべれたんじゃないかとわたしは思っているんです。

幼年学校の閉塞性に反発して、さらに自由にたいする憧れをつよめて東京に来たというのがありました。その時に『萬朝報《よろずちょうほう》』という黒岩涙香がやっている、幸徳秋水とか堺利彦とか石川三四郎とかが執筆していた新聞と出会うのです。それが当時ではなかなか自由な新聞でして、その影響をすごく受けたんです。

黒岩涙香は、ヴィクトル・ユゴーの「噫《ああ》無情」や「鉄仮面」などフランスの小説を翻訳して、紙価をたかめていました。ところが、日露戦争がはじまりそうになると、ほかの新聞とおなじょうに、『萬朝報』もまた非戦の立場を放棄して、主戦論へ鞍替えしてしまうんですね。ちょうどいまみたいな時代の雰囲気の時で、日本の新聞もだんだん戦争支持になっていく。それで幸徳秋水や堺利彦などが『萬朝報』を辞めて、『平民新聞』を創刊します。そういう時代に大杉はちょうど東京にいたのですね。

それともうひとつ、谷中村《やなか》（栃木県）の鉱毒事件が、足尾鉱山の被害をうけた鉱毒地を貯水池にするという動きがありました。そこに住んでいる農民の激しい抵抗があった。それを支援する学生たちのデモにも遭遇するのです。学生の政治活動はそのあと、文部省が禁止してしまいます。

そういう時代に東京に出てきた感性豊かな青年が社会の洗礼を受ける、影響を受けたのです。洗礼といえば、初めはキリスト教の洗礼も受けているんです。洗礼のお水がよくしみこむように、より徹底するために、頭をいがぐりにするなど、過激だったのです。クリスチャンはまもなくやめてしまいます。キリスト教のヒューマニズムにあこがれたのでしょうが、もともと無神論的な人間でしたから。

それから、『平民新聞』に、フランスのアナキストたちの論文を翻訳し、掲載されています。これは「新兵諸君に与う」とか、『ラナルシー』*L'Anarchie* というフランス・アナキストの週刊誌の翻訳なんですけれども。それから、「これを命令する者に発砲せよ」という過激な論文、これはエルヴェという人が書いた兵隊にむけたものだそうです。まだ外語大学の学生の頃ですね。これは新聞紙条例違犯で、秩序紊乱の疑いで逮捕されまして、それぞれ刑務所に入れられていますね。この「新兵諸君に与う」で四ヵ月、クロポトキンの翻訳である「青年に訴う」で一ヵ月半とか、そのあとも五年間ぐらいは、ずっと刑務所を行ったり来たりして、語学に磨きをかけていたんです。本人は語学力を生かして、陸軍大学で教えたいなどと夢想していたのですが、現実というものにずうっとひっぱりまわされ、結局、逮捕によってあたかも約束されていたかのように、運動家のほうにむかっていく、そういう人生だったんですね。

二 「大逆事件」

でも、「禍福はあざなえる縄のごとし」と言います。新聞紙条例違犯とか、たった一回の演説で一ヵ月半も監獄にブチこまれるとか、ひどかったのは「赤旗事件」というのがありまして、神田の演説会で赤旗振っただけで二年六ヵ月くらうということがあったんですね。これは、当時の社会主義者たちがものすごく憤慨した事件ですね。ただ赤旗振っただけで二年六ヵ月間も刑務所に入れられるというのは、今から考えたらとてもひどいものなんですが、しかし、これがあったから、「大逆事件」（一九一〇年）がデッチ上げられた時に、彼は刑務所にいたから救われているんですね。彼も堺利彦も一緒に入っていましたけれど、もしも彼らが外にいたなら、大逆事件に連座させられ、堺利彦ともども死刑囚のなかに入っていたでしょう。このとき、一二人が一挙に処刑されています。

春三月縊《くび》り残され花に舞ふ

大杉は幸徳秋水たちが大量に処刑された「大逆事件」のあとに、この一句をつくりました。寒々とした、まだたよりない春の光のなかで、死を意識していた句です。その前年の暮れに、親しいものたちが一挙に処刑された怒り、悲しみ、恐怖はどんなものだったでしょうか。全部で二四人が逮捕されていました。

永井荷風は『花火』という小説の中に、赤い獄衣を着せられた二四人が、馬車に乗せられて市ヶ谷の上の富久町あたりに刑務所がありましたから、市ヶ谷から日比谷の裁判所にむかう馬車を見た、ということを書いています。きわめて印象的というか、ショッキングなシーンだったんでしょう。永井荷風はそれから戯作者に転じた、と書いている小説ですけれども、それが本当かどうか分からないですが、有名な話ですね。

天皇に「危害ヲ加ヘントシタル者ハ死刑ニ処ス」という、当時の刑法七三条に基づいて死刑にされたのです。「危害ヲ加ヘントシタル者」と言っておりますけれども、別に具体的に危害を加える準備はなかったんですね。つまり、犯行というのは、犯行計画があって、具体的な実行行為があるものなんですけれども、菅野スガは、天皇の暗殺などは「煙のような座談だった」と言ってますから、ただ仲間うちで、こういうふうにやろうなどと話して、若気の至りというか爆弾投げる順番を三人で決めてるんですね。でも、どこで、いつどうするかというのは全然具体的じゃなかった。ただ、たしかに、長野県の山中で、実際、爆裂弾をつくって実験した人はいたんですけど、その爆裂弾をつくった人と菅野スガ、古河力作、新村忠雄という人、何となく順番を決めたりしたという人たちとは、「共同謀議」さえなかった。爆裂弾を作った人は、あるいは、天皇に「危害ヲ加ヘントシタル者」と言えるかもしれないけれども、具体性はないわけです。現行の刑法だったら共同謀議も成立しないわけです。処刑されたあとの八人は、幸徳もふくめて「煙のような座談」にさえ全然関係ない人たちです。それで一二人ですね。

最初に二四人に死刑が宣告されて、そのあと、恩赦をだして、一二人を外します。ちょうど、ドストエフスキーが死刑の宣告を受け、刑場に連れられて行って、まさに処刑されようとする寸前、国王の命令がやってきてシベリア送りに減刑されるっていうことがありましたが、その真似だったんでしょう。

二四人に死刑を宣告して一二人だけ処刑、一二人は罪一等減ずるというようなことだった。獄中にいた大杉栄は、辛うじて免れまして、「春三月縊り残され花に舞ふ」と、薄日のさすような残された時間だけは、元気に行こうというふうな心境だったのでしょう。

三　大杉栄と伊藤野枝

大杉栄で一つ特徴的なのは、女性にすごくもてたことでしょう。知的でしかも、なかなか迫力があったんだと思います。それで艶聞はいくつかあったんですけれども、最後は伊藤野枝と一緒に殺されてしまいます。伊藤野枝は、彼女が学んでいた女学校で英語の教師だった辻潤と結婚していたのです。籍は入っていなかったんだけれども、一緒に暮らしていました。辻潤の助言もあったのでしょう、伊藤野枝は平塚らいてうがやっていた青鞜社に入ります。平塚らいてうを訪れたとき、野枝は九州からでてきたばかりの貧しげな娘だった、と書かれていますが、青鞜社で原稿を書くようになって、足尾銅山の被害をうけた谷中《やなか》村に見学に行くんです。農民の惨状を見て、ものすごく興奮して帰ってきます。その状況を辻潤に報告するんですが、辻潤はシニカルな人ですから、彼女の感動をそのまま受け止めることをしなかったんです。それが直接の原因かどうかは別にしても、ちょっと夫婦のあいだに齟齬をきたしたんではないか、と思います。野枝が一生懸命感動しているのに、辻潤はあまり感動したような顔をしなかった。

ところが、大杉栄は彼女の話にとても感動したんですね。この感動がなかなかいいんです。本人自身が書いているんですけれども、つまり社会主義者というのは、状況がどんなに悪くてもあまりびっくりしないんですよね。ひどければひどいほど、革命が近くなると思いがちで、ひどいことなど当然だ、という意識があります。ところが、田舎から来たばかりの伊藤野枝は、農民の姿にものすごく魂を揺さぶられるわけです。ちょっとだけ読んでみましょう。以下N子というのは野枝のことです。

「N子があれほどまでに感激し興奮したY村の事件に対して僕はどんな態度でいたろう。官憲の無法にももちろん憤りもし、また村民の悲惨にももちろん同情もした。しかし、ただそれだけのことならどんな冷血漢にだってできよう。それ以上に僕は何を感じたのか、また何をしたか。僕は何もしない。そしてただ、僕は村民がみんな溺れ死んでしまえばおもしろいと思った。助けられるんではつまらないと思った。僕が普段から冷血漢のように憤慨している人よりももっと冷酷な、もっと無情なことを考えていた。僕は僕のなまじっかな社会学から虐げられた者と虐げる者との階級を決めていた、甲階級の者が乙階級の者を虐げるのは自明の理と決めていた。」（『自叙伝』）

だいたい、社会主義者にとって、事態はすべて自明の理なんです。みんなマルキシズムの世界観で、たいがいのことは判っているつもりですから、いちいち感動しない、そういうところがやっぱりあるんです。と、実感がこもってしまうんですけど、あると思います、僕自身にも。飛ばして読みます。

「僕は僕の幼稚なセンチメンタリズムを取り返したい。憤る者にあくまでも憤りたい。憐れむべき者にあくまでも憐れみたい。そしていつでも虐げられる者の中へ虐げる者に向かって、躊躇なくかつ容赦なく進んでいきたい。N子がY村の話から得たという興奮を、その幼稚な、しかしおそらくは何ものをも焼き尽くし溶かし尽くすセンチメンタリズムをこの僕の硬直した僕の心の中に流し込んでもらいたい。」（前掲書）

というふうに言っています。つまり谷中村へ行って感動したその野枝の感動を、自分の心の中にもう一度取り入れて、革命家として再生したい、と書いているんですね。だからここで大杉は、大げさに言うと転生して、さらに、よりラジカルになっていこうとするのです。その転生の媒体を野枝が担った、ということなんです。

大杉栄はアナキストで、国家を認めなかったですから、夫婦別姓だったんです。夫婦別姓というよりも、子どもも籍に入れませんでした。伊藤野枝との間に、子どもを五人産みます。伊藤野枝は多産な人で、辻潤との間にも二人います。辻まことという絵を書いたり、エッセイを書いたりしている人もそうですよね。大杉とは五人産んでいます。これも全然籍を入れていなかったですね。

籍が入ったのは、大杉と野枝とが殺された後なんです。実家が九州なんですけれども、福岡市の博多湾沿いの、今でも実家がありますが、能古島という島が目の前にみえます。野枝はいつもそこまで泳いでいったといわれています。千メートルぐらい離れているんでしょうか、そこの海岸に木造の家があって、最初の夫の辻潤も来ていたし、そのあと、大杉も来ていて、彼ら二人ともおしめを洗っていたという話があるんです。お産の時になると、野枝は福岡の実家に帰っていて、そのあとを追って男がやって来て、一生懸命おしめを洗うという生活だったんです。

長女の名前が魔子でした。悪魔の魔を使ってます。悪魔のような奴ら、といわれていたことへの返答だったかもしれません。次女がエマと言います。これはエマ・ゴールドマンという女性アナキストの名前をとっているんです。この次女は大杉の妹の家にすぐに養子に出してしまったものですから、三女が産まれたらまたエマにしているんです。ただ養女になった次女は、後から幸子と日本名に変えているんです。そして四女がルイズ、ルイズ・ミシェルというアナキストの名前からとっていますね。パリ・コミューンに参加して、ニューカレドニアに流刑になった女性です。

このルイズが市民運動の世界でよく知られた伊藤ルイさんです。ルイズはルイさんという名前になっています。ルイ（留意）と筆で書かれた名刺を貰ったことがあります。二年ほど前に亡くなって、『ルイズ』という記録映画があります。ルイさんの下に男の子が一人いましたけれども、はやくに亡くなっています。ネストルという名前でした。ロシアのアナキストの名前です。

こういうふうに戸籍を否定したばかりか、夫婦別姓でした。とても新しい感覚でした。

四　フランス時代

さて、フランス時代の話になるんですけれども。大杉は一九二〇年に上海に密航しています。これはコミンテルンの会議があったからです。日本の共産主義者を代表して行ったんですが、二二年には上海経由でマルセイユに行きました。これは、ドイツでひらかれるアナキストの大会に出席するためでした。一九二二年の一二月にまず上海に密航して、上海から日本船に乗ってマルセイユまでなんです。インド洋からスエズ運河を通っていくんです。ジブチで降りた、と『日本脱出記』に書かれています。

ジブチはわたしも行ったことがあるんですけれども、四〇度ぐらいあって、フランスの兵隊が駐屯しています。ちょうど砂漠の中に難民キャンプがあって、そこを見学に行ったことがあるんです。わたしはケニアのモンバサから行ったんですけれども、ジブチを通って紅海を抜けて行くんです。「紅海は赤い海だと思ったら青い海だった」なんて大杉も書いているんですが、やはり青い海なんです。

それでスエズ運河は両方が砂漠で、エジプトの方は、植林が成功しているからずっと緑になっているのですが、右側のサウジアラビアの沿岸は、砂漠というか、禿山ですね。それを通ってシシリー島のところを通って行くんです、メッシナ海峡ですが、大杉が行った時も、エトナ山のところに煙が出ていたようですが、今でもやっぱり噴煙が出ていました。一九二三年ですから、八〇年も煙が出ているんでしょうか、桜島みたいなもんですね。

狭い海峡を静かに航行して、ティレニア海を抜けてマルセイユ港に入っていくんですね。マルセイユの目の前に、イフ島というデュマの小説の「岩窟王」がいた島があるんですが、その脇を過ぎて行くと、マルセイユの街並みが迫ってきます。日本から行った留学生たちは、皆それを見ながら到着したんですね。感動したでしょう。イフ島を過ぎてマルセイユの港に入っていくと、教会のマリアが燦然と輝いている、そういうのを大杉も見ていたと思います。

大杉は、マルセイユからリヨンに行くんですね。彼は中国人のパスポートをもっています。これはどういう名前なのかというと、チュン・チャン・タンです。逮捕された時の新聞に、現れてくる名前ですけど。それは後の話なんですが。リヨンに「中法《ちゅうほう》学院」というのがあったんですね。リヨンは絹織物の産地で、中国と絹の関係があった。それで中法学院（中仏学院）という、中国人が学ぶ学校がつくられていました。この建物は今でもあります。リヨン大学の学生寮になっていまして、アーチ型の門がありまして、門のうえにかすかにInstitut Franco-Chinois（中法学院）というのが見えます。

いまはいろんな国の留学生たちがそのアーチのところを通り抜けて歩いているのですが、リヨン大学の資料で見ましたら、昔陸軍の兵舎だったのを、リヨン大学に譲ったんですね。そこに中国人がいっぱいいて、中国人のアナキストたちの根拠地になっていた。ストライキがあったりなんかしましたね。これは『フランス勤工倹学の回想』（何長工著）という本が岩波新書から出ていますが、中国の勤工倹学の学生（勤労学生）たちがいっぱいいたんですね。その中にアナキストたちがいっぱいいて、彼らと大杉栄とのあいだに関係があったんです。

それから少ししてパリに行きます。初めは二〇区のベルヴィルというところのグラン・オテルというホテルに泊まっていたんですね。グラン・オテルだから、でっかいホテルかと思うと、木賃宿で便所もついていないという、あんまり不潔で、共同便所に行くのが嫌だから、バケツにしていたということを書いています。フランスも昔はそうだったんでしょうね。一九二〇年代の木賃宿というのは。日本のビジネスホテルなんかよりもずっと悪かった。その地区に『リベルテール』の編集部があって、大杉はそこに行って情報をとったりしていたんですね。そのころ、『改造』に原稿を送っています。これは『日本脱出記』に再録されていますけれど、ミディネットのストライキがあったということなんですね。

ミディネットというのは、お昼（ミディ）に食事をするため女子労働者たちがぞろぞろ外にでてくるから、と大杉はいっていますが、どうなんでしょうか。お針子さんたちのストライキの報告が、『改造』に載ったフランス報告でした。賃金統計なんかも載っていますね。女性労働者の朝食、プティ・デジュネは〇・六〇フランですね。一フランしないわけです。電車が〇・三五フランで、昼食が四・五〇フラン。今のレートで言いますと八〇円くらいになっていますから、何倍くらいになっているんでしょうか。やっぱり昼食が一番高くて四・五〇で、夕食が三・五〇になっていますね。

家賃一日当たりが二フランというところに住んでいる女子労働者の実態を、フランスから送ってました。そういうフランスの労働者の状況も取材して書いていたんですね。しかし、本人が行ったのは、それが目的ではなくて、ドイツで開かれる「アナキスト世界大会」に行くために、マルセイユを経由してフランスに滞在、ドイツに渡るチャンスを狙っていたんです。

ところが、フランス官憲もなかなかなもので、彼をマークしていて、出さないんですよね。出さないっていうか、ビザをくれないんです。それで彼は、パリにいって、モンマルトルの丘からずっと下っていくと、ピガール広場があって、地下鉄の駅があるんですけれども、そこの地下鉄駅からもうちょっと下がった左側にクレディ・リヨネがあるんですね。今、潰れちゃってるんじゃないかと思いますが、どうでしょうか。

クレディ・リヨネを左に曲がると、打楽器のスティック、スティックという名前の店から五、六軒先に、六階建てのホテルがあります。彼はそこにいました。このクレディ・リヨネは、昔はバル・タバランというキャバレーだったんですね。永井荷風の『ふらんす物語』に、そのキャバレーの状況がものすごく詳しく書かれてあります。だから大杉もそれを読んでいたと思います。それを読んで、近いからそのホテルに泊まったのかもしれない。

そこのホテルは、「オテル・ヴィクトル・マッセ」という名前でした。ヴィクトル・マッセというのは、作曲家で通りの名前になっています。映画監督のジャン・ルノアールの住んでいた、農家風の家もそこから一五メートルほどのところにあります。その一郭の角のところがカフェになっていて、その向かい側がジャン・ルノアールが住んでいたという家になっている、というようなところです。昔は夜の女性たちがいっぱいたむろしていたらしい。いまも多分そうかもしれません、わたしは夜に行っていないから判らないのですが。

大杉は、そこにいてから、またリヨンに戻ります。リヨンに戻ってから、ここでドイツに行くチャンスを窺っていました。それで早くビザをくれということを警察にしょっちゅう言いに行っています。彼は中国人を装っていますから、それでなおかつ、警察に行ってビザを出せということをやっているわけですから、かなり緊張した生活だったんだと思います。住んでいたところは、丘の上にあのカテドラルがある反対側の丘の方なんですよね。「オテル・ド・ポワン・ド・ジュール」というホテルで、これを探したらいまもありました。「ポワン・ド・ジュール」だから「朝の燭光」とかそういう感じなんでしょうけど。小松清さんは、大杉をホテルに訪ねていってるんですが、彼が大杉について書いた小説では、「暁鶏館」という名前にしています。「黎明館」とか、そんな感じなんでしょう。

三階建てのホテルだったんですけれど、今は四階に改造されていて、一階はカフェになっていて、近所のおじさんたちが朝早くからのんびりお茶を飲んでいるというところで、裏庭があって両側にプラタナスの並木があって、中庭になっています。そこで子供たちがボールかなんかやって遊んでいるのを、彼は警察に行く合間に窓から見ていて、子供好きだったから、たまに遊んでやったりなんかしたんだと思うんです。

でも、気持ちはすごくあせっていて、早くドイツに出発したいけど、なかなかフランス官憲もしぶとくて許可を出さない。だからそのホテルから、だらだら坂を降りて、河のそばに裁判所がありまして、裁判所の中に警察署があったんで、そこへ何回も行っていたんです。サン=ジャン教会を通り過ぎて行ったんだと思います。

あのゴシック式の古い教会がありますけれども。その道を通っていますと、大杉栄が坂を上って歩いていて、また下って警察まで行くというくたびれた情景が見えるような感じで、かなり靴をすり減らしていたでしょう。野枝への手紙に靴をすり減らして新しいのを買わなくちゃいけないなどと書いてましたから。三〇分くらい丘に上がってまた下ったりってことをやっていたんですね。警察が疑っていたかどうかはよく分からないんですが、このカルト・ディダンティテ carte d'identité――身分証明書をくれないということを、『日本脱出記』の中でけっこう愚痴っていますね。

彼はあんまり愚痴っぽい人じゃなかったんですが愚痴ってまして、警察に行くと Il faut attendre quelques jours.「数日待たなくてはいけない」ということを言われていたんだけれど、しかしこれは quelques jours じゃなくて、こんどは à la semaine prochaine になったということを言っています。à la semaine prochaine「来週」から、こんどは au mois prochain「来月」になって、それからこんどは à l'année prochaine「来年」になりそうだ、なんて軽口を叩いているんですが、本人はすごい焦っていたと思います。でも警察もこの頃は調べていたはずなんですよね。どうしてかっていうと、捕まるとすぐに身分がばれていましたから、パリの警視庁は、なかなかちゃんとした警察らしいんです。

五　メーデー事件

パリでは佐藤紅緑《こうろく》に会ったりなんかもしてました。最近、佐藤愛子さんの『血脈』という長い小説が出まして、佐藤紅緑さんのお嬢さん、サトー・ハチローの妹なのかな、佐藤愛子さんは。その佐藤紅緑が文部省から派遣されてパリにいて、大杉は御馳走になったりしていたんですけれども、結局、いらいらしているうちにメーデーになったもんですから、それに参加するため、パリに行くんですね。ところがその年はメーデーをほとんどやってなかったんです。メーデーなどをやる労働者は、ドイツの手先だといって、ピケが張られたりしてた時代なんですね。日本の労働組合も、だいたい今はそんなもので、メーデーもろくにやらないような組合になっているんですけれども。

それでサン=ドニはさっきお話ししたように、「赤い町」だったわけでして、そこでメーデーがあるっていうんで、サン=ドニまで路面電車に乗って行くんです。メーデーが終わったら、いまは銀行になっている、バル・タバランに、ドーリーという踊り子がいたんで、メーデーから帰って来たらデートしようなんてことを考えていたんです。電車に乗って、今は地下鉄ですぐですが、昔は路面電車に乗って行ったんだと思います。電車には労働者がちょっと着飾った家族連れで、バスケットにバケット（パン）のサンドウッチなんか詰めて乗っていた。それもメーデーに行くんじゃなくて、メーデーで休みだから、それを利用してどっかにピクニックにでも行くっていうんで、大杉栄は怒って書いています。

彼の時代は、日本のメーデーというのは、警官隊に踏み込まれたり、どっつきまわされる命がけのメーデーだったわけで、一方のフランスはメーデーをろくにやらないような時代に入っていたんですね。サン=ドニにはメーデーがあるってのを聞いて、サン=ドニは労働者の街だから、ちゃんとしたメーデーだろうと大杉は目星をつけたわけですね。

その会場は、労働会館と書かれてあるんです。それでわたしは、労働会館をずいぶん探して、見つけたんですけれども、今は古い労働会館がなくなって、新しい労働会館になっているんですが、そういう記録は全然残っていないそうです。大杉栄がなぜ労働会館と書いたのかよく分からない。捕まってしまった後だから、別に会場を秘密にすることもないんですが、労働会館と書いているんですね。

それで市の図書館に行って新聞を探しました。新聞の記事に会場が書いてありまして、それがレジョン・ドヌール通りの産業会館だったのです。それで当時の写真集で、産業会館の写真を探すとドーム型の建物でした。その写真をもって歩いたら、今はドームの丸いところがなくなっちゃって、水道タンクみたいな、のっぺりした円筒形の建物になっていて、ちょっと外観は違うんですけれども、地下鉄の駅のすぐそばにありました。修道院の学校とサン＝ドニ大聖堂があるすぐそばに会場があったんで、ああここで大杉が演説して捕まったんだなと想像できました。彼はそこから警察に引っぱられていったんですが、その当時にはその留置所がなかったんで、少し離れた別の警察に身柄を運んでいったんです。

これは大事件だったんですね。当時の新聞には、ほとんど大きな記事で登場しています。日本人の労働者、まあ最初は中国人だと思われていたのですが、演説したのがきっかけで逮捕されてしまいます。そのあと、集会に参加していた労働者が警察に抗議に行きます。六百人くらいの集会だったんだけれども、そのまま抗議に行きます。だから国際連帯があったのです。サン＝ドニの新聞は、すごい保守的な新聞だったんですね。『ジュルナル・ド・サン＝ドニ』という新聞は、紙面の真ん中に二段で幅が六段くらいのでっかい見出しで載っていました。

大ニュースでして、「大杉はジョーヌだけどルージュだ」って書いてます。「黄色人種だけどアカだ」と。ちょっと差別的なんじゃないですかね。「ココ・ベル・ウーユ」とも書いています。ココはコミュニストのココらしいですね。これは「ココ・ベル・ウーユ」、「目つきの悪い共産主義者」ということらしいんです。大杉というのは、なかなか目つきがいい男なんですけど、これはひどい。「金縁眼鏡をかけ、ココ・ベル・ウーユと同じくらいみにくい中国人が、サン＝ドニのコミュニストへの中国の同志からの友好の挨拶を述べながら発言した」と書いてあります。

このモンゴル人は劇作家組合の書記でコロメルに付き添われ、午後六時にトラムウェーでパリに帰ろうとしていた。その時に二人の礼儀正しいムッシューが彼の肩に手を置いた。「私たちは公安警察の者です。あなたの身元を調べたいのですが。」黄色人種、それでいてアカは気付かないふりをした。パスポートを拝見します。「パスポート、あ、今もっていない。家にあります。」「それではあなたの住所は、どこに住んでますか？」「パリではない。昨日着いたばかりだ。」

というような会話をしたというように書いてますが、本当かどうかよく分からない。よく新聞記事というのはこういうでたらめを書くんですけれども。これは『ジュルナル・ド・サン＝ドニ』なんだけれども、共産党の『ユマニテ』にも載っています。サン＝ドニに『ユマニテ』の本社がありまして、今はなかなかシャレた、近代的なビルになっています。当時の新聞を見せてくれといきなり行ったら見せてくれました。フランスの新聞社というのはすごくいいですね。

日本でいきなり新聞社へ行って、八〇年前の新聞を出してくれ、といってすぐには見せてくれない。紹介状とかアポイントとかやらないとだめでしょうね。資料室に行って当時のを見せてくれといっても、有料で手続きがかなり厳重ですね。ここではすぐに、無料でやってくれました。

これもでっかい記事で載っています。マイクロフィルムで見たんですけれども、六二行ぐらいの記事で載っています。「レジョン・ドヌール会館で行われた集会が終わった時、日本の労働運動について話しに来た日本人演説家が逮捕されたことがわかった。」二日の段階の新聞なんですが、この時点で日本人と分かったんです。「多くの参加者にとってそれは驚きと憤慨であった。すぐに市役所の裏の北警察署へデモ行進が行われた。この外国人の同志の釈放を声高に要求した」などと書かれています。国際連帯の記事だったのです。

ところが、大杉栄は第一報のあとは何も報道されていないと書いています。『大杉栄評伝』（思想の科学社、一九七六）を書いた秋山清さん、アナキスト詩人ですが、彼はフランスの知り合いに調べてくれと手紙を書いたら返事が来て、「驚くべきか驚かざるべきか何も記事が載っていない」という回答が来たと書いています。でもちゃんと載っているんです。五月五日付けで「告訴された日本人」ということで、ものすごい冷たい調子の記事で載っています。「五月一日サン＝ドニで演説して逮捕された日本人のジャーナリスト大杉栄を警察官抗拒罪及び秩序紊乱容疑で告訴した。大杉は無政府運動についての調査をするためにヨーロッパに来ていた。逮捕された日に彼は中国人で『チュン・チャン・タン』という名前だ』と言っていた。彼は国外追放の対象となるだろう」というふうにですね。

だから初めは社会主義者が逮捕されたと思ったんで、『ユマニテ』は大々的に書いたんですけれども、蓋をあけてみたらコミュニストと対立するアナキストだったものですから、彼は国外追放の対象になるだろう、などと冷ややかで、木で鼻をくくったみたいな感じの記事に変わったのです。共産党は昔も今もだいたい同じ、こういう冷たい仕打ちをしています。

わたしは、大杉栄については載っていないと思い込んでいたし、その後調べた秋山清さんの助手のフランス人も、探し切れなかったんでしょう。でも、これはマイクロフィルムに残っていました。『ユマニテ』の資料室の人に大変感謝しているんですが、五月一日の新聞から出してほしいと言ったら、ちゃんとやってくれたんですね。フランスというのはとてもいい国だと思いました。

大杉逮捕について、公安局長から警視庁長官に宛てたラポール、報告書というのをわたしは手に入れています。ここでもやっぱり中国人というふうに書いています。「チュン・チャン・タンという名前だ」というふうになって、それから日本人だというのが判るのに一日ぐらいかかっているんですね。一日経ってから、日本のアナキストだっていうのが大体分かったんですね。それは『ユマニテ』もそうだし、『ル・マタン』という新聞もそうですし、先ほど紹介した『ジュルナル・ド・サン＝ドニ』もそうですし、『レマンシパシオン』というのもありましたし、あと僕は見てないで秋山清さんが探し出したのは『フィガロ』とか『エクセルシオール』とか『ル・リベルテール』、これはアナキストの新聞だから当然ですけれども。『ゴーロア』とか『レクレール』とかにも載っていて、一〇紙以上に中国人あるいは日本人が逮捕されたと載っていました。抗議行動に行った労働者のデモについても報道されていますから、フランスのメーデー史上からみても大事件だったと思います。

ところが日本ではまったく報道されていなかったんです。といっても実は報道は無理で、彼がどこに行っているか誰も分からなかったわけです、密航ですから。上海にいるとか、日本にいるというデマがあちこちの新聞に載っています。新聞というのは誤報がけっこう多いんです。

そのあと、パリのラ・サンテ刑務所に入ったんです。ラ・サンテは、フランスらしいんですが、厚い高い壁があって、その壁に沿ってマロニエの高い並木が遠くまでつづいていて、幾何学状というか、遠近法で円錐形状に三角形に伸びている、なかなかいい眺めですね。

その塀の下を歩くと、ちょうど刑務所の窓が見えるんですね。その窓の内側に囚人服を着た囚人たちがぶらさがって、ひなたぼっこをしているのか、遊んでいるんですね。ウアレヴ?-Où allez-vous？なんて叫んでいますよ。「どこへ行くんだ?」と叫んでいる。日本の刑務所じゃ考えられない。フランスの刑務所なら、入ってみたいなという感じなんですけど。

大杉は独房でワインを飲んでいるんですよね。踊り子のドーリーについての詩を書いていたり、「独房の　実はベッドのソファーの上に　葉巻のけむり　バル・タバランの踊り子ドーリ」とかという詩を書いています。ドーリーは実在する本名らしく、東京の友だちに出した絵はがきにも書いているほどです。

大杉は長女の「魔子」をすごくかわいがっていたので、有名な詩で「魔子よ魔子　パパは今　世界に名高い　パリの牢屋ラ・サンテに　だが魔子よ　心配するな　西洋料理の御馳走食べて　チョコレートなめて　葉巻スパスパ　ソファーの上に」などと書いています。だからワイン飲んで、葉巻をすぱすぱやっていたという。今でもこうなんでしょうか。

刑務所の写真を写していると、ミニパトカーが接近してきて、女性警官が二人乗っていました。何か変なやつがいるっていうのを聞いて来たのか、偶然パトロールで来たのかわからないんですが、「写真撮ったんだろう」と言うんです。撮っていたんですが、「いいえ、写真撮ってません」と言ったら、すぐ帰っていったんです。そういう警戒はいちおうしているんですね、フランスもね。

日本だと道端から囚人が見えるということはありえない。ラ・サンテは土地事情が悪いのかもしれませんが。道端から囚人たちが太陽に顔を干しているのが見えますよ。あれはなかなか見られない光景だから、見物に行かれるといいと思うんです。

そういうふうにして、大杉は逮捕され、強制送還されて、神戸に帰って来たんです。それで結局、一九二三年の九月一日に関東大震災があって、その混乱がつづいていた一六日に殺されるという運命になります。

関東大震災が九月一日ですよね。ラ・サンテを釈放されたのが、六月。七月に神戸に帰ってます。ですから、あと二ヵ月間、ラ・サンテで身柄を預かっていてくれたら、殺されないで済んだという運命なんですね。関東大震災では朝鮮人が六千人虐殺されているし、中国人も虐殺されているし、日本人でも下町の労働運動家が一〇人、習志野の騎兵隊に惨殺されています。

大杉は大手町、皇居の二重橋まえにあった憲兵隊本部に、伊藤野枝、六歳の橘宗一の三人で拉致されます。ここは、憲兵隊本部と麴町分署とが一緒になっていて、連行した甘粕大尉は麴町隊に勤務していました。といっても、麴町にあったのではありません。逮捕したのは、甘粕大尉と憲兵隊本部の兵隊の二人組で、普通だったらありえない組み合わせにされています。

六　大杉栄の現在的意味

さて、なんで今ごろ大杉栄について書こうと思ったか、ということなんですね。それはやはり一つの体系というか、パラダイムというか、国家像というのが、二〇世紀末に崩壊して、座標軸がなくなったと思うのです。そうであっても変革の運動というのは、世界でつづいていくわけです。

じゃあどういうふうになっていくのか、ということを考えると、いままでのような党とか組織とかによる、硬直した運動じゃない、やっぱり個人に依拠した運動というのはこれから重要になってくる。やっぱり個人のところからもう一度出発していくしかない、そういう運動というのは、アナキズムの運動がやってきたんじゃないかと考えるようになったのです。

日本の住民運動も、ほとんどそういう形になっています。たとえば、新潟県巻町で原発反対の住民投票というのがありました。わたしは「町民運動」といっているのですが、町民たちが自分たちで自分たちの運命について決定するという、自己決定の運動です。政党や労働組合に依拠したのではない運動として、昔じゃ考えられなかった運動です。町長が賛成で、町議会が賛成だったら、そのまま原発が来るはずなんですけれど、それを町民たちが、個人の意志をあつめて巻き返して、建設計画を中止させたんですね。時間はかかったんですけれども。

それから徳島県吉野川の河口堰の問題も、やっぱり市民たちが住民投票で拒否しています。吉野川は、なかなかいい川でして、上流から下流まで歩いてみると、いろんな人たちがその川によって生活しているのが判るんです。河口のそと側にでも、シジミ貝なんかをとって生活している人がいたりして、だから、堤防がつくられてしまうと、関連する人たちの生活が全部解体しちゃうんです。そういう住民たちが、住民投票で、建設省の計画を、お上の計画を中止させてしまったんですからね。

そういう意味でいうと、島根県の中海干拓というのも、その余波をくらって中止になっています。長崎と佐賀県の諫早湾の干拓事業は、ギロチンといわれた、鋼鉄の潮止め（鋼矢板）が降ろされたんですけれども、運動はもういちど盛り返して干拓事業は縮小されています。熊本県の川辺川のダム建設にたいしても、強い抵抗がひろがっています。

それらは政党とかが指導しているのではなくて、町民というか地域の人たちのほんのちょっとした運動からはじまり、ひろがってきたのです。たしかに、いま、日本の政治状況とか、この戦争前夜の状況とかを見ると、ものすごく時代は悪化しているのですが、ただ今まで考えられなかったのは、いろんな日本の地域で、政府の方針とか計画を断念させている、自主的な運動がひろがっているのは、昔では考えられなかった。だいたい建設省が強制執行やれば、それで済んだわけなんです。が、いまは、それもほとんどできなくなってきたりとか、そういうふうに政党とか組織じゃない、個人のネットワークのひろがりによって地域が変わってきている、そういうふうなところに可能性をみているのです。

大杉栄の場合は、個人と反逆ということをいつも明解に言っている人で、たとえば、「僕は精神が好きだ」という文章があるんです。「僕が一番好きなのは人間の盲目的行為だ。精神そのものの爆発だ。しかしこの精神すら持たないものがある。思想に自由あれ、しかしまた行為にも自由あれ、さらにはまた動機にも自由あれ」と言っています。「思想の自由」と「行動の自由」ばかりか、「動機の自由」というのを彼は強調しているのです。

それからこの「生の拡充」というベルクソン流のアピールですけれども、この「爆発」だというのも、フランスで勉強していた画家の岡本太郎もよく言ってます。似ているんですね。

大杉はこういうふうにも書いてます。「我々の生の執念深い要請を満足させる唯一の最も有効なる活動として、まずかの征服の事実に対する反逆が現れた。また彼の征服の事実から生じる、そして我々の生の拡充を証明する一切の事物に対する破壊が現れた。そして生の拡充の中に生の至上の美を見る僕はこの反逆とこの破壊との中にのみ今日生の至上の美を見る。征服の事実がその超常温に達した今日において、階調はもはや美ではない、美はただ乱調にある、階調は偽りである。美はただ乱調にある。今や生の拡充はただ反逆によってのみ達せられる。新生活の創造、新社会の創造はただ反逆によるのみである。」(鎌田慧編著『大杉榮語録』岩波現代文庫) なかなか切れ味がいいことを書いているんです。「征服」は、強権、支配の意味でしょう。つぎの文章なんかも、全くそうだと思うんです。

「運動には方向ある。しかしいわゆる最後の目的はない。一運動の理想はそのいわゆる最後の目的の中に自らを見出すものではない。理想は常にその運動と伴い、その運動と共に進んで行く。理想が運動の前方にあるのではない。運動そのものの中にあるのだ。運動そのものの中に形を刻んでいくのだ。」(前掲書)

つまり理想というのは、いま運動しているずっと向こうにあるんじゃなくて、運動の中になければならないということを言っているんですね。だいたい今までの運動というのは、今どんなことがあっても、どんなにひどいことになっていても、将来は明るいんだから、将来のために今は我慢しようとか、手段が悪くても目的のためにはいいとかいって、目的の向こうに理想を置いていたんですけど、およそ九〇年前に、運動の中に理想がなければいけないということを明確に言っていたのです。これは今までの左翼運動がもっていた退廃と全く違う考えだというふうに、わたしは評価しています。つまり、やっている運動のなかにきちんと理想をつらぬいていなければならないということですね。

そういうふうに、大杉栄はフランスの社会運動と社会主義の影響を受けて、自己形成したんですね。先ほど三浦さんが紹介されたように、ファーブルの『昆虫記』だとか、ロマン・ロランの『民衆芸術論』だとか、あとフランスの小説なんかもけっこう訳しています。彼はゴーリキーなどロシアの小説も読んでいたと思いますけど、フランス文化の影響を色濃く受けています。社会主義というのはフランスの社会学から発生したんだと思うのですが、マルキシズムはドイツの哲学とイギリスの経済学とフランスの社会学がミックスされたんだ、と若い頃読んだ記憶があります。

フランスの社会学の中から彼はその反抗の精神を学んだ。そのフランスに行って逮捕されて、これはすごいパラドクスなんですけれども、それで刑務所に入れられ、国外へ追放されたら、日本に大地震が待っていて、そのどさくさにまぎれて惨殺される。軍隊のテロとしての虐殺なんです。どうして虐殺されたんだろうということなんですけれども、わたしは、軍隊に対する批判が強烈だったからだと思います。つまり親戚にも軍人が多かったくせして、仲間もみんな軍隊、陸軍幼年学校の連中がずっと出世しているわけです。そういう身近な連中に対する批判でもあったわけです、彼の軍隊批判というのは。

九月一日に関東大震災が起こって、戒厳令を敷いているんですけれども、戒厳令をやった幹部たちは朝鮮総督府にいた連中なんですね。彼らは三・一事件(一九一九年三月一日、ソウルで起った反日独立運動)の大弾圧をして日本に帰って来ているんですね。朝鮮での弾圧と反撃される恐怖、差別・抑圧と恐怖は裏腹の関係にあるんですけれども、恐怖があああいう大虐殺をつくっていったんじゃないかと思います。それと大杉と軍人は身内の関係です。陸軍幼年学校から陸軍大学へ行った連中から見ると、大杉っていうのは裏切り者だったのでしょう。

もう一つ僕がこの本（『大杉榮―自由への疾走―』）で書いたのは、犯人は甘粕大尉ではないということです。甘粕大尉が大杉を逮捕して連行したのは間違いないのですが、殺した時にその現場にいたかどうかというのはよく分からないところがあるんですね。もっと軍隊総体として、つまり甘粕個人じゃなくて、陸軍憲兵隊総体として、彼にかかっていって殺しているというふうにわたしは考えているんです。殺す時の状況についての甘粕自供というのは、全然リアリティがないんですね。わたしは冤罪事件をいくつか書いているんですけれども、自供の中の矛盾とか、自供のリアリティのなさというのが、だいたい冤罪を証明する時に、問題になってくるんです。

甘粕の自供にはリアリティがないんです。だから甘粕は押し付けられたんですね。甘粕は三年で出所してフランスに留学しています。彼はフランス文化とはあまり合わなかったみたいで、あまり楽しくなかったらしい。それで中国の満映（満州映画協会）に行って、満映理事長に登りつめた時に敗戦になった。そして、服毒自殺しています。辞世の句というのがあって、「大博打　身ぐるみ脱いで　すってんてん」。なかなかさばけているところもあったんですね。

彼の書いた本を読むと、何かすごい冤罪に関心があるんです。言い含められて、罪を背負った。でも三人も殺していて禁固三年というのはあまりにも甘い。わたしは、死刑制度に反対ですから、死刑にしろとは言わないけれども、刑が軽すぎます。戦後でも一人殺すとだいたい死刑になっています。この時代に三人殺して、三年で出所して、フランスに留学させてもらえるなんてことはありえない。

わたしが言いたかったのは、大杉の人間の自由に対する希求の強さ、というようなものです。人間の存在をかけて彼は生きた。個人の自由をもとめ、閉塞社会を解放しようとして、軍隊に殺された。その生涯を今のような時代の中で、べつに軍隊に殺されるほど頑張る必要はないにしても、やっぱり一人一人が、まだまだ自分の主張を明確にして頑張る余地はあるんじゃないのか、そういうところを言いたかったのです。

時間ですので、この辺で。ご質問を受けたいと思いますが、いかがでしょうか。

【質疑応答】

［質問①］　アナーキズム運動の人名辞典の編集に関わっている者ですが、その関係で、大杉栄と東アジア地域のアナキストとの関連を調べて、僕自身も運動に関わっているもので学者でもなんでもないんですが、そういう視点から、鎌田さんの本も雑誌連載時から読ませていただきました。たまたま僕は八六年にパリの国際アナキスト連盟が久々に開かれた時に、フィリップという日仏会館に昔住んでいた人と行って、そこでディディエ・ロワという鎌田さんの本のあとがきにも出ているカメラマンでアナキストに出会って、彼がしばらくして僕の東京の家に泊まって、大杉の娘さんの菅沼幸子さんなんかにも鎌倉でひきあわせたということもあって、鎌田さんの本には連載時から非常に注目して読んでいました。

それでもなお若干不満もありまして、実は大杉栄が東京に戻ってきて、これにはいくつか当時の運動者の証言で出てますが、アナキストの連盟を、どういう形か分からないんですがアナルコ・サンディカリズムから離れて、もう少し違う形で作ろうとしていたという記述があるんですね。それともう一つは、二三年のメーデーの前にリヨンで中国人アナキストと交流していた時に、伊藤野枝宛てに手紙で書いているんですが、中国人のアナキストと一緒にいろいろと相談して、伏字になっているんで人によって分析の仕方が違うんですが、東アジア地域での、ヨーロッパはヨーロッパでいろいろな国際アナキスト連盟というのを模索していて、ベルリンのは結局開かれなかったんですが、アジア地域での連盟を作ろうという読み込みの仕方を大沢正道さんもなさっています。それが一つ僕個人では引っ掛かってまして、その後、一九二八年に上海で東方無政府主義者連盟、一時的な組織なんですが、コミンテルンと違って、一国一つの共産党が代表して集まるんじゃなくて、個人個人のアナキストが中国や朝鮮や日本からも参加しているんですが、僕自身はそこをもう少し深めて学びたいと思っているんですが、鎌田さんの本だと、パリから戻った後が、岩波の編集者が資料を探せなかったのかどうか分かりませんが、ちょっと端折って書かれているような感じがして非常に残念であるということがあります。

もう一つは、大杉は二〇年にコミンテルンの会議で、正式な会議ではないと思いますが、たしか馬という人と会って、それは宮本さんの本で断定しているようですが、僕はたまたま警備警察の一次資料を目にしたところ、宮本さんは一次資料を完全に読んでないいんじゃないかという気がしました。もう一人、イーマーリンという人の可能性があるんじゃないかと、チューリンだったかな。宮本さんの方は、もう一人の方と断定していますが、僕は断定には早い気がしました。鎌田さん自身は刑法局の作られた一次資料を全文お読みになったのかどうか確認したいんですけれども、以上、非常に細かい点で恐縮ですが、答えられる範囲で答えていただけると嬉しいです。

［鎌田］　中国との関係については、『近代中国の革命幻想』を書かれた静岡大学の嵯峨隆さんに教えてもらえばかなり出てくると思います。刑法局の資料は僕の方で人名などを書いた資料は全部持っています。でも、読んでるといったって、博覧強記ではないから、見落としているところはあるでしょうから、その馬のところは、宮本正男さんの、「煙」という雑誌に書いてた論文に依拠しているんで、他の馬さんがいたというのは分からなかったですね。そこまでは僕の本ではやってなかったんで。

それから別に岩波が資料を全部準備したわけではなくて、僕がひとりで集めているのです。古本屋から図書館からすべて僕が集めているわけで、別に人が資料をくれてそれで書いているのではありません。そんな雑論文じゃないんです。

［質問②］　大杉がパリにいた頃はまだコミンテルンができて間もない頃で、要するに我々が言う硬直した運動というのは、いわゆるスターリニズムの運動で、当時の状況から見るとまだアナ・ボル論争（アナキスト対ボルシェビキ）なんてあって、そこら辺の思想的対立がもっと賑やかな百家争鳴な形であったと思うんです。だから、我々が硬直したマルクス主義とか共産主義とか見ている時には、スターリン主義の運動を基軸として見ているけれども、当時はまだスターリン自身も権力を持っていないし、ドイツ革命が起こるんじゃないかという状況です。そういう中で大杉栄を捉えていかないと、今の軸で捉えていっちゃうとそれはまた違うんじゃないかなと私は思うんですが。

［鎌田］　ただ、大杉がどうしてソ連を批判するようになったかというと、革命後のアナキストに対する弾圧を彼はいち早く知って、それによって権力を判断していた。そういう時に日本ではまだ牧歌的にアナ・ボル論争であったわけでしょうが、ロシアではもうすでにアナキストは、徹底的に弾圧されていた。そういう状況から彼は批判的になったわけです。一九一七年の革命ののあと、二一年のNEP（新経済政策）までまだ四年ぐらいありますから、その間に官僚化というものは進んでいたのでしょう。大杉は二〇年にコミンテルンの上海での会合に出席していて、その中でやっぱり違和感を強く感じていたわけです。

たしかに、そのころはまだ、明確な形でスターリン主義というものは現れていなかったでしょうけど、もうレーニンは死んでいるわけです。レーニンが死んでからすぐスターリン主義が始まったというんじゃなくて、ロシア革命の始まりの歴史の中に、やっぱりいろんな官僚主義があったんじゃないかと考えないといけないんじゃないか。つまりスターリン時代が始まってから、スターリン主義が完成したというのは極めて簡単で分かりやすいけれども、その前からアナキストの運動の弾圧とか、国内でのいろんな運動への弾圧とかが始まっていた。そういうふうに考えると、その後の退廃を理解できます。大杉たちはそれを見透していたのでしょう。

［質問③］　もう一つは、革命の後どういう社会を作るかという問題の、その違いのところもはっきり対比させて考えていかなきゃいけないと思んですね。だから、運動の中にどういう社会を描いていくかというところがなきゃいけないし、もう一つは干渉戦争という中での革命の擁護という問題もあります。だから理想と現実のギャップの問題もあったんじゃないか、だからその辺でアナキストの役割がどうだったのかという点。

それからもちろん革命そのものを全部それだからいいんだ、ということには批判的検討をしなくてはならないんだけれども、今はその辺のところが抜けちゃって、過渡期社会の問題をどうすべきかというところが抜けちゃったから今の退廃を招いているんじゃないかと僕は思っているんですが。

［鎌田］　まあそうですよね。でも、どうしてしかし、ああいう社会主義の理念が極めて現世政治的というか、官僚的になっていってしまったのか、というのはわたしたちの永遠のテーマだし、絶対的な権力は絶対的に退廃するという真理から逃げられない。大杉が喝破していた、運動の理想と現実政治の対立という問題もあります。どういう社会を作るかという構想力と組織の民主化。ああいう遅れたロシアから始まった革命ですから、そんな長期の構想力もやっぱり持ちえなかったのでしょう。あなたの御質問には、二〇世紀の革命運動論の総括のような講座を、何回かに分けてやっていくしかないですね。

［質問④］　実は私、新潟県の新発田で生まれ育ちまして、たまたま九月半ばに田舎に帰った時に、ちょうど九月一六日の大杉栄の虐殺を記念するということで映画会がありました。それで鎌田さんが講師で来られるということで、来てみました。この半月間ちょっとで、鎌田さんから大杉栄に関する話を聞くということが重なりましてね。これは何かの巡り合わせだなということが一つ。あと私も錬兵所のすぐそばで生まれ育ちまして、だから『自叙伝』を読んだ時、非常に身につまされました。しかも二〇歳前後の時期に、今絶版になったかと思いますが、中央公論社の『日本の名著』の中で大杉栄の一冊がありまして、その中の『自叙伝』とかさっきあった「兵士に与える」とか「兄弟に銃を向けるのか」とか、そういうことがちょうど反戦運動が盛んな頃だったんですね。私も学生の頃にそれをビラに作って貼ったような記憶を今思い出したんですけれども……。

で、ああいう軍隊の街でですね、大杉栄がなぜああいう思想になったのか、さっきのお話ではフランスの翻訳に接した中で育まれたんじゃないかということでしたが、その辺をもう一度鎌田さんなりのご理解を教えていただきたいと思います。

［鎌田］　まあ反軍の思想というのは、彼自身の幼年学校が本当に窮屈で、旧弊で自由のない生活であって、それに対する反抗、――結局、彼は懲罰を受けて退学するんですけれども――そういう反逆と、フランス・アナキストの「誰に銃を向けるのか」というフランス語の論文を真っ先に翻訳しているとか、そういう軍隊を客観的に対象化していく作業が影響しているでしょう。自分の体験と軍隊に対する理論的な認識の両方が、彼を形成していったんだと思うんです。

今こそまさに軍隊に対する批判というのは、明確にすべきだ、とわたしは思っています。日本は「国際紛争を武力で解決しない」とあれだけ固く誓っていたんだけれども、今はずるずると、もう出兵して発砲も許すということになりそうです。自衛隊が外国に駐留するということも許される、本当の軍隊として復活しそうで（このあと、有事立法とイラク派遣法にイラク復興特別措置法が成立）、わたしは、戦後世代なんですけれども、わたしたちが考えてきたのは、武力で、暴力で問題を解決することではなかったはずです。日本の平和思想を広めていく、世界の平和を平和憲法で作っていく、そういうことを考えていたのが今完全に逆転してきているんです。

日本のマスコミは、軍隊そのものの批判というのはしないのです。例えば沖縄であれだけアメリカ軍による被害が起こっていながら、なおかつアメリカの軍を支援して日本の軍隊が出て行くというのは、沖縄の人がどう考えるかということですね、つまりアメリカ軍隊によってあれだけ被害を受けている沖縄と、そのアメリカの軍隊に従属して一緒に行動していく日本の自衛隊の関係を、沖縄からどうやって決着をつけるというのか。そういう問題もあるんです。自衛隊の存在というのは、果たして日本の人々にとってプラスになるのかということです。

ただマスコミの論調というのは、ほとんどそういう議論がなくなっちゃったですね。国際平和のために、国益のために今出て行かなければならない、とそう論ずる人を紙面に登場させることが多くなっています。この間、テレビのサンデーモーニングに石原慎太郎が出たのを見ていたら、どんどん行けということを彼が言っています。彼は人間が死ぬってことについて全然考えていない。殺したり、殺されたりするのを合法化するのが戦争ですが、石原や小泉の思想を批判する論調がもっと扱われるべきでしょう。軍隊に対する根底的な批判というのが日本国憲法にあるわけです。もっと知恵を出して、権力の横暴に抵抗していく必要があると考えています。

［司会］　そろそろ時間です。今日は大杉栄の自由への志ということが、今の討論の中でアクチュアリティの問題ともからめて浮き彫りになったかと思います。鎌田さんどうもありがとうございました。

九鬼周造——孤高の詩人哲学者

坂部　恵

［司会（三浦）］　シリーズ「両大戦間のパリの日本人」、今日は哲学者の九鬼周造、講師は坂部恵先生です。

坂部先生は東大文学部で長く哲学を教えられた後、桜美林大学の教授をつとめられております。坂部先生というと、何と言ってもカント学者というレッテルがすぐ思い浮かぶわけですが、御著書をご紹介させていただきますと、『仮面の解釈学』（東京大学出版会、一九七六）、それからもちろんカントについての著作が何点もございますが、特に講談社の学術文庫に最近入りました『カント』（二〇〇一）があります。また、和辻哲郎についての著書があり、これも最近、岩波現代文庫に入っております。そして今日お話しいただく九鬼周造については、残念ながら品切れかもしれませんが、『不在の歌—九鬼周造の世界—』がTBSブリタニカから一九八九年に出ています。もっと最近では『〈ふるまい〉の詩学』（岩波書店、一九九七）とか、『ヨーロッパ精神史入門』（岩波書店、一九九七）など、たいへん守備範囲が広くいらっしゃいまして、カント学者ですがドイツ哲学とフランス哲学の両方、どちらに比重があるのかよく分かりませんが――私は昔、ジル・ドゥルーズの『意味の論理学』について書かれた論文などたいへん感銘して読んだ記憶があります――ドイツとフランス両方の哲学に通じていらして、しかも和辻哲郎や九鬼周造について御著書があることからも明らかなように、日本の哲学や思想史についてもお詳しく、ヨーロッパ系の哲学研究者といいますとかなり言葉が固くなりますが、坂部先生の書かれたものは、例えば仮面を語る場合に「おもて」という言葉を使ったり、「語り」とか「ふるまい」とか「触れる」とか柔かい和語を一つの取っ掛かりにして思索を展開される。そういう意味で『「いき」の構造』を書いた九鬼周造について語るのに最適の方というふうに思います。では、坂部先生お願いします。

はじめに

ただいまご紹介いただきました坂部でございます。今、三浦さんから懇切な紹介をいただきましたが、私も自分の仕事の上で大和言葉とか日本語でものを考える、場合によると日本語について考えるような仕事の先輩として九鬼周造（一八八八―一九四一）と、それから彼と大学時代に同級生で親しかった和辻哲郎（一八八九―一九六〇）の二人については、日本の哲学者の先輩の中ではとりわけ以前から親しみを感じて、直接習ったことはないんですが、自分の師、先生と感じている人達です。

今日はこういう機会を与えていただいて、「両大戦間のパリの日本人」ということでお話しさせていただけるということで大変光栄に思います。それで、できるだけ九鬼周造について多面的にお話ししようと思って、いろいろ材料は用意してまいりましたが、時間の関係もありますから、できるだけ要領良くお話を進めたいと思います。

最初にハンドアウトとして九鬼周造の略年譜をコピーしていただいてお手元にお持ちのことと思います。ちょうど見開きのページで出ておりますので、参照していただくのに手頃かと思ってコピーしてお配りいたしました。これは京都の燈影舎という出版社から、狭い意味での京都学派ではなくて、京都大学に関係した哲学者のものをシリーズとして出しています。その中の一冊で『九鬼周造』は、九鬼周造の主著であります『偶然性の問題』と『文芸論』の一部の抜粋という形で一冊を編集して、そして私が解説を書きました。二〇〇〇年四月に出ています。この書物から、ちょうど見開きの略年譜がありましたので、コピーしてお配りしました。

それからもう一つ忘れないうちに、ごく最近、二〇〇一年九月二五日に、ちょうど九鬼周造に関心を持たれる方に今までなかった絶好の選集が出ました。これは『九鬼周造エッセンス――戦後日本思想の原点』という題が付いて、田中久文さんという日本大学で日本思想史を専門にしてらっしゃる方が編集されまして、出版社はこぶし書房、こぶし文庫という名前で出ています。ご関心がおありの向きはごらんになるとよろしいかと思います。

九鬼周造（毎日新聞社提供）

本題に早速入りたいと思いますが、今日は、九鬼周造について五部構成でお話しするつもりであります。まず九鬼周造という人について、それから両大戦間のパリという時代背景について、とりわけ哲学と関わることどもについて第一部でお話しして、それから第二部ではとりわけ九鬼周造のパリ滞在中の仕事・作品、『巴里心景』などを取り上げようとおもいます。

第三部では三浦さんのご紹介にもございました、九鬼周造の主著ともみなされ、一番よく知られている『「いき」の構造』についてひとわたり話ししてみたいと思います。

第四部では『偶然性の問題』という一番難しい哲学的な書物、それからさきほど『文芸論』というのがありましたがその中にある「日本詩の押韻」などについてごく手短にお話ししたいと思います。

それからもし時間が許せば第五部として九鬼周造の父親との関係、それからとりわけ母親との関係についてお話しします。母親波津子と岡倉天心（一八六二—一九一三）の不義の恋愛をめぐることどもが周造の幼年時代のトラウマとなって、後の思想形成に微妙な影を落とします。周造は時にたわむれに自分は天心の隠し子かもしれないよ、と言っていたそうですが、いずれにせよ天心が周造の精神上の父親の位置に立つような関係も見られるのです。大人になっても、周造は天心のことを大変尊敬していて、天心の英文の著作、『茶の本』であるとか『東洋の理想』を自分がパリに居た時に原文で読んで深く感激した、そしてたびたび西洋人への贈り物にしたというようなことを書いております。そういうわけで、精神上の父親ともいえる岡倉天心との関係は、九鬼周造にとって彼自身の魂の中にまで、彼の考え方の根本のところまで沁み込んでいる。そういう影響関係だと思います。それだけでお話しすると、一回の講演全部でも足りないぐらいになりますので、父親との関係、母親との関係、天心との関係については、今日は一言触れる程度にさせていただくことになろうかと思います。

一　九鬼周造――人と時代背景

第一部は九鬼周造という人物について、そして時代背景についてイントロダクション的なことをお話しします。

九鬼周造は、お配りいたしました年譜を見ていただければ分かります通り、一八八八年（明治二一年）というちょうど帝国憲法が発布されて、帝国議会が開設されるというその前夜の時点に生まれています。亡くなったのが割合早くて、消化器の癌だと思いますけれども、一九四一年。一九四一年の年譜の真ん中へんのところに五月六日に逝去と書いてあります。一九四一年ですから、五三歳ですね、割に短い一生だったので、九鬼周造のように非常にノーブルでエレガントな人の場合にはまさに五三歳といっても才子薄命という言葉がすぐ思い浮かぶ、そういう人です。

年譜の最初に、一八八八年二月一五日に男爵九鬼隆一の三男として生まれる、とあります。生まれは東京市中、山の手の中心。江戸っ子ならぬ東京っ子ですね。正確に言うと父の隆一が男爵になったのは、九鬼周造が八歳ぐらいの時ですから、まだこの時点では男爵ではなかった。父の隆一という人は、先ほどちょっとお話ししました岡倉天心のことなどを調べておりますとすぐに名が出てくる。明治期の高級文部官僚ですね。駐米特命全権公使というようなことをしたり、あるいは帝国博物館総長とか、あるいは貴族院議員とか枢密顧問官とかそういう高級官僚としてのキャリアを歴任した人です。明治時代の文部・文化行政などを調べておりますとかならず出てくる名前です。日本の歴史でいえば、日本の帝国憲法が出たり議会が開設された前夜と申しましたが、この一八八八年前後、とりわけ翌年の八九年は、世界的に見て重要な哲学者や思想家が続々と生まれた年です。ハイデガー、ヴィトゲンシュタイン、あるいはフランスではガブリエル・マルセルが一八八九年に生まれています。歴史家として有名なトインビーも同じ年ですね。ついでに申しますと、あのアドルフ・ヒトラーも同じ年の生まれです。この中で九鬼周造ととりわけ関係が深いのは、後ほどお話ししようと思いますがハイデガーです。

ハイデガーのもとには一九二七年から二八年にかけてハイデガーの講義・演習に勤勉に出席していました。二七、二八年というとハイデガーの有名な『存在と時間』という二〇世紀哲学の古典の一つが公にされたのが一九二七年ですね。ですから、まだハイデガーの哲学が形成途上にあるというか、ちょうど出来上がったその一番旬のところに九鬼周造は行き合わせたわけです。ハイデガーのほうも非常に九鬼周造のことを尊敬していて、戦後に出しました『言葉への途上』という、ハイデガーの言語についての考察をまとめた論集がありますが、その中に「ある日本の学者との対話」という一文があり、そこで実際にハイデガーを戦後間もなく訪ねた東大独文の手塚富雄先生が九鬼周造の思い出話などを聞き、ハイデガーが九鬼のことを非常に大事に語り、九鬼が「いき」について話したというようなことも回想して語ったありさまが描かれています。

ハイデガーと九鬼は同年、正確に言うと九鬼周造が一歳上ですが、九鬼は大変ノーブルで、ドイツなどにいてもバロン九鬼と呼ばれてホテルのフロントなどでも全然待遇がちがったなどということが言われていますが、そんなことでハイデガーも一目おいていたんでしょう。ハイデガーと対話した、ということが戦後になって公にされて、九鬼周造の名前は日本よりヨーロッパの方でよく知られている感じがすることがあります。ドイツとかフランスで話をします時に、あのハイデガーが『言葉への途上』の対話で触れている九鬼と言うと、皆うんと頷くので、ハイデガーのおかげで九鬼という名前はとりわけ知られているのかと思いますが。

さて、今一八八九年生まれの人に二〇世紀を代表するような哲学者・思想家が多いという話をしました。これもおもしろいもので、そうした代表的な思想家というのは、ぱらぱら出るのではなくて、とんとまとまって出る。というのはどういうことかと言いますと、具体的に八九年の前は一八五九年という年です。私は二年ぐらい前に、『フランス哲学・思想辞典』というのを弘文堂から何人かの仲間と編集して出しました。私はそこで二〇世紀のイントロダクションを、この八九年生まれの世代と五九年生まれの世代をめどとしてまとめて書いたことがあります。一八五九年生まれというと、ここのお話との関連でいうとまずベルクソン。このベルクソンに、九鬼はパリ滞在中に間をへだてて実際に二度会っています。晩年とまでは行きませんが、病気がちだったのに特別に会ってくれた、というようなことを随筆に書いています。一八五九年は、フランスでいうと、それからジャネ。ジャネは精神医学者と分類されるかもしれませんが、広い意味の哲学者としてフランスのこの時代を代表する人と言っていいでしょう。それから社会学で有名なデュルケーム、この三人が五九年の世代になるんですね。

それからドイツでは、現象学者のフッサール。ハイデガーの先生になりますけれどもこれが五九年です。それから、アメリカのデューイとか、あるいはスイスの言語学のソシュールですとか、そういう人たちが五九年に生まれています。

この五九年生まれと八九年生まれがどうしてこんなに突出するのか、ということを考えてみますと、もちろん個人の才能ということがありましょうけれども、それだけではなくて、五九年生まれというのは大体二〇世紀の境目の所、一九〇〇年の所でちょうど四〇歳ですね、その辺で非常にいい仕事をする。ベルクソン、ジャネ、デュルケーム、みんな二〇世紀になる前から仕事をしていますけれども、円熟期を迎えるのはちょうど二〇世紀の境目ぐらいのところ、そういうことでやはり同時代の動向がいろいろと作用してこういう天才たちが育ってきたんだと思います。

それと比べて、八九年（明治二二年）生まれの世代がどういう境遇で育って仕事をしたかと言いますと、共通体験として一九一四年の第一次大戦があります。第一次大戦を二〇代半ばで迎えるわけですね。第一次世界大戦は、言うまでもないと思いますが、特に直接戦場となったヨーロッパのドイツとかフランスとかの人たちにとって、本当に驚天動地の大きなショックであったわけです。この世代の人たちはハイデガーにしろヴィトゲンシュタインにしろ第一次大戦が終わった直後、一九二〇年代の初めくらいからそろそろ独自の活躍を始めます。そしてこれからが両大戦間の話になりますが、この人たちが両大戦間の新しい思想のチャンピオンになるわけです。哲学で言えば実存哲学とか、あるいは論理実証主義であるとか、それ以前、第一次大戦前にはなかった新しい動向が出てくるし、もちろん芸術の領域ではダダとかシュルレアリスムというような非常に新鮮な活動が活発に行われるようになる。そういった活動をになった人たちの世代が、一八八九年世代だったわけですね。

ちょっと回り道しましたけれども、九鬼周造もやはり一八八八年生まれという、日本が法的・制度的にも経済的・軍事的にもようやく近代国家としての形を整えて行くことを背景にして、いわばリアルタイムでヨーロッパの同世代の動きの影響を受けて行く。それで、ハイデガーのところで学んで実存哲学の日本で最初の紹介者になったり、それからそもそも九鬼周造というのは言語感覚のいい人だったので、「実存」という訳語も九鬼周造が作ったものです。それからちょっとこれは専門的な話になりますけれども、カント哲学のキーワードのひとつとして「トランサンダンタル」、ドイツ語で「トランスツェンデンタル」という言葉がありますが、これを九鬼より前は「先験的」と訳していたんですけれども、九鬼周造がこの訳語は正確にいうと原意にそぐわないとして、「超越論的」という訳語を提唱した。それ以後日本でも、時代が下るにつれて、「超越論的」という訳がむしろスタンダードとして使われています。ということで、九鬼周造が一八八八年生まれの世代として同世代のハイデガーに共感をもって紹介する、あるいは一つ上の五九年世代のベルクソンに対しては非常に深く尊敬の念を抱いて会いにいったりして、ヴァレリーほどではないにしても、いろいろな形でベルクソンの影響を受けていると私は思います。そういう形で、九鬼周造は、同時代のヨーロッパの動向を本当に肌で知って、それを自分の仕事のなかに生かしていく、いわば自分の呼吸のなかに生かしていくレベルに達するわけです。

九鬼周造は東京大学で哲学を勉強するわけですが、その時の同級生が和辻哲郎と岩下壮一。岩下壮一は後にカトリックの神父さんになった人ですけれども、元々は東京大学に中世哲学の講座を作ろうとして、そのためにフランスへ派遣された人でした。ところがフランスへ行っていろいろ生活しているうちに、年輩の修道女で、スピリチュアリテ、霊性の深い方に出会って、司祭の道を選び、その後、神山復生病院という静岡県のハンセン氏病の病院の院長を勤めて、その間に中世哲学について日本では先駆的な著作をいくつか書きます。過労がたたったのでしょう、九鬼周造よりも一年前に一九四〇年に若くして亡くなっています。

和辻哲郎については『古寺巡礼』だとか『風土』とか『鎖国』とか、有名なロングセラーになるような本がいくつもあって、ご存知の方が多いと思いますから、くわしいことは申しません。和辻哲郎、岩下壮一、九鬼周造の三人が同級生であったわけですが、その三人とも学生時代に影響を受けた先生がラファエル・ケーベル。ケーベルの名前は割に有名ですからお聞きになった方が多いと思いますが、元々はロシア生まれで音楽を学び、チャイコフスキーと友人だった人です。人前で演奏するのに気遅れするたちなので、ドイツに行って哲学を勉強し、日本の東京大学にお雇い外人教師として来た。そのケーベルがヨーロッパの哲学をやるのなら、新しい流行を追っかけることはいくらでもできるから、そんなことを専門にしてはいけない、きちんとギリシア・ローマの哲学とか、中世の哲学とか古典的なものをやりなさい、と徹底的に叩き込んだ。ケーベルが日本の哲学の土壌を培った功績は大変大きいものだと私は思います。

このケーベルとか、それから、日仏会館とも関係があって、仏文関係の方はよくご存知だと思いますが、この同時代、ケーベルの友人だったエミール・エックというフランス人のカトリックの司祭がいます。東京大学の仏文科の創設に関わり、暁星中学校の校長を勤めたという人物です。八八年、八九年生まれの世代にとっては、エックとかケーベルのような、非常に良質な外人教師がおり、西洋の文化の根の部分をしっかり伝えた、このことが、九鬼周造とか和辻哲郎とか岩下壮一とか、まだ歴史の浅い日本の哲学の第一世代の仕事を非常に質の高いものにするうえで大きな功績があったと思います。

バックグラウンドの話がすこし長くなりましたが、九鬼周造がパリに滞在したのは、この年譜ではちょっと端折ってありますが、正確に言うとまずドイツに行って、それからフランスに行って、またもう一度とんぼ返りをしてドイツへ一年とすこし行き、そこでさきほど言ったハイデガーに学ぶ、ということになります。足掛け九年間自分はヨーロッパに行ったというか居たということを後にも書いていますが、一九二一年に出発して、一九二九年、これは本当に、船に乗ったのは前の年の暮れだから、二九年まで数えるのはどうかと思いますけれども、ともあれ一月早々に日本に帰って来たというわけです。

九鬼周造ほど語学の才能に恵まれていた人は、私の知る限りで、日本の哲学の先輩たちには他にほとんどいないんじゃないかと思います。それからまた、足掛け九年もヨーロッパに行っていたというのもこれはやはり他にほとんど例がない。文学者、文学研究者などではおられることかと思いますが、哲学の領域に関してはまれなことです。

一九二一年から二九年というこの足掛け九年に及ぶ九鬼周造のヨーロッパ滞在ですが、パリは二四年から二八年までの大体四年間くらい、その間にちょっとまたドイツに出かけているので、中身は四年にちょっと足りないと思いますが、三年あまりパリに居たわけです。

この時代をちょっと思い出していただきますと、二四年から二八年パリ滞在の時代、あるいはヨーロッパ全部の滞在を含めて二一年から二九年の時代は、文字通り両大戦間のパリ、両大戦間のヨーロッパで暗雲が漂い始める前ですね。先ほど言いました八九年生まれのヒトラーが政権を取るのが三三年ですから、まだナチスも台頭していない。隣国のドイツはいわゆるワイマール体制がともかくもまだ保たれていました。そういう意味で、インフレがひどかったりといろんなことはあったけれども、薄日のさす良い時代だったわけです。

それからパリですが、第一次大戦のショックはもちろんこちらの方は少ないですから、なおさら良い時代で、第三共和制の中で、第一次大戦を乗り切ってその後もフランスの挙国一致体制、ある意味で古き良き時代をリードするのが大統領であり後に首相になるポアンカレです。ポアンカレという名前を申し上げるとアンリ・ポアンカレという数学者・物理学者で、科学の啓蒙についても第一級の書物を書いているあのポアンカレのことを思い出される方も多いでしょうが、こちらのポアンカレはレイモン・ニコラ・ランドリー、縮めてレイモン・ポアンカレで、時に混同されている方がありますけれども、あのアンリ・ポアンカレとは別人で、といっても従弟にあたります。

ちなみにアンリ・ポアンカレは先ほどの五九年世代のちょっと先輩だけれども、それに含めてもいいでしょう。一八五四年生まれです。その従弟の大政治家のレイモン・ニコラの方は六〇年生まれ、四歳年下ということになります。そう考えますと、この当時の、一〇年代から二〇年代にかけてのフランスの政治をリードしていたのはやはり五九年世代に近い人ですね。ベルクソンとほとんど同じ年の政治家であったわけです。九鬼周造の書いたものの中では、アンリ・ポアンカレの方は当然出てきますが、私の知る限りではレイモン・ポアンカレの名前は出てきません。しかし、そうしたポアンカレの統治下にあるフランスの空気というものに、九鬼周造も当然触れて暮らし、仕事をしていたということになるでしょう。

それから、九鬼周造はこのパリに居た時代にサルトルと知り合ったということ、これは今では比較的よく知られていますし、二、三年前だったか、アメリカの人だと思いますが、英語で『九鬼周造とサルトル』という本を書いた人がいます。いろいろ資料にあたって書いたんだと思いますが、サルトルは一九〇五年生まれですから、九鬼周造からすれば一〇数歳年下、それでまたこの二〇年代の前半ぐらいに九鬼周造と出会ったということであれば、まだ日本で言えば学部の学生というところでしょうか、学部の学生か大学院に入りたての学生か、それぐらいのところですね。それでどうも、サルトルから周造はフランス語をブラッシュアップしてもらったんでしょうか、九鬼周造の方ではフッサールの現象学の話とか、ドイツ哲学の話とか、そういうことをいろいろサルトルに教えた、ということです。サルトルと接点があるんですけれども、そこで九鬼周造とサルトルの後の展開を比べてみた場合どこに共通点があってどこに違いがあるか、ということはこれはまたおもしろいことだと思いますが、今はあまり深入りする余裕がないので、それぐらいにしておきます。

無名時代のサルトルとの交流の後、先にもちょっと触れましたように、一九二七から二八年とハイデガーのところへ行って、ハイデガーのまだ本になっていない、第二次大戦後に本になるようなライプニッツの論理学とか、あるいはシェリングの『人間的自由の本質』についての演習とか、そういうハイデガーの力を入れた深い思索をその講義・演習に出席することで本当に身近に見知って帰ってくる。その結果ハイデガーの紹介を帰ってからいろいろしますけれども、それを見ても堂に入っているというか、十分回りの状況が分からない人がただその著書だけを読んで紹介するというような類の紹介とは全然違った、非常によくこなれた紹介をしています。

それからこれはちょっと私の思い入れが入りますが、この二四年から二八年までパリに居たその間に、ワルター・ベンヤミン（一八九二―一九四〇）も一時期重複してパリに滞在しています。ベンヤミンはむしろ一九七〇年代以降、あるいはもっと言えばソ連邦が崩壊した九〇年以後むしろ改めて活発に見直されるようになったドイツ生まれのユダヤ人思想家です。ベンヤミンはまたフランス・ファンで、ボードレール論を書いていたり、ボードレールやプルーストをドイツ語に訳したりしています。このベンヤミンが二六年から二七年とか、二九年とか三〇年、これはちょっと後になりますけれども、パリに滞在しています。細かいことを言いますと、一九二六年の三月から一〇月に九鬼と一緒にパリに居たということになります。九鬼周造とベンヤミンが会ったことがあるのかどうか、これはちょっとどこにも資料がありませんから分かりません。ベンヤミンは建て前はマルクス主義者ということになっていましたし、九鬼周造のようなノーブルな人とはちょっと住む世界が違ったかもしれないから接点はなかったかもしれません。

今日これ以上ベンヤミンの話をする時間はありませんし、今日のお話の主題からいってもしませんが、ベンヤミンの考え方には九鬼と意外に近いところがあると私は思っています。同じ時代の空気を、まさに両大戦間のポアンカレ支配下のパリに生きているわけですし、それからまた九鬼もベンヤミンもどちらもボードレリアンで、非常にボードレールが好きで、ボードレールから影響を受けている、ということだけとってもある資質の近さがあると思います。ちなみにベンヤミンは一八九二年の生まれですから、ほぼ同世代ですね。今、我々の時代から、二一世紀になったところで振り返ってみますと、九鬼周造とベンヤミンが実は非常に近い、どちらも非常に詩人肌の資質を持った思索者だったということで、またそういう角度から見直してみるのもおもしろいだろう、と私は思っています。

ということで、九鬼周造は、フランスの現代哲学の日本への最初の本格的な導入者となりました。日本では明治のある時期以後、何といってもドイツ哲学がドミナントで、フランス哲学はその前から多少の先駆的な紹介がなくはないのですが、本格的に日本へフランス哲学を持ってきたのは九鬼周造です。

九鬼周造の教え子の中に、阪大の澤潟久敬先生、あるいは京大におられた野田又夫先生、このお二人が九鬼周造の高弟だったわけです。それで、このお二人が日本にフランス哲学を根付かせることに、この澤潟先生なんかは特にベルクソンを日本に根付かせることに非常に大きな役割を果たされました。

これも余計なことかもしれませんが、今でもフランス哲学の研究は西高東低というか関西の方が質量ともにいい、というような状況が今もって続いています。これはやはり九鬼周造が京都大学にいたということが決定的に大きいと私は思います。それに対してちょっと残念なのは岩下壮一という同級生がフランスへ勉強に行って、中世哲学の講座を開く予定だったんでしょうが、東京大学ではそれっきり中世哲学の講座は開かれずじまいで、今でも中世専門の先生はいません。その辺りのところで、私の個人的な気持ちとしては岩下壮一が神父になってしまわないで、中世哲学とかフランス哲学とかを東京で教えてくださったら随分ちがったんじゃないかな、とすこし残念に思います。

九鬼周造は同級生に和辻哲郎、岩下壮一という二人の日本の哲学の黎明期、開拓時代の非常に優れた代表的な人物をもっていたわけですが、その和辻哲郎や岩下壮一の考え方と九鬼周造の考え方や仕事には、いろいろ共通点があります。和辻哲郎は先ほど言いましたように、大和言葉とは限りませんけれども日本語を非常に上手に使って自分の思索を進めた。この辺りも、間接に言えばこれはハイデガーのインパクト、ハイデガーが言葉をじっくり考えるお手本を示した、ハイデガーがドイツ語でやったことをじゃあ日本語でやってみよう、ということをあの時代にやったということはすごいと思います。九鬼周造も和辻哲郎もどちらもハイデガーを受け取って、普通ならば順序としてそれを日本語に訳して日本に紹介することになるところだけれども、それをむしろダイレクトに自分の国の言葉による思索に適用したというのはすごいことだと思います。九鬼の場合はそのことよりも、その人物に際だった特徴が光っています。九鬼周造という人物は、この人のライフスタイルというか考え方のスタイルがもちろん密接に関係していることですが、それを理解しようと思うと、その同時代あるいは前後の同業の哲学者たちと比べたのではちょっとまだ足りないところがある。どういうふうに足りないかと言うと、やはりそれは彼が文学者的な資質を色濃くもっており、それに加えて足掛け九年間もヨーロッパに住みついて、異文化の中から日本の文化を見るんですね、日本の文化をもうほとんど一つの異文化として見る、そういう目を持ち得た人であることによります。

『「いき」の構造』（岩波書店、一九三〇）という書物のもととなる「「いき」の本質」と題され、これも全集に入って、最近出た田中久文さんの『九鬼周造エッセンス』（こぶし文庫、二〇〇一）にも収録してある草稿・予備原稿があります。重要な部分はすでにかなりそこでできあがっているんですが、それはパリ滞在の終わり近くに、パリで書かれたものですね。次の『「いき」の構造』の話を先取りする形になりますが、『「いき」の構造』というのは一種の望郷の書であると考えます。そんなことで、日本文化を異文化として見るという、少し行き過ぎれば、正常と異常の境目まで行くようなセンスにおいて私は九鬼周造は、折口信夫ですね、少し意外と思われるかもしれませんが、あの釋迢空、折口信夫の『古代研究』などの、日本文化を一つの異文化として見る感覚と通底するものを持っていると思います。ちなみに折口信夫は一八八七年生まれで、九鬼より一年前、全く同世代ですね。

それから、ボードレリアンということから見れば、萩原朔太郎に意外に近いところがあります。ちなみに萩原朔太郎は一八八六年生まれ。萩原朔太郎、折口信夫、九鬼周造というふうに並べて見ますと、一年ずつを隔てて同世代生まれで、しかも仕事としては非常に近い資質を示している。それから、九鬼周造も多分に好きだったようですが永井荷風ですね。荷風は一九七九年生まれで一〇年上になりますが、永井荷風のあのボードレール風というのかあるいは江戸風というのか、それが重なった荷風流のデカダンスですね、ああいう世界と九鬼周造の世界は深く通じあうものを持っています。

そういう連関でいうと、この連続講座の第一回で扱われた大杉栄とか、あるいは大杉栄と近かった辻潤などのアナキストがいます。大杉栄は一八八五年生まれですし、辻潤は八四年生まれで、皆九鬼の同世代です。九鬼はアナキストではありませんけれども、ただ何というか、岡倉天心を期せずして受け継いだ個人主義者、集団的なものを重んじる日本人には珍しい徹底した個人主義者、いい意味での個人主義者でした。

二　九年間のヨーロッパ滞在

次に第二部に入ります。九鬼周造が足掛け九年ヨーロッパに滞在したとくり返し申しましたが、その最初の滞在地は、ハイデルベルクでした。両大戦間期というと日本の哲学は先にもすこしお話ししたようにもうドイツ一辺倒ですから、ハイデルベルクには三木清とか、カント学者の天野貞祐とか、阿部次郎とか、それから大内兵衛とか、あの勇ましい羽仁五郎とか、そういう人たちがいっぱいいたんですね。それで、三木清が新入りで来たときに、羽仁五郎とか大内兵衛とかがハイデルベルクの川遊びに誘い出して、今や世界は変わりつつある、今や新しい時代が来て、マルクス主義の時代が来たんだから、お前もそういうことをやらなければいけない、と諄々と説いたとか、そんなエピソードが残っている頃ですが、そんな時代に九鬼周造もいます。その頃ハイデルベルクで撮った写真、三木清、羽仁五郎、大内兵衛、阿部次郎などと一緒に写っている写真をたしか竜野の文学館で見たことがあります。

しかし、九鬼周造は、リッケルトという当時の代表的な新カント学派の学者で、この頃のドイツで飛ぶ鳥も落とす勢いの代表的な学者ですけれども、その授業にはどうも飽き足らなかった。それで、一九二四年の秋にパリに行きます。そこで周造の仕事を見ていると、パリに来てにわかに水を得た魚のように生き生きと、詩も作りますし、短歌も作りますし、それから思索のノートも増えてくる、というようなことになります。その後、先ほどちょっと先回りしてお話ししたように、二七年から二八年とハイデガーのところに勉強に行く。というので、これはハイデガーの哲学が一番旬の時期というのか、ハイデガーが彼独自のものを本当に摑み始めた時期の授業に出る。ということで、哲学的思索全般の上でも、『「いき」の構造』の解釈学的現象学という方法論の上でも大きな影響を受けるということになります。それと亡くなってから本の形で公にされた『巴里心景』。パリ滞在中、与謝野晶子と鉄幹夫妻がやっていた『明星』に投稿して掲載されたものです。

時間がないところ恐縮なんですが、ちょっとエピソードをたまたま知る立場になったのでご紹介しておきます。それは一九八九年ですから今から一二年前ですが、先ほど三浦さんが紹介してくださった『不在の歌―九鬼周造の世界―』（TBSブリタニカ）という本を出しました。それで先にも触れた九鬼周造の高弟のお一人である野田又夫先生、京都大学の哲学の先生を存じ上げていたものですから、お送りしました。そうしましたら、長文の手紙でご返事を頂いて、そこで当然初めて知りましたし、野田先生もあまり人には言われなかったことなのかもしれないですが、「自分は弟子だったけれども、九鬼周造がこんなに詩とか歌を作っているということは迂闊にして知らなかった」、というのも学生の頃九鬼先生に「野田君は和歌とか詩など作るかね」と聞かれ、「お恥ずかしいけれど、高等学校の同人誌くらいでは少し書いたことがあります」とお答えして、「じゃあ、先生は？」と聞き返された。そしたら九鬼周造先生は、ただ手を振って「いや、私はそういうものは一切やらない」とおっしゃったので、それを真に受けていたけれどというようなお手紙を頂きました。九鬼周造という人は、書いたものもその才能と学識にしてはすくなめだと思うし、要するにモデストなんですね。あまりお喋りじゃない。非常に抑えて、普通の人ならばこの材料で百枚書くところを、九鬼さんは五枚で済ますとか、そんな感じの人なので、これもいかにもモデストでいいエピソードだなあと思って私は読みました。

先の『巴里心景』については、初版本で小島喜久雄の装丁とカットがついた非常にそれこそ粋な本があるんですが、ああいうのは近代文学館などが元通りの形で出してほしいと私は思っています。ともあれ『巴里心景』は、今では九鬼周造の全集とか、最近の田中久文さんの『九鬼周造エッセンス』にも一部抜粋ですが出ていますから、興味のある方はご覧になっていただければと思います。時間があればもうちょっとご紹介しようと思って用意してきたんですが、一つ二つご紹介すると、例えばその中にシェルツォ、スケルツォ（音楽用語の「諧謔」）と題した短歌の連作があります。そこに皮肉な歌がいっぱい入っている。例えば、

「普遍的」「客観的」といふ文字も今日は皮肉に黙礼をする

範疇にとらへがたかる己が身を我と嘆きて経つる幾とせ

というような一連の歌があります。これはやはりリッケルトの所で学んでいたカントには、どうも九鬼周造は満足しなかった。それでやはり、私が考えるに、この九鬼周造がパリに行って、にわかに水を得た魚のようになるのは、これは彼がカンティアンであるよりは、ボードレールとかマラルメとかそれから特にヴァレリーが非常に好きだったからだ。「日本詩の押韻」という先ほどご紹介した力作、非常に長いものですが、その中でも要所要所でヴァレリーの詩と詩論を引用しています。

その他に、パリの暮らしを楽しんだ歌とか、パリでの多くの女性との交流を歌った歌とか、なかなか粋なものがたくさんあります。今日ここにお集まりの方の中でも、フランス体験、パリ体験を長短にかかわらずお持ちの方が多いことと思いますが、そういう方はこの『巴里心景』を読んでくださるとよいと思います。歌としてはプロの歌人のものではないでしょうが、それでもパリで過ごした経験を持つ者にとっては、ちょっとじんと来るようないい歌がいくつかあります。ほんの一、二例をあげますと、

春のくれ青きセエヌを行く舟の遠き影にも咽ばんとする

ブロオニュの秋の木蔭のうすき日に落葉を聴きてドオデエを読む

三　『「いき」の構造』

つぎに第三部『「いき」の構造』について手短にお話しします。『「いき」の構造』に先立って、先ほども申しました「「いき」の本質」というパリ時代のノートが残されていて、これを見ると『「いき」の構造』として帰国後に出されるものの核心になる部分、今からお話しする「「いき」の内包的構造」という難しい名前で九鬼周造が扱っている部分は、パリ時代にすでに完成されていることがわかります。この『「いき」の構造』という書物は、先ほども申しましたように、一種の望郷の書であるように思います。それからついでに言ってしまいますと、父親が九鬼隆一ですね、母親は波津子。この波津子という人は、岡倉天心という強烈な個性に出会って、恋におちる。その結果、すでにお話ししましたように、波津子は悲惨な運命をたどり、天心はこの事件のために失脚して野に下り、日本美術院を旗揚げすることになる。この事件が幼い周造のトラウマとして後々まで残るゆえんについてもすでにすこしお話ししました。

まあそのようないろいろエピソードがある結び付きですが、その悲惨な運命をたどった母親に——当時はまだ生きていました——九鬼周造はその分だけ一層憧れてもおり、懐かしく思ってもいたわけです。

　母うへのめでたまいつる白茶色流行と聞くも憎からぬかな

という歌が『巴里心景』にあります。この「白茶色」というのが「「いき」の芸術的表現」という章でさり気なく出てくるんですね。そういうところを見るとこれはやはり望郷の書とただ一般に言うんじゃなくて、周造にとっては母親に対する一つのオマージュだった。そういう性質のある本です。ですから、先ほど言いましたように非常にモデストな人なので、ごく切り詰めた描写、叙述しかしていないんですが、実はその中にいろいろなものが込められている、そういうことがこの本の魅力の一面になって、読み継がれているという面もあるんじゃないかと思います。岩波文庫でも一定数出てるんだと思いますが、割と最近、九〇年代くらいになってから、その「いき」という美意識・倫理意識が見直されて、若い人たちの間で『「いき」の構造』を読むのが流行になったという話も聞いたことがあります。

『「いき」の構造』は、ご存知の方が多いと思いますが、「「いき」の内包的構造」、「「いき」の外延的構造」、「「いき」の自然的表現」、「「いき」の芸術的表現」と簡潔に四つの章から成っています。それで、何と言っても目玉になるのが、パリ時代にほぼ完成されていた「「いき」の内包的構造」。最初に置かれた章で、そこで九鬼周造は「いき」というものを実に見事に分析して、「いき」という現象がどういう契機（モメント）から成り立っているかを解明・叙述している。第一番目が媚態。異性に対して距離を取りながら媚びる媚態、それから二番目が意気地、意気地は今ではもう演歌でもあまり使わないでしょうが、意気地というのはいってみれば一種の突っ張り、それでも意地を張る、そういうものです。九鬼周造は意気地は自由の表現だと言ってますけれども、そこに個人主義もあるし、女性の意気地が主ですから、深読みすれば今のフェミニズムに通じるものもあるでしょう。三番目が諦めです。諦めないであんまりこだわる恋になってしまうとこれは野暮だということを繰り返し、九鬼周造は小唄だとか端唄とかの種類のものから引用しながら論を進めます。そして結論として、こういうところもうまいと思うんだけれども、「いき」というのは「垢抜けして〔諦め〕張りのある〔意気地〕色っぽさ〔媚態〕」。順序としては先ほど言った分析の順序とは逆になりますが、「垢抜けして張りのある色っぽさ」と「いき」を定義します。

さて、この『「いき」の構造』は、良く言うにしろ悪く言うにしろ全く孤立した、全く独自の、日本の文化・思想の歴史でも非常に珍しい一つの作品だと思います。こういう作品を生ませたのは、一つはやはり足掛け九年に及ぶヨーロッパ滞在による日本への距離感・緊張感があったと思いますし、もう一つはすでに申しました母親への慕情でしょう。これもご存知の方が多いかと思いますが、母親の波津子は花柳界の出身、芸者さんの出身だと言われているんですね。言うまでもないかと思いますが、明治の最初から、明治時代の高級官僚とか政治家には、芸者さんを奥さんに迎えたという人がたくさんいます。その意味ではけっして例外ではありません。それ以上のことはあまり詳しくは分からないようですけれども、ともかく花柳界の出身だと言われている。

九鬼周造も「いき」というのは江戸の遊里・遊郭で形成された一つのライフスタイルであることを明言した上で、これを称揚する、というか、高く評価する。遊郭・苦界に身を沈めた女性のプライドへの共感というか、そういったものがあり、あるいは当世風の言い方で言えば多分、虐げられたマイノリティとか社会的弱者とか、そういうものの独立的な個人としての意地とかプライドとか、そういうものをここでことさら称揚した。ですから、その意味でも結果だけ言いますが、先ほどの折口信夫の「たをやめぶり」、「ますらをぶり」にたいする「たをやめぶり」に期せずして通うところが九鬼周造の世界にはあるように思います。九鬼周造というのはこの当時としては非常に背が高く一八〇センチぐらいあってスマートな人ですけれども、写真を見ると何ていうかプロレスラーみたいにがちっていうんじゃなくて、むしろなで肩でいかにも「たをやめぶり」にふさわしいという感じに私は思いますが。

その同じことを、やはり先例がなくはないので、私の知っている限りでは北村透谷が「徳川氏時代の平民的思想」という論文で、「女俠」ということを言っています。女親分、今で言えば女番長、スケ番というのか、そういうので江戸時代に有名なのがたくさんいた、と。その辺に日本の思想史を過去に遡ってみると、かろうじて女性の人格の自由に通じるようなものがある、というような主旨のことを北村透谷が言っていたと思います。そういうことを九鬼周造が知ってたか知らないかは私もわかりませんが、いずれにせよそれにつながるものがある。

それから文化・文政という時代。多分折口信夫とか、それから九鬼周造とか、この辺の世代が荷風らにつづく一番最後の世代としてまだ体の中に持っていた。体の中に感覚として持っていた。文化・文政時代、まさに「いき」の感覚というのがやはり最後の輝きを放っている時代。ですから、今から読み返すと、むしろ過ぎ去った時代、ひとつの異文化として私たちが惹き付けられるのかもしれません。

文化・文政期というのは、近頃はまた、先に触れたベンヤミンなんかの影響もあって、文化・文政期のバロック、江戸後期のバロックということがよく言われます。鶴屋南北の歌舞伎などは典型的にバロックの一例でしょう。というように考えてくると、九鬼周造という人は私はやはり自分で意識するしないにかかわらずベンヤミンと同じくバロックのスタイルに心を寄せる思想家だった、そういう観点から見るべきだというふうに、近頃では思っています。

四 『偶然性の問題』

つぎに第四部、『偶然性の問題』について。九鬼は日本に帰国した一九二九年、大谷大学で「偶然性」という講演をおこなって以来、三三年にはおなじ題で京都大学に博士論文を提出、三五年には『偶然性の問題』を岩波書店から刊行（澤潟久敬の仏訳あり）、さらにその後も、随筆、講演、論文などで同じテーマを繰り返し取り上げています。偶然性は文字通り哲学者九鬼のライフワークでした。このテーマは、すでに滞欧中からエミール・ブートルーの自然法則の偶然性にかんする研究などに触発されて、九鬼の心中で温められていたものと思われます。さらに、あえて推測すれば、このテーマを取り上げるについて、人間の生き方の「本来性」を強調するハイデッガーに対抗する意図がすくなくとも無意識のうちに九鬼にあったかもしれません。

『偶然性の問題』は、「序説」と「結論」を前後に配して「第一章　定言的偶然」、「第二章　仮説的偶然」、「第三章　離接的偶然」というシンプルな三章構成を取っています。「結論」の箇所での九鬼自身による要約によれば、「定言的偶然」の意味は「個物および個々の事象」、「仮説的偶然」のそれは「一の系列と他の系列との邂逅」、「離接的偶然」のそれは「無いことの可能」です。①普遍的法則の網で覆い尽くせない「個物」ないし個々の人が、②因果の別な系列で規定される他者と邂逅し・出会い——九鬼はこれを「独立の二元の邂逅」とも言っています、③その背景におよそすべての事象の「無いことの可能」、無の深淵、を垣間見て、そこから時としては絶対者である神仏との邂逅のきっかけをつかむ。一言で要約すれば、人が生きる世界・境涯の偶然性、不在と存在の戯れを、九鬼はこのように透徹した澄明な構図のうちに捉えてみせます。

人と人、人と絶対者とのこのような偶然の「邂逅」への深い関心と並行して、九鬼は詩の韻ないし押韻の問題にこれまた一貫して興味を寄せます。すでにパリ滞在中の一九二七年、九鬼は「押韻に就いて」の小論を『明星』に載せるべく送っており、その後遺作となった『文芸論』の半分近くの分量を占める力作「日本詩の押韻」にいたるまで、何度も改作を重ねています。九鬼が好んで引用する「双子の微笑」というヴァレリーのことばが示すように、九鬼はことばとことばの偶然の、しかし宿命的な出会いである押韻のうちに人と人の出会いの当人たちも全幅にわたっては意識していない「ひびきあい」の類同物を見届けていたのでしょう。

五　九鬼周造と父母の関係

第五部、「九鬼周造と父母」との関係についてはすでに出だしのところと途中でもいくらか触れましたので、ほんの一言添えるだけにします。父隆一と母波津子そして岡倉天心の三角関係が幼い周造に及ぼしたトラウマについては、すでに触れた通りです。この経験ないし体験が、偶然性、人間の出会いの不思議について周造に考えさせるひとつの動因となったであろうことは容易に推測できます。晩年の随筆「岡倉覚三氏の思出」では、しかし、「思出のすべてが美しい。明りも美しい。蔭も美しい」という淡々とした心境に九鬼は達していました。おなじ随筆の末尾で、九鬼は、若い頃浜尾新子爵から天心がかつてコレージュ・ド・フランスでベルクソンの講義を聴いたことがあると知らされた由を記しています。パリ滞在中二度にわたって晩年のベルクソンに会ったことのある九鬼は、この尊敬してやまない哲学者の背後にひょっとして天心の像を二重写しにして見ていたかもしれません。

【質疑応答】

［司会］　どうもありがとうございました。一つの時代背景がくわしかったため時間が足りなくて、予告された五部構成のおしまいの方をもうちょっとお伺いしたいなと思いました。では、皆様からご質問をいただきます。

［質問①］　大久保喬樹と申します。バロックについての話がおもしろかったので、そこについてもう少し伺いたいと思います。『「いき」の構造』は「シック」と「いき」の関係から始まっておりますが、例えばその「シック」と言うと「ロココ」という言葉が連想されてくるんですが、坂部先生はむしろ「バロック」とおっしゃったのが私はたいへんおもしろいと思いましたので、「クラシック」、「バロック」、「ロココ」というようなことにどう対応してくるのかを、もう少し伺えればばと思いますが。

［坂部］　ご質問のバロックについては、ベンヤミンの『ドイツ悲劇の根源』（上・下、浅井健二郎訳、ちくま学芸文庫、一九九九）という本があります。一七世紀ドイツの、私たちがあまり聞いたことのないような劇作家とか作家とか詩人などを丹念に掘り起こして、バロック時代の特徴を書いている。バロック時代の特徴として挙げられるのは、一つは、二元的緊張。今おっしゃってくださった「シック」にはむしろ「ロココ」に通うものがあるんでしょうが、まさに九鬼周造が「シック」と「いき」は違うんだと言ったのは、「いき」に今ざっとお話ししたようなある非常に強い二元的な緊張がみなぎっている。媚態にしても、有体に言えば相手に誘いをかけながらしかし最後は許さない、というような一種の二元的緊張です。意気地とか諦めとかもみな二元的緊張です。そうした二元的緊張というのは、目立ちやすい例をあげれば、ドイツ・バロックに限らずスペイン・バロックにしても生と死の緊張みたいなものが、非常に強いひとつのテーマになるわけですね。それに通うものが「バロック」です。二元的緊張ということで言えば、『偶然性の問題』のキータームの一つが「独立の二元の邂逅」、「独

立の二元」の出会いで、そういうあたりにもバロック的な緊張というのが出ている。二元的緊張を孕みながらも非常に整然とした体系を構築する、体系構築癖というか、まあライプニッツの場合もそういうところがあると思うけれども、『偶然性の問題』には非常に整然とした……、私はバロック的構築癖と呼んでいるんですが、そういうものがあります。

バロック一般についてもう一言申し上げておくと、バロック文化は一七世紀のスペイン、カルデロンなどのスペインのバロックが一番有名ですが、私の感じでは少しペシミスティックすぎるかもしれないけれども、やはりヨーロッパのスピリチュアリティの文化の最後の輝きだと思うんですね。それと同じように文化・文政期の文化がある意味で日本文化の最後の輝きだったという見方もできるでしょう。その辺の呼吸をきちんと感じて知っていたのが例えば岡倉天心であり、九鬼周造でありというふうに思います。

［質問②］　素朴な質問ですが、ドイツとフランスと同じくらいの年数滞在したのでしょうか。（［坂部］ドイツの方がちょっと長いかな。）ドイツとフランスは哲学も精神の形も、文化的にはずいぶん違った風土を持っていると思うんですが、九鬼周造はそれを全く同じような形で受け取ったのか、それとも、違いを意識して、どっちが好きとか言っているのかが一つ。もう一つは、ヨーロッパ体験というと普通は荷風のように、憧れて行って残念ながら帰らざるをえないみたいな、あるいは文学者によってはヨーロッパと対決して挫折して日本回帰を果たすみたいな、そういうドラマチックな西洋との憧憬ないし対決あるいは日本回帰みたいな図式があるわけですが、そう考えた時に、九鬼周造は全く国境を分け隔てなくヨーロッパの哲学者と同時代人として互角に渡り合って、向こうで通用するような仕事をしたというような感じがします。いわゆるカルチャーショックみたいなものはなかったんでしょうか。

［坂部］　ドイツとフランスの滞欧経験についてですが、当然今おっしゃる通りで、ドイツ文化とフランス文化というのはずいぶん違うわけですね。ドイツについていうと、ハイデガーに会ってからのドイツとは全然違う。非常に生き生きしてハイデガーの講義とか演習を聞いたと思います。それにもかかわらず、九鬼周造としては、ケーベルに出した卒業論文をドイツ語で書いていたと思いますが、ほとんどその後は自己表現はドイツ語でしていないんですね。一方、一九二八年、帰る前の年にポンティニにおいてなされた二つの講演があります。フランス語で、たいへんこなれたフランス語の講演で、La Notion du temps et la reprise sur le temps en Orient「東洋における時間の観念と反復」、それから L'expression de l'infini dans l'art japonais「日本芸術における無限の表現」、いずれも九鬼周造という人の道教とかサンスクリットそれから日本の芸術・文学の造詣がたいへん深いことを思わせるすばらしい論文です。この辺りを見てみるとやはり九鬼周造はフランス文化の方に肩入れしてたというか、近かったように思います。

それからついでに申し上げると、帰ってから京都大学の先生になって、講義をいくつかします。それが亡くなってから公にされるわけですが、その中でとりわけ重要なのが『現代フランス哲学講義』です。これは今見ても細かい、私なんかも知らない一九世紀フランスの哲学者について目配り良く書いた本です。

それから、二番目のご質問、滞欧体験でカルチャーショックがあったかないかということですけれども、これも三浦さんがおっしゃってくださった通りで、九鬼周造という人は、この当時としては桁外れによくできた人だし、日本でケーベルとかエックとかいう先生について十分語学修行もしていったはずだから、語学の壁もあまりなかったと思います。また、その当時、今でもそうなのかどうか知りませんが、貴族の身分で行くと全然扱いが違うんですね。今でもヨーロッパでは。貴族には一種の付き合いのネットワークがあって、それでこの人は貴族だと言うとそれだけで一目置かれるというところがあって、バロン九鬼といえば直ちに仲間として迎えられたところがあるでしょうから、平均的な日本人よりはカルチャーショックは少なかったはずだと思います。

そうじゃなくて、ヨーロッパが懐かしい、どこが懐かしいと言えばあのコート・ダジュールが懐かしいというような実に闊達な思い出話は帰ってからも書いています。そういう意味ではやはり日本人としては並外れたところがあった。後で扱われる横光利一なんかの滞欧体験と比較してみたらいろいろおもしろいと思いますが。

［質問③］　全く想像の問題ですが、九鬼は五〇歳代早々で亡くなっております。もし、一〇年なり二〇年なりさらに長生きすることができたとしたら、どういう作品を書き、どういう哲学者になり得ていたであろうかが第一。それに関連して、九鬼の哲学を哲学史とか思想史の上でどのように坂部先生は位置付けておられるか、それをお伺いできればありがたいと思います。

［坂部］　五三歳で一九四一年ですね。まさに第二次大戦、真珠湾が始まる半年くらい前に亡くなっているわけです。まあそういう言い方をするのは申し訳ないけれども、ここで亡くなって良かったということがある気もします。というのは多くの哲学者、思想家、もちろん文学者がこの時期超国家主義というか少なくともその影響を受けますから。

九鬼周造も帰国後日本文化論をいくつか書くんですけれども、その日本文化論は少し神がかり的というか、少し日本の国家主義に媚びたようなところが出てくる。例えば、三種の神器について哲学的な解釈をしたりということをやっています。ですからもし生き延びたとしたら、後四年間、終戦までの一九四五年までの間に、九鬼周造はもう少し右寄り、国家主義寄りになったかもしれない。しかし、と思いたいのは、和辻哲郎もこの一九四一から四五年くらい国家主義に傾斜するわけですが、周造の場合はそこまでは行かなかっただろう、と私は仕事を見て予想します。

それで、それも生き延びたとして、一九四五年から後の年月に九鬼周造氏が生きていたら、これはやることはいっぱいあったし、それは是非やってほしかったと思います。ハイデガーの理解なんかでも、非常に先端を切った発言ができたはずの人ですし、それから、『「いき」の構造』は「可能性」を「現実性」にもたらさないほうが、男女の二元が合体して一元にならないうちが「いき」なんだ、というようなことを言って可能性を重んじているんですね。それに対して『偶然性の問題』をそれのカウンターバランスのようなものにして彼は書きました。で、残っているのは「現実性」ですね。多分「現実性」についての本を彼が書いてくれればおもしろかっただろう。「現実性」については、ドイツのニコライ・ハルトマンに『可能性と現実性』(一九三八年)がありますが、ニコライ・ハルトマンと九鬼周造では当然、全然違ったものができたであろう、と思います。

それから最後に、哲学思想史の中に九鬼周造をどう位置付けるかということですけれども、これは京都学派の中でも異色の存在ということで、今まで日本の哲学史、日本の思想史の中でもまだ順当に位置付けられていない、と私は思います。やはりハイデガーとか、ガブリエル・マルセルだとか、同時代、同世代の人たちと関連する形で、ついでにいえば「バロック」なども含めながら九鬼周造を位置付けることがこれからの課題でしょう。

藤田嗣治——日本が生み、パリが育てた「多文化」の画家

林　洋子

［司会（小林）］　画家の藤田嗣治について美術史家の林洋子さんにお話をお願いいたします。林さんは東大の美術史学科を出られ、同じく大学院に進まれ、大学院を終わったあと東京都現代美術館にお勤めになりました。そこに約一〇年間おられましたが、その間一九九五年から一年間パリ第一大学に留学をされています。で、今年（二〇〇一年）の三月から京都造形芸術大学に移られました。京都で授業をされていますが、同時に東京でも京都造形芸術大学は講座をもっているそうで、東京と京都と両方で毎週講義をしておられます。日本の近現代美術がご専門で、特に日本人美術家の海外体験に興味を持っておられ、それで藤田についても研究されています。

藤田嗣治の話をお願いした直接の理由をお話ししますと、藤田の大きな絵がパリ大学都市の日本館にふたつあります。留学なさった方はご存知でしょうが、あの大きな絵がひどく劣化しまして、修復しないと絵の具がボロボロ落ちるのではないかというところまできてしまいました。それで募金をしまして、外務省も予算をだしてく

れましたが、募金委員会をつくり、平山郁夫先生をはじめ多くの方が奔走してくれました。私もその末席に加わりまして、色々と駆け回り、うまくお金が集まりまして、去年（二〇〇〇年）の夏から今年の三月まで、あの大きな藤田の絵をひとつずつ下ろしまして、修復専門家のチームが日本から行き、それに林さんも加わって、きれいに直しました。きれいに直しましたと申し上げても、私はそれを見ていないのですが。直ったあとまだパリへ行っていないので、今年一一月に行く用があったら見てこようと思います。非常な大作で立派な絵でございます。そこでその募金をしようというときに私は林さんに初めてお目にかかり、藤田のことが非常にお詳しいので、本日お願いしたわけであります。簡単ですが、講師紹介はそのくらいにしまして、よろしくお願いいたします。

はじめに

「エコール・ド・パリ」を代表する画家として一般にも広く知られる藤田嗣治（一八八六―一九六八）は、没後の著作権をめぐる裁判などの影響から出版や展覧会が限られたこともあって、長らく美術史の本格的な研究対象とされてきませんでした。ですが、一九九〇年代以降、彼が日中戦争から太平洋戦争にかけての日本で描いたいわゆる「戦争画」への関心や「エコール・ド・パリ」の見直しの高まりを反映して、日本だけでなくフランス、アメリカでも次々に研究論文が出てきています。また、近年では一九二〇年代に藤田が手がけた壁画の修復事業や晩年のアトリエの一般公開、ＮＨＫでの特集番組の放映など、彼に関わるニュースを耳にする機会も増えています。二〇〇二年秋には藤田君代夫人の監修の下、日本で久々に画集と評伝（近藤史人『藤田嗣治「異邦人」としての生涯』、講談社）が刊行されました。これまでにも藤田に関する評伝はすでにいくつかありましたが、近藤氏の著作は藤田夫人の証言や画家本人の日記の一部を紹介するなど、はじめて遺族の立場からの「聞き書き」ともいうべき内容で注目されます。今後は本格的な回顧展の開催に向けて、状況が十全に整えられていくことが期待されます。

さて「両大戦間のパリの日本人」と題する連続講座で紹介された五人（藤田、大杉栄、九鬼周造、金子光晴、横光利一）のなかで、この時期にもっとも長い時間をパリで過ごしたのが藤田です。明治半ばの東京に生まれたこの画家は、八〇余年の生涯の半分を海外で暮らしました。なかでも晩年の約二〇年間をパリに定住し、一九五五年にはフランス国籍を取得、日本国籍を抹消という極めて特異な選択を行ったことはたいへん大きな問題をわれわれに投げかけますが、これは今日のお話のテーマを越えていま

藤田嗣治（毎日新聞社提供）

す。ここでは両大戦間の約三〇年に絞ってお話しします。その際に強調したいのは、彼のパリ定住が一九一三年から一九三一年までで、その後は中南米滞在を経て一九三三年末から終戦後まで日本を生活の拠点としていた事実です。両大戦間でパリ在住歴の長い美術家には、一九一八年の渡仏以来、生涯日本の土を踏むことがなかった銅版画家の長谷川潔や、一九二四年から第二次大戦の勃発まで暮らした画家・岡鹿之助、一九三一年から戦後まで三〇年近く留まった彫刻家の高田博厚も挙げられま

すが、滞在の長さに関係なく、藤田こそこの期間のパリを象徴する日本人美術家というイメージが強いことに異論はないでしょう。長らく「パリで暮らす日本人」だった彼は、母国に戻っても「日本のなかのパリ」という役割を担ったのです。今日は、いまだ不明な点の多い一九一〇年代を含め、両大戦間の藤田について「パリ」を拠点に振り返っていきます。

一　第一次世界大戦に翻弄されたパリの修行時代――一九一〇年代

藤田嗣治は、一八八六年（明治一九年）に東京で生まれました。陸軍軍医だった父・嗣章は日露戦争で活躍し、大正初年には軍医総監にまで昇りつめています。彼は一族を婚姻により陸軍軍医で固めますが、親類からは劇作家の小山内薫、シャンソン研究家の蘆原英了、建築家の芦原義信らが出ることになります。嗣章の次男・嗣治は幼いころから画家に憧れ、フランス留学への夢を育んでいました。東京高等師範学校の付属中学在学中の一九〇三年から自主的に暁星の夜間部に通い、フランス語を学び始めています。おりしもその前年の一九〇二年に岩村透による『巴里の美術学生』が出版され、画学生のあいだでたいへん人気を博しました。パリの画学生のボヘミアン生活を題材とした内容に、藤田少年は強い刺激を受けたのではないでしょうか。一九〇五年、彼は東京美術学校（現・東京藝術大学）の西洋画科に入学しますが、学科主任の黒田清輝も学年担当の和田英作もフランス留学経験者でした。留学から帰国直後の和田や同じく美校で教鞭をとる岩村透の存在、そして発禁処分などで大きな話題となった永井荷風の『ふらんす物語』（一九〇九年刊）もまた、彼の留学意欲をさらに掻きたてたことでしょう。美校での同級生には、のちに岡本太郎の父となる岡本一平がいました。ですが、一九一〇年に美術学校を卒業した段階ではプロの美術家の登竜門とされていた文展（文部省展覧会）に連続して落選するなど、藤田は必ずしも若手の有望株とは目されず、留学の目途もすぐにはつきません。この時期の作品で現存するものはほとんどありませんが、美校の卒業制作《自画像》（一九一〇、東京藝術大学美術館蔵）や《湖畔の霧》（一九一一、国立国会図書館、蘆原英了旧蔵）などを見ますと、個性的ではないものの、対象のかたちと色彩に忠実で、堅実なテクニックを身につけていたことがわかります。そして、一九一三年六月、二六歳になった藤田は、念願のフランス留学の機会を得ます。官費や財閥などの支援はなく、父親の援助による私費留学でした。前年に千葉の女学校の教師だった登美子と結婚していましたが、彼女をあとで呼び寄せる段取りで、日本郵船の欧州航路に乗り込みます。

一九一三年八月から藤田のパリ生活が始まります。当初、三年程度の留学予定だったようです。従来、ここからの「異国での修行時代」は後年の藤田が自らの「ボヘミアン生活」を強調したあまり、実際の動向がほとんど把握されてこなかったのですが、一九一三年六月から一九一六年一一月にかけて彼が妻・登美子にあてた約一八〇通の手紙の存在が公表され、当時の日常生活や制作の進展を語る貴重な資料として注目を集めています。当時の生活圏は現地の日本人社会が中心で、日本からの逗留者が多かったアトリエ付下宿「ヴィラ・ファルギエール」に住まっていたこともあって、島崎藤村（一八七二―一九四三）ら当時の在留邦人の手記などにもしばしば藤田の名が登場しています。当時の日本人美術家としては例外的にも、藤田が美術学校や研究所に登録したり、特定の画家に師事した形跡がなく、ルーヴル美術館に模写に通うなど自主的に絵画研究を進めていたようです。ところが、翌一九一四年九月に第一次世界大戦が勃発します。大半の日本人が帰国するなか、藤田は「ここで帰国すれば二度とヨーロッパの土を踏むことはないだろう」と残留を決意し、ドルドーニュ地方やロンドンに退避して戦況を見守っていました。戦争により欧州航路やシベリア鉄道によるヨーロッパと日本間の交通が激減し、送金や通信も相当滞るなか、なお彼は日本に残した妻とアメリカ経由で文通を続けました。戦争の混乱に費やされたこの時期、制作面の進展は停滞し、作品もほとんど現存しません。ですが戦争は予想以上に長引き、一九一六年末には離婚し、父親とも交際を断ったため、以降、少なくとも二年以上は日本との交渉が途絶えることになります。一時は「藤田は死んだ」という噂まで流れたそうです。

ところがその本人はいたって元気で、一九一七年三月にはフランス人のフェルナンド・バレーと結婚し、現地での生活基盤を着々と固めていました。画家でもあったフェルナンドとの出会いは、フランス人社会へ、パリの画商の世界へと、藤田の運命を大きく開きます。母国と家族に断絶したこの時期に、彼はかえって日本を発見、研究しました。現地女性との結婚で、この街での制作と生活に本腰を入れる必然性に迫られ、「パリで売れる作品」を目指したのです。「日本への帰国と成功」を前提に西洋の油彩画の基本や最先端のスタイルを速習する「留学」から、「定住」という決定的なコンテクストの転換に直面した結果でした。フェルナンドと一九二四年までつつましく暮らしたモンパルナスのドランブル街五番地のアトリエは、彼の画業でもっとも重要な作品群を生み出す「ゆりかご」となります。モンパルナスの中心地ヴァヴァンの交差点に面した有名なカフェ・レストラン「ル・ドーム」の裏手にあるこの番地には、今日「画家・藤田嗣治　一九一七年から一九二四年までここに住まう」という内容のフランス語のプラック（標示板）が出ています。ちなみに、藤田の転居後にこのアトリエを引き継いだのは岡鹿之助でした。

おりしも一九一〇年代後半は、いわゆる「エコール・ド・パリ」の揺籃期にあたります。この「エコール・ド・パリ」という言葉は、一九二五年一月にアンドレ・ワルノーが『コメディア』誌での評論に使ったことに由来し、急速に定着するものです。二〇世紀初頭のフランスには東欧からの移民が流入し、かつ世界中から旅行者や留学生がその首都に集まっていました。一九一三年からパリに定住した藤田は、一九一〇年前後からこの地に集っていた同世代の「異邦人美術家」と出会い、それぞれが背負った多様な文化に思いがけず接します。スペインからやってきたピカソ、イタリアからのモディリアーニ、ブルガリア生まれのパスキン、ロシア出身のシャガールやスーティン、ポーランドからのキスリング、メキシコ出身のディエゴ・リベラなど一八八〇年代生まれを中心とした「非フランス人」で、そのかなりの割合がユダヤ系だったため、ときに「エコール・ド・ジュイフ」(ユダヤ派)とも呼ばれるほどでした。一九二〇年代に入り、彼らの活躍が顕著になるにつれ、ジャーナリズムは「エコール・フランセーズ」(「フランス人」によってフランスで制作された美術)との政治的な対立構造を書き立てます。こうした状況のなか、白人でもユダヤ系でもない、当時のパリの美術界では珍しい東洋系の藤田は、キリスト教をテーマとした絵画を描いたり、大戦中に赤十字活動などの国家奉仕に参加するなど、フランス市民生活への「同化」を強調していたようです。実際、フェルナンドとの結婚により、言葉や習慣の同化もかなり進んでいたはずですが、持ち前の社交性と黒髪のおかっぱ頭という特殊な風貌もあって、この東洋人美術家はモンパルナスで何かと目立つ存在となりました。

肝心の制作面では、藤田はこうした画家たちに伍していくにはなによりも個性や民族性の表出が重要との確信を深めます。モディリアーニが故国イタリア彫刻の量塊性や、シャガールがユダヤの宗教性や伝説、色彩感覚を自作に盛り込むなど、各自の出自を生かした独創性あふれる表現が生まれていたのを目の当たりにして、「自分は日本人である以上は、日本の思想の入っている西洋画をやってみよう」（藤田「巴里に於ける画家の生活」一九二九）とそれまでの「舶来」一辺倒を大いに転換し、日本的な要素を油彩画に取り入れるべく、研究を始めます。留学前にはフランスばかりに目が向いて、日本美術について見たり学んだことがほとんどなかったと藤田はのちに語っていますが、「ジャポニスム」をすでに経験したパリでは浮世絵などの作品鑑賞や文献研究が比較的やりやすかったことが幸いしました。彼は日本的なモティーフに頼るのではなく、東西の絵画技法や画材の融合に活路を見出していきます。ただし、日本の画材や技法を研究し、余技として水墨画を描くことがあっても、藤田はあくまで「油絵かき」であることに生涯こだわり続けたことを強調しておきたいと思います。

一九一七年六月、藤田の生涯初めての個展がギャラリー・シェロンで開かれます。出品作すべてが水彩画でしたが、日本から仕送りが途絶えて以降、画材も満足に買えない状態が続いていたからです。好評もあってこの画廊と契約を交わしたため、ようやく窮乏生活から脱却して制作に専念する環境が整います。油彩画を本格的に再開し、個展を順調に重ねた結果、現存する作品も一九一八年以降急増しています。大戦中、各サロンは軒並み中止されていましたが、一九一九年には再開され、藤田はサロン・ドートンヌに初めて入選を果たしました。この時期の主題は、「子供」、「少女」、「キリスト教（とくに聖母子）」、「パリの場末」で、いずれも一九五〇年代、六〇年代の彼に共通する「私的世界」への関心を示すものです。なかでも宗教画とパリ風景が、「異邦人のまなざし」でとらえたフランス的な世界と現地で高い評価を得ました。

「パリの場末（フォブール）」とは、当時彼が住まっていたモンパルナスよりさらに南の「ポルト」（旧・城門）の周辺で、元々の職業から「税官吏《ドゥアニエ》」ルソーと呼ばれた画家アンリ・ルソーや写真家のウジェーヌ・アジェの視線にも通じるものでした。実際、藤田はルソーの作風を敬愛し、またアジェの「パリ写真」を購入する顧客の一人でもあったようです。藤田の初期風景画は邦題で《パリ風景》とまとめられることが多いのですが、そもそも個展で発表された時にはFortification（城壁）や、一四区や一五区と境界を接する具体的な地名——ポルト・ドルレアン、モンルージュ、マラコフなど——がつけられていました。いずれも一九世紀半ばに築かれた「ティエールの城壁」に由来する境界周辺で、第一次大戦前後から工場の進出や低所得者の集住により大きく変貌を遂げつつあった都市パリの「縁《へり》」にあたります。この城壁は第一次大戦前後に取り壊しが始まり、一九二四年に撤去が完了しますが、藤田が描いた再開発前の城壁風景は見る者の郷愁と共感を誘ったのでしょう。いずれも人気《ひとけ》の少ない小高い道、門や柵が描きこまれ、空はたいていが曇天で、全体がグレーのモノトーンに近い物寂しい風景です。「ポルト・ド・ヴァンヴ」との裏書のある《パリ風景》（一九一八、東京国立近代美術館蔵）［図1］は、油彩ながら空や土手が水彩画のような筆の腹を使ったやわらかなタッチで描かれ、プリミティブな雰囲気をいっそう高めています。なぜこうした「境界」に興味を持ったかについて、藤田は少年期まで育った飯田橋、四谷、麴町あたりで親しんだ江戸城の城門跡の風景——「見附」——を想起させたからと後年語っています。これが事実ならば、二〇世紀初頭に郊外へと拡大していた東京とパリという二つの大都市をこの画家は二重写しに眺めていたことになります。

技法の上ではまだ試行錯誤の状態にありましたが、藤田が成功に近づいていたこの時期、一九一九年

図１　藤田嗣治《パリ風景》1918、油彩・カンヴァス、84×103 cm
（東京国立近代美術館蔵）　© Kimiyo Foujita & SPDA, Tokyo, 2003

にパリで出版されたのが詩集 *Quelques poèmes*（詩数篇）です。一九一〇年以降パリに在住していた小牧近江が、母国への帰国を前にフランス語で詩集をまとめ、友人の藤田がメランコリックな女性像などの挿絵を提供しました。この瀟洒な詩集は小牧研究でも長らく実態が知られませんでしたが、藤田にとっても現存作品が少ない一九一〇年代のドローイングの集成として貴重です。

二　独自技法の確立と名声――一九二〇年代前半

藤田が乳白色の滑らかな下地に黒く細い輪郭線で対象を描き、淡彩を加えるスタイルを完成したのは、一九二〇年代冒頭でした。一九二一年のサロン・ドートンヌに出品された三点《自画像》（ベルギー王立美術館蔵）、《裸婦》、《私の部屋（目覚まし時計のある静物）》

（フランス国立近代美術館蔵）［図２］は、下地の白い部分を「余白」として生かした淡白な画面で、フォーヴィスム的な「肉厚」で色数の多い表現が全盛だったこのサロンでひときわ異彩を放ちました。この《裸婦》は現在特定されていませんが、藤田が初めて展覧会に出品した裸婦像です。《自画像》と《私の部屋（目覚まし時計のある静物）》は、アトリエ内でお気に入りの「もの」に囲まれた画家本人をテーマにした作品で、翌年のサロン・ドートンヌに出品する《私の部屋（アコーデオンのある静物）》（フランス国立近代美術館蔵）とあわせ三部作と考えるべき初期の代表作です。すでに一九二〇年にこのサロンの会員になっていた彼は、これら三作の評価により翌一九二二年以降の審査員に任命されました。

　藤田といえば一番に連想される「裸婦」は、彼が「経験は経験を生み、不成功は成功の基となり、僕は全く今までに見なかったカンヴァスを創り得たのである。そして美術学校で習ったアカデミックな講義は全然忘れて新たに足を踏み出したのであるが、人間の裸体から新しい裸体を発見するのはむづかしいので、まづ風景とか、静物とか総て自然の心のしみ出てゐる静態のものから出始め、裸体画は七年間手に触れなかった」（藤田「在仏十七年　自伝風に語る」一九二九）と書いている通り、独自の技法を完成した後、それをさらに生かす主題として着手したものでした。この画家の「裸婦」は白人女性の肌が持つ肌理《きめ》の美しさを際立たせる魅力で、西洋美術史に登場した夥しい裸婦のなかでも独創性を発揮することとなります。初期の代表作というべき《ジュイ布のある裸婦》（一九二二、パリ市立近代美術館蔵）［図３］では、まるで一筆書きのように途切れることのない細い輪郭線が白いシーツから白い肌を浮かび上がらせています。黒髪のモデルは、のちに「モンパルナスの女王」と呼ばれるキキです。ベッドを取り巻く天蓋は「ジュイ布」というパリ郊外で生産される更紗で、藤田はその細かな模様まで執拗に描きこんでいます。東京国立近代美術館が所蔵する《五人の裸婦》（一九二三）にもジュイ布が見られます。この時期の藤田の独自性は、乳白色の下地を生かすべく最低限の描写に抑えた裸婦と細密に描いた布や版画、猫などの道具立てを効果的に対照させた点にあるといえます。

こうした独自の絵画スタイルの確立とサロンでの注目は、日本人としてフランス画壇での最初の成功といってよいでしょう。一九世紀末以降、黒田清輝ほか複数の日本人がサロンへの入選を果たしていましたが、批評と美術市場双方からの評価という点では、藤田が第一人者といえます。「日本人が描く油絵」という圧倒的な不利と根強い偏見をはねのけるのは、決して容易でなかったはずです。彼は一九二五年にはフランス政府よりレジオン・ドヌール・オフィシエ勲章を受けました。しかし、日本ではこうした画風は画家や専門家から日本画を油絵で描いたようだと軽視されがちでした。

ところで、藤田の成功した大きな要因に、絵画技法の研究、習得への熱心さが挙げられます。油彩表現に限らず、テンペラ、木版画、銅版画、膠《にかわ》を使った伝統表現、さらに晩年にはフレスコによる教会装飾も行っています。日本の油彩画実践の先駆者ともいうべき高橋由一（一八二八―九四）らの世代が西欧の伝統技法の忠実な習得を目指したのに対し、一九二〇年代に藤田が西洋と日本の技法や素材の混合、異種混合性《ハイブリディティー》をためらいなく試みたことは重要です。この実験的な試みが生み出した新鮮な印象は、彼のパリでの評価の大きな要因となりました。この時期に目立つのは「裸婦」や「婦人像」といった乳白色の下地の特性を生かす主題で、これこそ画家本人や美術市場が求める藤田嗣治という「ブランド」の確立につながっていきます。

ここでは、「藤田ブランド」を支えた技法面での特徴を下地、線、色彩に分けて整理してみます。基

図2　藤田嗣治《私の部屋》一九二一、油彩・カンヴァス、一三〇×九七cm（パリ国立近代美術館蔵）　© Kimiyo Foujita & SPDA, Tokyo, 2003

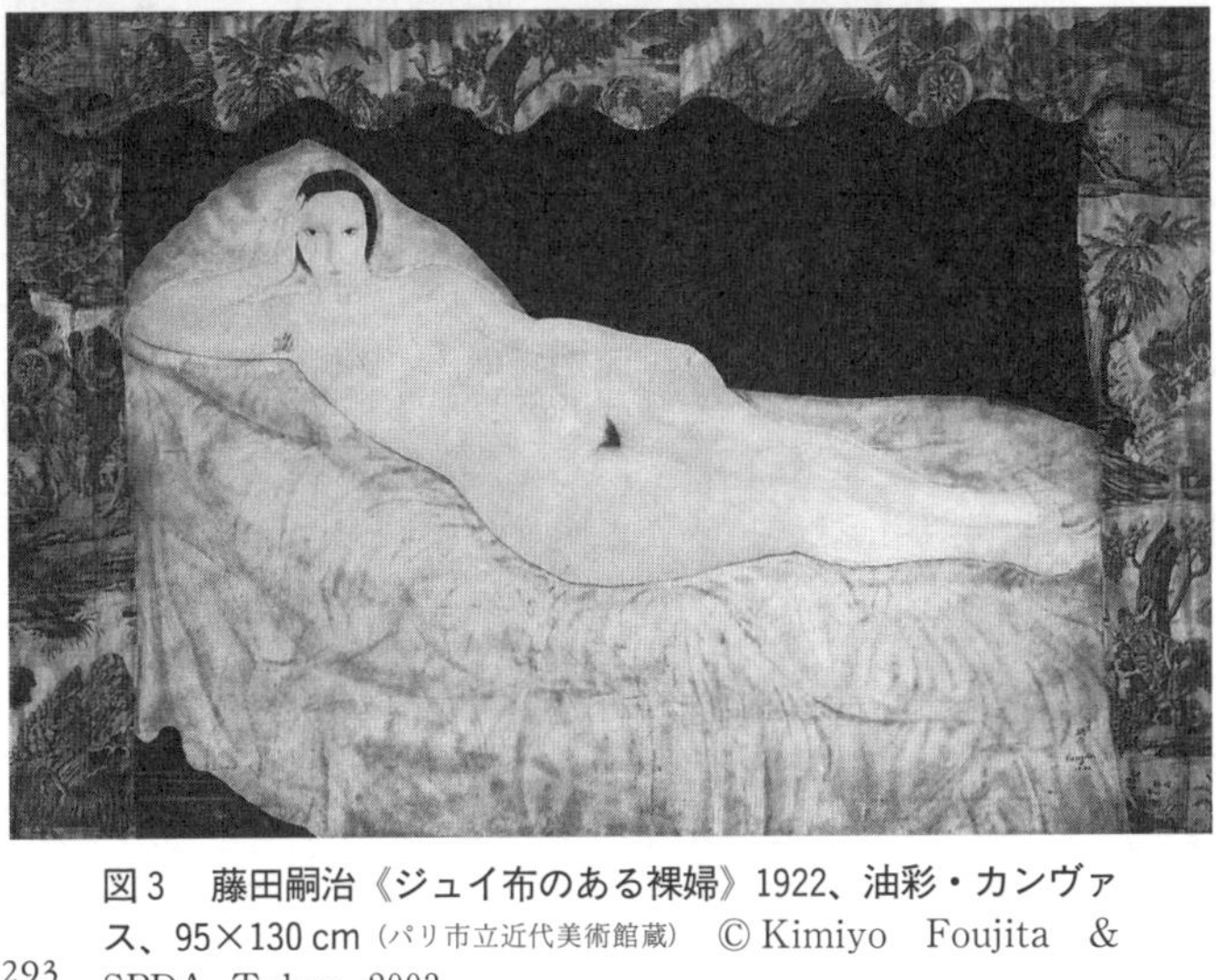

図3　藤田嗣治《ジュイ布のある裸婦》1922、油彩・カンヴァス、95×130 cm（パリ市立近代美術館蔵）　© Kimiyo Foujita & SPDA, Tokyo, 2003

本的に一九二〇年代の作品を対象とします。実際の彼の絵画技法にはまだ本格的な研究が少なく、今後の科学的調査が待ち望まれますが、作品の観察に加え、技法に関する画家自身の言及（「在仏十七年」『藤田嗣治画集』、「巴里に於ける画家の生活」『巴里の横顔』一九二九）を参照しながら、「下地」、「線」、「絵具層」など絵画の構造に分けてまとめてみます。

まず「下地」（グランド）についてですが、彼独特の白い下地の支持体には、通常のキャンバス地ではなく、シーツのような薄手の目の細かい麻布（絹地に近い）が選ばれています。そこに鉛白と石膏（もしくは炭酸カルシウム）、膠水や乾性油などをまぜ、へらを駆使して塗布し、必要があればサンド・ペーパーで表面を平らにしたようです。ただし、壁画など大画面の作品にはより強度のある支持体が必要なため、異なる方法を用いています。藤田は「油絵の絵具」で自分で準備した白い下地に「水を使った墨」で描くとしています。物理的には油性の下地に水性の墨で描くと撥《はじ》くものですが、藤田が考案した下地は水性の墨線がのる半油性地（エマルジョン下地）だったのです。彼はこの具体的な製法を一切他人に教えなかったといいます。その黒い描線がすべて「墨」とは現段階では断定できませんが、使っていたことは明らかで、二〇年代のアトリエでの自画像にいつも硯と墨を描きこんでいます。また、通常、油彩画では白をハイライトとして用いますが、藤田は白を基本に考え、「僕は白を白色として、その白色の美はしさを土台に使つて生かしてみようと思つた」としており、その余白を生かすようにモティーフを描きました。当時の評に「羊の皮のように白く光沢のある画布（この画布は氏自ら製造する）」（坂崎担「帝展評」、一九二四）とありますが、論者は乳白色の下地から「羊皮紙」（羊や子牛などの動物の内皮をなめしてつくった支持体）を連想したのでしょう。紙とは異なる独特の柔らかな風合いをこの下地は実現していたのです。

次に「線」については、藤田が「大きい刷毛のやうな筆の代りに、芯かきの筆で油絵をかいてみよう」と書いたように、輪郭線など細い線を描く際に油彩画用の筆ではなく、面相筆《めんそうふで》など日本製の細筆を活用しました。一九二〇年代に制作されたアトリエ内の自画像に、かなり意識的に手元にある数々の画材を描いています。《アトリエの自画像》（一九二六、リヨン美術館蔵）でも手にした筆や筆立てに立つ一本一本まで丁寧に描きこんでいますが、その大半が細く、毛先の長い面相筆です。この筆は文字を書くものではなく、日本画で細い線を描く絵画用で、これらを藤田は在留邦人や旅行者を介して比較的容易に入手していたのでしょう。ほかにも連筆や彩色筆など日本の筆が描かれています。実際には油彩用の筆も使いましたが、自分が日本の画材を操る姿を強調する演出の意味があったのでしょう。藤田の晩年のアトリエには、使い古された面相筆などが膨大な数残されています。彼が絶頂期にひいた線は太さがほとんど均一で、まるで一筆書きのように一続きで対象の輪郭を描き出しています。天性だけでなく、相当の鍛錬をうかがわせます。

続いて、藤田作品の絵具（彩色）層の特徴は、おさえた絵具の量と絵肌の美しさにもあります。

「当時の絵はやたらに絵具を使ふ。盛り上げる。そして色彩を非常に濃厚に使ふ。しかし自分はそれと反対に極少の絵具を滑らかに使つて生かすやうにしやう」

「（絵具を）量で計つて重いからその画が宜いと云ふことはなく薄くても宜い筈だ」

概して彼の絵具層は物理的に薄く、同時代のモディリアーニやスーティン、佐伯祐三（一八九八―一九二八）らのペインタリーな、絵具の盛り上がった油彩画と対比すれば明らかです。画面で使われる色数も抑制され、「色もあまりたくさん使はずに主として白と黒で」描くことに主眼が置かれています。すでにご紹介した《ジュイ布のある裸婦》［図3］はまさに白と黒で描かれた裸婦ですが（爪など一部に薄桃色の彩色があります）、間近で見ると複数の黒色の使い分けがうかがえます。

こうした絵具層では東西の画材の併用が顕著で、「西洋画に日本の筆を使ひ、油絵に水彩画の絵具を使ふとも、その要を得れば何等の差支もない事である」と本人も述べています。藤田には金箔や銀箔を油彩に併用した作品があり、こうした画材が晩年のアトリエにも多数残っています。一九二〇年代後半に目立つ金属箔の利用は、アール・デコの時代に特有の金属色への嗜好も反映しているはずですが、人物の背景に銀箔を配した《エミリー・クレーン・シャドボーヌの肖像》（一九二二、シカゴ・アート・インスティテュート蔵）や金箔をおいた《坐る女》（一九二九、国立西洋美術館蔵）などは、明らかに日本の金（銀）屏風の前に座る女性という場面を想定したものです。後者には金箔の上から琳派風の鳥を描いています。

また、藤田は完成後の画面にニスを添付することを好まず、下地の風合いをそのまま生かすことを望んでいたようです。ニス引きは画家の手を離れて以降、画面の保護のために画商や修復家によりなされたものが多く、オリジナルの風合いの魅力を残念ながら損なっているケースもあります。

こうした「和洋折衷」ともいうべき技法は、藤田が日本と物理的かつ精神的に「乖離」することによって着想されたものでしたが、一九一八年一一月に第一次大戦の休戦条約が成立すると、再び「日本」がパリに、藤田に押し寄せてきます。藤田は、パリの在留邦人について、大戦前は三、四〇人、うち大使館員がわずか五、六名で、画家も一〇人程度だったのが、「大戦後には大使館員だけでも八〇人に増加するといふ有様で、現在はフランスだけで、二千人の多数に上つてゐる。そのうち三百人は画家である」と一九二〇年代末に書きますが、戦争でヨーロッパ渡航を見合わせていた層が一気にこの「花の都」へとやってきたのです。一九一九年に中川紀元や児島虎次郎、一九二一年に東郷青児や小出楢重、翌年には前田寛治らが到着し、佐伯祐三の渡欧も一九二四年でした。二〇年代半ばからその数がいっそう急増した背景には、藤田の成功を受けて、「就学の場」から「制作・発表の場」へと画家のパリ留学観が大きく変化したことが挙げられます。おりしも、一九二〇年代には戦後の国際融和傾向のもとで日仏間の文化交流が活発化に向かい、一九二一年に駐日フランス大使にポール・クローデルが就任したことがいっそうその動きを加速しました。一九一〇年代には油彩画の「後進国」から来た若者として偏見や黙殺にさらされた藤田は、二〇年代に入って明らかに「風向き」が変わったことを実感したはずです。日本人であることが彼のパリでの活動にプラスに作用し、彼は日仏双方から「日本のシンボル」という役割と視覚芸術面での関与を求められました。サロン・ドートンヌの審査員という肩書きも有効で、本人もその役割を大いに楽しんでいた様子です。フランス側からは日本的な要素の強い絵画や挿絵への要望が強く、日本側からは急増したパリの日本人社会の象徴的な存在としてさまざまな仕事にかり出されることになります。

三　時代の寵児として――一九二〇年代後半

二〇年代半ばの藤田には、肖像画や自画像の注文の急増にともない、いささか多作、濫作傾向が見られますが、展覧会の出品作は高値で取引され、次なる注文を呼び込みます。これは「エコール・ド・パリ」の画家たち全体に共通する傾向でした。藤田の場合は、なかでも得意の猫と裸婦を組み合わせたアトリエ内の自画像が人気を集め、繰り返し描かれ、作品のみならず彼のエキゾティックな風貌を世に広める役割を果たします。前の章で述べたいくつもの工夫が彼の画風を支えていましたが、次第に技巧の熟練が目立ちはじめました。フェルナンドと別れ、北フランス出身のユキ（リュシー・バドゥー）と暮らした一九二〇年代後半が、この画家のパリでの絶頂期と呼ぶべきかもしれません。この時期の藤田の日常は、ユキがのちに出版した回想録に詳しく書かれています（Youki Desnos, *Les confidences de Youki*, Paris, Opéra Mundi, 1957, ユキ・デスノス（河盛好蔵訳）『ユキの回想　エコル・ド・パリへの招待』芸術公論社、一九七九）。

この時期の藤田は、もはやアトリエにこもって描いていただけではありませんでした。制作時間は長かったのですが、アルコールを体質的に受け付けなかった彼は、制作以外の時間を今でいう「マーケティング」や「プロモーション」につぎ込んだのです。夜毎のパーティーやヴァカンス先での奇矯とも見える振る舞いは、顧客獲得の手段でもあり、その効果はたいへん大きかったようです。かくして藤田はさらなる名声と富を獲得し、一九二七年にはモンスリー公園近くの高級住宅街にある四階建ての一戸建てに引越し、ユキとともに華やかな社交の時を過ごすことになります。この家での写真やエピソードが数多く伝えられますが、引っ越し祝いでのパーティーではアメリカからやってきたばかりでいまだ無名のアレクサンダー・カルダーが針金細工のオブジェを使った「カルダーのサーカス」を催し、またユキと若き詩人ロベール・デスノスが接近したのもこのサロンでした。

二〇年代も末に近づく頃には、ベルギーやフランスの美術館が作品を購入し、富裕層が肖像画を依頼し、さらにパリ国際大学都市に新設される学生寮「日本館」（一九二九年竣工）や連合軍退役軍人サロンへの日本的な要素の強い壁画の注文が続きます。二〇〇〇年に日仏共同で修復事業が行われたのは、この日本館のために藤田が一九二九年に描いた大作《欧人日本へ到来の図》［図4］と《馬の図》でした。日本館の建築費や壁画の制作費を一手に負担したのが薩摩治郎八で、彼は藤田に限らずパリ在住の日本人画家たちを支援し、彼らのグループ展を開くパトロンにもなっています。藤田は薩摩が支援した「仏蘭西日本美術家協会展」への出品だけでなく、戯曲『修善寺物語』公演の際の舞台装置デザイン（一九二七）、日本政府が後援した「日本美術展　現代の古典派」展の展示監修（一九二九）など、展覧会から舞台、出版、柔道の実演に至るまで、パリで生じた多様な日本関係の仕事を一手に引き受けました。自らの絵画表現に日本的な要素を取り入れるという初心を離れ、「日本表象」自体が目的化していったのです。なかでもこの傾向を加速したのが挿絵の仕事でした。

二〇年代半ばからの藤田には、ポール・クローデル、トマ・ローカ、キク・ヤマタらの日本にゆかりの文学者の著作の装丁、挿絵の依頼が続きます。その理由は藤田のサロンでの名声と、一九二三年に彼が出版した *Légendes japonaises*（日本昔噺）という挿絵本の好評にあったと思いますが、ここではクローデルの著作を見てみましょう。一九二三年一〇月にパリのヌーヴェル・ルヴュ・フランセーズ出版から刊行された *Un coup d'œil sur l'âme japonaise*（日本の心をおとずれるまなざし）には、扉ページにクローデルの肖像があります。藤田が習得したばかりの銅版画でした。ついで一九二五年三月にパリのジョルジュ・クレ社から出た *Connaissance de l'est*（東方所観）には、クローデルの肖像を含むカットを下絵を描いて自分で木版に彫ったものを含め、百点近く制作しています。この二冊での肖像は、銅版と木版と技法は違っても、日本への赴任前後のクローデルの写真に基づいたものでしょう。『東方所観』の東洋風物を描いたカットでは、影絵のようなモノクロームの木版表現がこの本にエキゾチズムを加えています。三冊目は、一九二七年一〇月にパリのエクセルシオール出版から出た *L'Oiseau noir dans le soleil levant*（朝日のなかの黒い鳥）です。これは刊行部数が少なく、前の二冊とは異なる豪華限定本でした。銅版による日本風俗二七点の浮世絵風とでもいうべき表現は、この時期の彼の日本関係の挿絵に共通しています。関東大震災をパリにいて経験しなかった藤田が、クローデルのテキストにそって震災光景を描きました。これらが従来あまり知られなかったのは、いずれもこの時の版に限られた掲載で、その後はテキストのみによる本が出版、流通したからでしょう。そもそも職人的な気質を持っていた藤田は、クローデル本に限らず、挿絵の仕事に絵画と分け隔てなく懸命に取り組んでいましたが、それゆえかえって日本に「自家中毒」状態に陥ってしまったように思えます。

こうした制作の質に関わる「揺らぎ」とは関係なく、パリの税務当局は「時代の寵児」藤田に注目し、二〇年代末に多額の税金を請求してきました。外国人ということで納税意識が薄かったのかもしれませんが、税務署にも目に付くほどの売れっ子だったのでしょう。こうして滞納した税金を支払う金策とおそらく気分転換を目的に、藤田は一七年ぶりに母国への一時帰国を決意します。一九二九年九月、彼は妻ユキを連れて神戸港に到着し、家族に迎えられました。油絵の本場フランスで成功した日本人画

図4　藤田嗣治《欧人日本へ到来の図》1929（パリ日本館蔵）

家の「凱旋」として大評判となり、講演やエッセイの依頼が続き、母国でのはじめての個展（東京・朝日新聞社、日本橋・三越）は興業的にも成功をおさめます。さらに、彼はこの機に画集とエッセイ集『巴里の横顔』（実業之日本社）まで出しています。パリの名所や風俗案内、画家の成功譚、写真を満載したこの本は、短期間に何度も版を重ね、「パリの藤田」というイメージの定着と普及に決定的な役割を果たすことになります。

「凱旋画家」を祝うべき展覧会が美術館ではなく新聞社や百貨店で開催されたことは、意外に思われるかもしれません。しかし、当時はまだ東京国立近代美術館などもなく、帝室博物館（現東京国立博物館）は江戸時代以前を対象とし、一九二六年に開館したばかりの東京都美術館も団体展のための貸会場でした。現存作家の個展を開く本格的な会場は、いまだ日本になかったといってよいでしょう。資生堂ギャラリーや室内社などの画廊はすでにオープンしていましたが、いずれも黎明期にありました。そもそも個展を開催するという意識が日本ではまだ希薄で、当時の美術家の活動は公募展を中心としていました。日本の公募展に属していない藤田のために特別に用意されたのが、新聞社と百貨店の特設会場でした。朝日の会場は一九二七年に竣工したばかりの社屋に設けられた展示スペースで申し分なかったのですが、百貨店については当初、藤田は日用品と自分の作品が同じフロアに並ぶことに拒否感を示したといいます。ですが、結果として展示と即売をかねた三越会場ではかなりの数の素描が売れたそうです。今日でも海外で類を見ない、百貨店での美術展の開催というシステムの起源は、どうもこの藤田展の成功あたりにありそうです。普段、上野公園の美術館・博物館に行かない層までも足を踏み入れ、ちょっとした「藤田ブーム」、「フランス・ブーム」が巻き起こり、百貨店自体のイメージアップにつながったことでしょう。さらにこの時期は、わが国におけるフランス、フランス文学研究の勃興期にもあたっていました。日仏会館はポール・クローデルと渋沢栄一の尽力によって一九二四年に開館したばかりで、渡邉一民氏の『フランスの誘惑――近代日本精神史試論』(岩波書店、一九九五)によればその前後から「仏文科」の学生数が急増していました。

かくして、四ヵ月程度の短い滞在ながら当初の目的を十分に果たし、藤田は「向こう」、つまりフランスの土になると宣言し、翌一九三〇年はじめにアメリカ経由でパリに戻っていきます。この「極東紀行」の様子はすでに紹介したユキの回想録の第六章「日本への旅立ち」に詳しく書かれていますが、これは昭和初期の日本を直截に観察した滞在記、日仏比較文化論としても興味深いものです。

四　中南米から日本へ――一九三〇年代

一九二九年一〇月のニューヨークに端を発した世界大恐慌の影響は翌年ヨーロッパへと波及し、一九三〇年代初頭からパリの美術市場も低迷します。「日本巡業」に成功して一九三〇年の春先にパリに戻った藤田は再び経済的に苦境に直面しました。二〇年代に得た一戸建ての住宅や高級車を手放すなど生活を清算した後、八月下旬から九月初頭にかけて、藤田とユキはロベール・デスノスと来仏中の甥・蘆原友信を誘ってブルゴーニュ地方に遅いヴァカンスに旅立ちました。のちにデスノスは「ブルゴーニュへの旅」*Voyage en Bourgogne* と題した小説風の紀行文を書いています（発表は死後の一九四七年）。その後、デスノスとの関係を深めたユキとも不仲が深まり、年末には単身でニューヨークに渡り個展を開くなど、この年の藤田は動きが激しいです。《死に対する生命の勝利》（パーフェクトリバティー教団蔵）や《女調教師とライオン》（ジュネーヴ・プチ・パレ蔵）［図5］など、この一九三〇年に描かれた油彩画は数少ないのですが、裸婦を描きながらも二〇年代の作品とは対照的に、乳白色の下地を施さず、強い色彩にあふれた寓意的な表現を見せています。こうした急激な変貌の要因には、ユキを介したシュルレアリストとの交流や、この年に初めて滞在したアメリカ体験との関連も考慮すべきでしょう。藤田、ユキ、デスノスをめぐる人間模様は、二〇〇一年にパリのモンパルナス美術館で開催された展覧会「デスノス、フジタとユキ――シュルレアリストの愛」で詳しく紹介されました。また、一九三〇年初頭にパリに「転がり込んだ」詩人・金子光晴も藤田家にひんぱんに出入りした一人で、藤田の華やかながら孤独な生活を虚実織り交ぜた自伝三部作『ねむれ巴里』『どくろ杯』『西ひがし』（中公文庫、一九七六～七七）に伝えています。ユキはのちにデスノスと結婚しますが、二人の居室には藤田が残したこの《女調教師とライオン》が長らく飾られていたといいます。ユキをモデルにした「女調教師」は猛獣のライオンをすっかり手なずけていますが、足元にはまるで生き物のように黒い手袋が彼女を指差し、背景の暗闇には太陽らしきものがわずかな光の円弧をのぞかせる不条理な作品です。ライオンを藤田の自画像と考えれば、手袋や太陽はユキと藤田の関係を揺るがすことになるデスノスの影と見ることもできるでしょう。

一方の藤田は、一九三一年秋に新しい恋人マドレーヌ・ルクーとともにフランスを離れて中南米へと向かいます。経済的行き詰まりとユキとの結婚生活の破綻からの逃避のような旅立ちといってもいいでしょう。行き先も日程も決まらない放浪の旅で、行く先々で制作し、展覧会を開き、即売しています。滞在はブラジル、アルゼンチン、ボリビア、ペルー、キューバ、メキシコと約二年にも及びます。一九三〇年代の中米、特にメキシコはヨーロッパからシュルレアリストや共産主義者が訪れるなど、文化的に大いに活況を呈した場所でした。藤田が中南米に「逃避」したのは、あくまでもフランスの文脈からでしょう。当時の日本人にとって、この地域はひたすら移民先だったのです。この中南米「巡業」のあいだに、藤田は非西欧世界を旅するエキゾチズムに目覚め、そしてパリ時代からの友人ディエゴ・リベラらが展開していたメキシコ壁画運動を実体験しました。

この西欧でも東洋でもない地域での滞在中、藤田が自分が「フランスの画家」と同時に「日本人画家」でもある二重性を痛感したことは重要です。中南米はフランス美術のコレクターのいる地域で、各地でフランス文化省のサポートを受けることが出来ました。国籍は日本であっても、「フランスで活躍する美術家」、「フランス文化の普及に貢献する人物」という扱いを受けましたが、これは今日のフランスの文化政策につながるものです。彼が現地での体験を書いたエッセイにはフランス人的な人種意識もうかがえますが、同時に二〇世紀初頭から急増していた現地在住の日系移民からの自主的な歓迎も受け、感激しています。そして、一九三三年一一月、藤田はアメリカ西海岸から太平洋航路に乗り込み、マドレーヌとともに日本に向かいます。帰国後、彼は中南米でのスケッチや写真を使った油彩画制作に取り組むことになります。

こうして四年ぶりに母国に戻った藤田は、西欧文化だけでなく、中南米という異文化体験をも重ねた、当時としては稀有な日本人となっていました。帰国当初の藤田は、数年の滞在で日本周辺のアジア諸国を旅行し、かつ再度日本でお金を稼ぎ、再びパリに戻る計画だったようです。ところが、翌一九三四年春には二科会の会員となり、都内（高田馬場）にメキシコ風のアトリエを新築するなど、いきなり日本定住の姿勢を示して周囲を驚かします。「なぜ、フランスで成功した画家が日本に定住するのか？」、「フランスで人気が下降したからではないのか？」という声も上がりましたが、一九三一年にフ

図5　藤田嗣治《女調教師とライオン》
1930、油彩・カンヴァス、147×91 cm
（ジュネーヴ・プチ・パレ蔵）

ランスを離れる段階で彼は現地での生活基盤をすでに放棄しており、中南米巡業も大歓迎ほどには経済効果がなかった以上、ほかに選択肢はなかったのかもしれません。しかも当時のヨーロッパは不況とナチズムの台頭で次第に保守化し、排外主義が高まった結果、「エコール・ド・パリ」の画家も四散していましたし、一九三一年の満州事変以降、フランスでの日本評価も急降下するなど、「異邦人」が母国に戻ることはむしろ逃れられない運命でした。この「一時帰国」は長期化し、戦後の一九四九年まで続くことになります。

日本に定住後の藤田は、まずフランスや中南米での経験を生かすような注文画を次々にこなしています。ブラジル政府がコーヒーの販売促進のために銀座に開設した「ブラジル珈琲店」の壁画（一九三四）、関西日仏学館（京都）のための《ノルマンディーの春》（一九三六）、銀座コロンバン洋菓子店のためのロココ風の天井画（一九三五）など、喫茶店や百貨店の装飾画です。他方、展覧会の出品作には半分外国人のまなざしで見つめたような、エキゾチズム感あふれる日本の農村や田舎、大陸風景を描いていますが、これらはこの時期に彼が重ねた旅の反映でもありました。一九三五年に外務省の委託を受けた対外宣伝用映画「風俗日本」の製作のため、全国をロケハンすることがきっかけでしたが、久々に定住する東京を足場に沖縄から東北地方、さらには中国大陸まで出かけ、それぞれの風俗をデッサンや写真に残しました。一九三七年には秋田の素封家の依頼により現地に滞在し、大壁画《秋田年中行事》を制作しています。こうした「アジア風景・風俗図」は結果的に日本で発表されましたが、彼独特のエキゾチズムでむしろフランス向けの作品に思えます。ところが、一九三七年七月に盧溝橋事件が勃発し、日本は大陸での戦争に本格的に突入していきます。これに伴い、美術家たちにも戦争協力が求められるようになり、藤田も一九三八年以降、たびたび軍部によって大陸や南洋の戦線に派遣され、現地取材に基づいた絵画制作に取り組みました。フランス滞在の長い、人物表現や画面構成力の高い画家の本領発揮の場となりますが、これは「大東亜共栄圏」とされた地域を旅したり、資料を集めて表現する機会ともなりました。

五　藤田という「多文化」の体現者

藤田が一九二〇年代のパリでとりわけ大きな名声を獲得できたことには、本人の才能や努力以外にも複数の理由がありました。まずは「ジャンル」で、彼の表現手段が「文字」あるいは「活字」ではなく「絵画」だったことが挙げられます。絵画が言語よりも異文化圏で受け入れられやすいことは、長い美術の歴史が証言しています。近年でこそ母語以外の言語で執筆する作家が増え、ノーベル文学賞の受賞者にも選ばれていますが、当時はまだ考えにくい段階だったでしょう。第二は「時代」に恵まれたことで、明治時代以降、歴代のパリ留学者によって日本でも油彩画の技術と知識の蓄積が相当進んでいたのです。油彩画の後進国・日本がようやく技術面での「時差」を乗り越え、「日本人（東洋人）の描く油絵」という単なる「珍しいもの（キュリオジテ）」ではない、作品として固有の価値と市場からの注目をパリで受け始めたのがこの二〇年代でした。それを第一次大戦後の国際融和の風潮が後押ししました。第三は人種や国籍にこだわらず友人関係を持つことができた藤田の「資質」です。彼はこの時期パリにあふれていた多種多様な人物の「クロッシング・ポイント」的存在となりました。日本人とフランス人は当然ながら、「エコール・ド・パリ」のかなりの割合を占めたユダヤ系美術家、日本人に勝るとも劣らずこの街を憧憬していたアメリカ人、そして画家や彫刻家だけでなく、画商やモデル、コレクター、詩人、評論家たちが彼のまわりに始終集まったのです。

ところで、近年、岡本太郎（一九一一―九六）の再評価が高まっていますが、その一因に彼の「多文化」性が挙げられると思います。一九二九年から一九四〇年までパリに滞在して絵画修行し、シュルレアリスムや抽象絵画の洗礼を受けた岡本は、並行してパリ大学でマルセル・モースに師事して文化人類学を修めていました。彼がその視点を沖縄や東北、中南米に実践したのは一九五〇年代後半以降のことです。太郎の父・岡本一平とかつて同級生だった藤田は、一九一〇年代から二〇年代のパリに暮らしたことで無意識のうちにこの街で芽吹いていた文化人類学的な視点、思考を身につけていたのではないでしょうか。藤田は決して論理的な人物ともいいがたいのですが、きわめて動物的な鋭い感性で「場」や「時代」の持つ空気を読み取る能力を持っていました。だからこそ、時代の風に身を任せるかのように縦横に世界各地を動き回ったのでしょう。両大戦間の藤田は、戦後の岡本太郎に先駆けた「多文化」の体現者だったことを強調したいと思います。

藤田という画家がまれなる「移動者」、「旅行者」であったことは、これまであまり認識されてこなかったかもしれません。その生涯で、中央アジアやアフリカ中南部を除き、世界のたいていの地域に足を踏み入れています。とくに両大戦間の「移動距離」は明治の日本に生まれた人物としては突出しており、移動手段の大半が航路で船旅だったことも考慮すると、彼が旅にかけた時間と情熱が並大抵でなかったことは明らかです。今日お話ししてきた通り、長く住まったヨーロッパ圏内や中南米諸国に加え、日欧の往復には太平洋航路を選んでアメリカ大陸を何度も横断し、第二次大戦前後には日本国内や中国大陸、東南アジア諸国を私用、軍用で精力的に巡りました。いずれの旅先でも彼は存分に五感を働かせ、スケッチや写真を残し、現地の音楽や踊り、食文化を観察し、その体験はエッセイにも反映されています。彼が戦前に刊行した三冊のエッセイ集は、旅行記として読んでも今なお魅力的です。こうした旅の目的が、実は現地での人間観察と描写が目的だったといっても過言ではないでしょう。頭より目と手がつい先に動いてしまう彼は、出会った相手の個性や人種を見事なまでに描き分けています。肌の色よりかたち、骨相に関心を寄せていたのは明らかで、最低限の筆数で対象を再現することに長けた彼の画風をよく生かしたものです。こうした旅先のデッサンや写真と、同時代の絵画作品との総合的な調査・検討も今後の課題です。

はじめにお話ししたように、両大戦間の藤田の動きは、前半の一九一三年から一九三一年までのパリ定住期、それ以降の日本定住期に分けることができます。前半は基本的に日本とフランスの一対一対応関係でしたが、後半は日本対「多文化」という構造へと変わっていきます。わかりやすい事象としては、一九二九年に刊行したエッセイ集『巴里の横顔』が日本人である彼の目から見たフランス文化紹介とすると、日本帰国後に出した『腕一本』（一九三六）と『地を泳ぐ』（一九四二）では意識的にフランス以外のヨーロッパ諸国や中南米、アメリカやアジア諸国を取り上げることで、自らの多様な文化体験を誇示するかのようなラインナップです。定住したパリでの受容層を前提とした戦略から一九二〇年代に生まれた「乳白色の下地」による画風は、一九三〇年以降に画家が繰り返した「移動」により変貌せざるをえなくなりました。特に三〇年代後半の作品に見られる画風の振幅の大きさ――ある時はフランス風、ある時はメキシコ風、ある時はアジア・エキゾチズム風など――は、日本の受容層のニーズに同化しようと努めた結果と考えられます。それは彼自身の「多文化性」の表れであると同時に、当時の日本が彼に求めた「異文化」表象でもありました。異文化体験者の層がまだ薄かった戦前の日本では、藤田は何かとかり出される貴重な存在だったのでしょうし、本人も器用さとサービス精神にあふれていたのです。一九四一年一〇月、この「油絵かき」は帝国芸術院と国際文化振興会から文化使節としてフランス領インドシナに派遣されています。現地を巡回する「日本画」展覧会に随行し、フランス語で講演したこと――留学によって身につけたフランス語で、フランスの植民地で、母国日本に固有の芸術表現について語る――は、藤田の「多文化性」のねじれともいうべき象徴的な出来事でした。

おわりに

藤田は、本書にも取り上げられた黒田清輝（一八六六―一九二四）と浅からぬ関わりをもっています。二人はフランス生活の長い油彩画家であり、身につけた語学力や人脈を介して「日本文化をフランスに紹介する」役割も担いました。年齢的には黒田が二〇歳の年長で、藤田が東京美術学校に入学した際の主任教授が黒田でした。当然ながらフランス留学の時期がずれており、黒田は一八八四年から一八九三年というまさに印象派が公認ののち解体していく時期であり、藤田の場合は一九一三年から一九二九年までという抽象絵画やシュルレアリスムが一気にあらわれてくる大変革期にあたっていました。さらに留学時の年齢では、黒田が一八歳から二七歳という青年期に対し、藤田は二六歳からでした。また、黒田は元老院議官・黒田清綱の甥、養子という政治家の家系で、のちに本人も爵位（子爵）を継承し、貴族院議員となりますが、藤田は対照的に一族そろって陸軍軍医でした。黒田の死後、藤田は黒田には

「日本人に西洋の油絵の知識を紹介された」恩があるが、自分は「西洋の真似で自分の絵をこしらえはしない」と発言しています。世代が違えば問題意識が異なるのは当然ですが、ここで浮かび上がるのは両者の画家としての個性、資質の違いでしょう。黒田があくまでも純粋美術《ファイン・アート》志向が強かったとすると――それが彼の責務でした――、藤田はかなり早い時期から民衆芸術を好み、職人芸への共感と志向が強く、それが両者の活動と作品、さらには運命の大きな違いにつながったように思います。

藤田と金子光晴の交流は本文中で触れましたが、横光利一とは一九三六年の前半をパリに過ごした彼が翌年『東京日日新聞』に「旅愁」を発表した際、挿絵を藤田が描いています。パリを離れて五年以上が経過し、東京で暮らす藤田にとって、この仕事は久々にこの懐かしい街への思いにどっぷりと浸る時間となったはずです。カフェやホテルなどパリの街並みは細部まで描き込まれ、画家の心のはずみを感じさせます。藤田はこの後、一九三九年四月にあわただしく渡仏しますが、この再度の旅立ちを決意させたきっかけに横光の『旅愁』があったと思わずにはいられません。この滞在中に第二次大戦が勃発し、藤田は一年後に急遽帰国することになりますが、その帰国船上でドイツ軍によるパリ陥落のニュースを聞いています。第一次大戦前の華やかなパリを短期間ながらも実体験していた藤田にとって、その陥落の衝撃は想像以上に大きかったことでしょう。帰国直後の一九四一年ごろから不可解なまで戦争画制作にのめり込んだのは、「パリの喪失感」への反動もあったのかもしれないと考え始めたところです。

藤田が一九三七年に日本で出したエッセイ集のタイトルはなかなか示唆的です。『腕一本』と書いて「ブラいっぽん」と読ませますが、ブラ bras とはフランス語で「腕」を表す単語です。「包丁一本」ならぬ、絵筆を握る右腕一本で自分は世界をめぐっているという決意と自負の表明でしょう。そして、その筆が生み出したのが日本語という特殊言語ではなく絵画だったことが、彼の世界巡業を可能にしました。油彩画の本場フランスで勝負をかけ、作品を売ることで自活できた最初の日本人美術家となった藤田は、国境も国籍も越境し、移動先や時代に同化を試みた先駆的な日本人でもあったのです。パリで「多文化性」に「開かれた」この画家は、一九三〇年代以降、自分という主体を移動させることで「多文化」を体現しました。藤田は明治の日本が生み、一九二〇年代のパリが育てた「多文化」の画家だということで、今回の両大戦間に焦点をあてたお話をしめくくりたいと思います。

【質疑応答】

［質問］「両大戦間の藤田」というと「戦争画」を連想します。今日のお話のなかでは触れられませんでしたが、一九二〇年代や三〇年代の作品とはかなり異質な印象を受けますので、そのあたりをどのように考えればよいのか、おうかがいできればと思います。

［林］今回の藤田についての講演は、限られた時間のなかで「両大戦間」の「パリ」と関わる事象に関してお話しするのが目的でしたので、彼が戦中期の日本で描いた作品群のことや、戦後フランスへ国籍変更したことに触れる時間がなく、残念に思います。近年、この画家についての講演会や研究会では、必ずといっていいほどいわゆる「戦争画」への質問が続きます。美術への関心の如何に関係なく、藤田の「戦争画」が当時も今も見る人の心に強く訴えかける「なにか」を持っていることに間違いはなさそうです。

一九九〇年代以降、日中戦争から太平洋戦争期の日本で描かれた「戦争画」全体への関心が急速に高まり、美術史や歴史などの分野からの専門的な研究が国内外で出てまいりました。日本では河田明久氏、椹木野衣氏や笹木繁男氏のお仕事を挙げるべきでしょうし、フランスではマイケル・リュケン氏、アメリカではマーク・サンドラー氏やバート・ウインザー＝タマキ氏による論文があり、これらを参照されることをお勧めいたします。私は一九一〇年代から二〇年代のパリの国際的な美術動向のなかでの日本人美術家の活動に関心を持つ中で藤田研究をすすめておりますので、戦争画について包括的な視点で述べるのは荷が重過ぎます。現段階の私がお話しできるのは、藤田の画業のなかでの戦中期の制作がいかなるものだったのかということです。裸婦や猫がいる「私的な空間」を描くことを得意としたこの画家にとって、同時代の出来事を「記録」し、一般大衆に伝えることを第一義的な目的とした「戦争画」は本来異質なものだったはずですが、実際にはたいへん大きな成果と影響力を持つことになったのです。

藤田が戦争をテーマにした絵画制作に取り組むのは、一九三七年七月に盧溝橋事件が勃発し、いよいよ日本が中国と本格的な戦闘体制に入った一九三八年前後からです。この年の秋、彼ははじめて海軍省嘱託として中国に派遣され、《南昌飛行場焼打》や《武漢進撃》など戦地に取材した「作戦記録画」を描きます。人物表現や画面構成力の高い画家としての本領発揮の機会となりますが、この時期の作品はまるで報道写真を写したような醒めた制作で、いかにも義務を果たしているという印象を与えます。そんななか、一九三九年四月、藤田は突然フランスへと旅立ちます。「帰国」ではなく短期滞在を前提としたもので、到着直後の九月に第二次大戦が勃発して、翌年春にドイツ軍がパリに迫ると、混乱するパリを離れ、日本へ向かう最終の欧州航路に乗り込みました。そして、一九四〇年六月の「パリ陥落」の報を受けると、帰国直後のこの画家は長年の「おかっぱ頭」をばっさり切って、「時局」への自粛、協力の意を表明します。フランスでの名声を誇ってきた画家が、フランスと離別して母国のために「彩管報国」（絵筆によって国に報いること）するという「ねじれ」が、かえって大衆のこころをつかむことになります。この頃から、藤田は急速に戦争画制作に傾倒していきました。日本の戦局の拡大とともに軍関係の仕事が急増し、中国大陸や南方の戦場にも積極的に取材に出向きます。一九四一年一二月、真珠湾攻撃により日本はついに太平洋戦争に突入し、勢力圏を拡大しますが、翌年六月のミッドウエイ海戦ののちは敗退を続けます。戦況の後退とは対照的に、藤田の作品がほかの画家やそれまでの自身の制作とも異なる不思議な「熱気」を帯びはじめるのはこの時期で、フランス画壇との決別までもエッセイで表明しています（藤田嗣治「欧州画壇への決別」『改造』二五―二、一九四三年二月）。もはや正規ルートからの報道写真など期待しえない戦況を、藤田は国内にあってそれまでの経験と想像力を駆使して次々に描きあげていきました。《アッツ島玉砕》や《サイパン島同胞臣節を全うす》などの玉砕の場面は、今日のわれわれの目には戦意高揚につながったとは思えない凄惨さにあふれています。描かれた折重なる無数の人体には、速報性のために短時間で描くことに目覚めた画家の高揚感、陶酔感がみなぎっています。ですが、当時、藤田によるこうした作品が展覧会に展示されると、合掌したり、線香や賽銭が供えられるなど、戦争末期の特殊な心理状況にあった一般の観客はかえって共感を寄せたと伝えられます。

では、当時ほかの画家たちによって描かれた「戦争画」と藤田の作品にはどこに違いを見出しうるのでしょうか。絵画としての「完成度」の高さと並んで、戦時下のこの画家の制作のかなりの割合が軍部からの注文画（作戦記録画）だったことは特筆すべきです。戦中期の藤田は、ちょうど五〇歳代という画家としての成熟期にあたっていました。国内画壇の中軸世代としての責務に加え、それまでのパリでの名声、そして持ち前の堅実な人体描写力と画面構成能力もあって、彼に「格の高い」もしくは「有名な、重要な」作戦についての制作依頼が集中したと考えられます。藤田自身もそれを当然と受け止め、不可解なまでにのめりこんでいった背景には、本人の資質だけでなく、画家としては珍しく陸軍関係者のそろった一族の出身だったこともあったはずです。かつて軍医総監であった父親への親孝行の好機でもあり、軍部からのそれなりの情報提供や厚遇、期待や要望があっても不思議ではないでしょう。戦争末期の劇場的で感傷的な藤田作品は時に「厭戦的」ともいわれますが、それでも官憲から批判を受けなかったのは、こうした彼の画家としての地位や名声と、陸軍一家という出自が配慮されてのことかもしれません。まだまだ申し上げるべきことはたくさんありますが、この場では画家としての実力と経歴、本人の資質や出自など複数の要因が重なったことが、戦争画と藤田の関わりをほかのどの画家よりも強くしたと指摘するにとどめておきます。

私がいま漠然と考えているのは、藤田の戦中期の動静を国内のほかの画家たちと対比するだけでなく、仏文学者などフランス系知識人と比較することの必要性です。ドイツ軍によるパリ陥落後の彼らの多くに見られた「フランスからの乖離」や「日本回帰」の要素を藤田に見出すことが可能なのかどうか。これは今後の私の研究課題のひとつとしたいと思います。

金子光晴——泥まみれの詩人

安藤元雄

[司会（小林）]「両大戦間のパリの日本人」という題で、今まで大杉栄、九鬼周造、藤田嗣治の三人の人を取り上げてまいりましたが、今日は四人目で詩人の金子光晴でございます。講師は安藤元雄さん。安藤さんはご存知のように思潮社から詩集『フーガの技法』、『めぐりの歌』、『カドミウム・グリーン』を出されている詩人ですが、同時にフランス文学者で近現代のフランス詩の研究家であり、明治大学でフランス語とフランス文学の先生をしておられます。ボードレールの『悪の華』（集英社、一九九一）を翻訳していますし、岩波文庫から『フランス名詩選』（二〇〇一）を出しておられ、『フランス詩の散歩道』（白水社、一九九六）という鑑賞の手引きも書いています。私よりまだ年がお若いので、まだ定年になっておられないということを先ほど伺いました。羨ましい話だと思います。それでは、詩人による詩人論ということで安藤さんにお願いいたします。

こんなにたくさん本を持って来ましたけれども、多分これはお話の間中、一度も明けないんじゃないかと思いますが、これは私にとっての安心タオルみたいなもので、どうもそばにないと落ち着かないんですね。ですから一応持っては来ましたけれども、実は今回の講演をお引き受けしちゃって、こういう本を下調べし始めて、これは困ったものをお引き受けしてしまったと自分で思いました。と言いますのは、ここにある清岡卓行さんの『マロニエの花が言った』（新潮社、一九九九）という大長編、上下二巻ありますが、このうちの下巻のほとんど丸々一冊は金子光晴に使われております。上巻の方では、岡鹿之助から始まっていろんな人が出てくるのですが、下巻はもうずっと読んでいくと金子光晴（一八九五―一九七五）のことばっかりですよね。こんなに詳しく書いてあるのだから、これを読めばそれでいいじゃないか、という気がちょっとするわけです。そこへ持って来て、今橋映子さんという最近出色の文化社会学者が書いた『異都憧憬　日本人のパリ』（柏書房、一九九三。平凡社ライブラリー、二〇〇一）、これがまた金子光晴について一・五章ぐらい割いてあるんですね。この本の著者の今橋さんは、金子光晴がブリュッセルに残してきたいくつかの絵を掘り出して、この中に写真版で入れているというぐらいに、綿密な調査をなさっていますから、これもまた、この本をお求めになって、あるいは図書館で借り出されて、読んでいただければそれでいいので、もう私のしゃべることはないいじゃないかとつくづく思いました。

一　詩人が体験を言葉にするということ

そのないことを何とかあるようにお話ししなければいけませんので、とても今、困っております。そう言えば光晴の二回目のヨーロッパ滞在、彼は一生の間に五回ぐらい海外に出ていますが、そのうちヨーロッパには二回行っています（一九一九年と一九二八年）。その二回目のヨーロッパ滞在から帰って来た、この時は奥さんだった森三千代さんという女性と一緒に行って一緒に帰って来た。ただし一緒と言っても、別々に行って向こうでおち会うわけですし、帰る時も別々で、彼が先にマルセイユから船に乗ってシンガポールで降りて、そこでもたもたしていると奥さんが一ヵ月ぐらい遅れて後ろから別な船で追いかけて来て、シンガポールでばったり会って、そして奥さんのほうが先に日本に向かっちゃったという不思議な旅なんですけれども。その二度目のヨーロッパ滞在から日本へ帰って来ました時に（一九三二年）、もうこの頃彼は相当文壇で知られた詩人でありましたから、仲間たちが集まって「金子光晴夫妻帰国記念講演会」というのを東京で開いたそうです。こういう時に、普段お金の儲からない詩人なんかがやる講演会は、だいたい目的が決まっておりまして、つまりお金を稼ぐためなんですね。帰国したばっかりで職もないだろうから、当座の足しに、という意味がきっとあったのでしょう。仲間たちも初めからそのつもりで、そういうイベントをセットしてくれた。その「帰国記念講演会」に、当然自分の会ですから金子光晴は出たんですが、この「金子光晴全集」（中央公論社）の年譜によりますと、この時金子は一言も喋れなかった、喋らなかったのではなくて「喋れなかった」と書いてあります。自分のための、

金子光晴（毎日新聞社提供）

そして自分がやる講演会なのに、喋れなかったというのはずいぶん不思議なことで、実際、当日の会の様子がどうだったのか、もっと詳しいことを知りたいところですけれども、今となっては分かりません。ただ私はその記事を年表の中に見ました時に、何かこう、「本当だ、そうだよな」という感じがいたしました。つまりそれは、金子が単なる観光旅行みたいな感じでヨーロッパの上っ面を眺めて帰ってきたわけではなかった、ヨーロッパの本質のようなものにぶつかっていた、その証拠じゃないかという気がいたします。旅から帰ってきて旅行中の見聞を喋りまくる、あそこじゃ面白かった、ここじゃつまんなかったという話をべらべらやるっていうのは、第一に美的な意味で軽薄でありますし、それよりも何よりもそのようにすぐ言葉にできちゃうっていうのは、日本人の無口な感性から言いますと、なんか嘘っぽいんですね。「行ってきたか」と訊かれて「行ってきた」と、「どうだった」と言われて、「うーん、それがなあ」と言って黙っている方が、一つには奥ゆかしいし、もう一つにはそれが本当の反応じゃないかという気がします。つまり、そこで得たもの、そこで味わったもの、さまざまな体験、そういったものを、もっと自分の中でじっくり時間をかけて反芻してからでないと、なかなか自分のオリジナルな言葉として人前に出すことができない。

小説家だったら、もしかすると別かもしれません。現にこの次の講演会で予定されている横光利一という人は、行って帰って来てまもなく『旅愁』なんていう大作を書いておりますから。ところが詩人というのはですね、そんなに右の耳から聞いたことをすぐに左へ向かってしゃべるというような、器用な人間ではないのでありまして、いっぺん頭の中に全部入れて、そしてお腹の中で全部発酵させまして、長い時間をかけて醸造して、そして出来たお酒をちょっぴり出す、というのが詩人の生き方なんですよ。ですから、ヨーロッパで何があったか、何を感じたか、ということを、帰って早々すぐには人前でお話しできない、というところに、私は何かやっぱり金子という人は本物だったんだという、そして本物のヨーロッパ体験をしたんだというふうな感じを持ったわけです。

光晴が全然喋らないわけではありません。やがて時間が経って、お酒が醸し出されて来ますと、いろいろ喋ることもできるようになります。金子もそういうヨーロッパ旅行、特に二度目のヨーロッパ旅行体験を基にして三つの、本一冊分に当たる旅行記と言いますか、体験談と言いますか、そういうものを書いています。第一番目が『どくろ杯』(一九七一)、第二冊目が『ねむれ巴里』(七三)、第三冊目が『西ひがし』(七四)(現在は中公文庫)という、一種の三部作なんですけども、こういう旅行記を三冊も書いたくらいですから、決して彼は喋るのがきらいだったんではないですよね。ただし、彼がこれらの旅行記を書きました時は、もう帰国から随分経っておりますので、彼が行って帰って来たのは、だいたい昭和一ケタの時代で、そして彼がそれらの長い旅行記を書いたのはもう第二次大戦後もだいぶ後の話ですから、相当時間が経っています。そこで、どうやらそこに書いてあることを全部信用するわけにはいかないということにもなってしまいます。つまり、記憶違いがあるかもしれず、長い時間が経つことによって、思い出の中で美化するものもあるかもしれず、あるいは逆にわざと汚くするところもあるかもしれず、本当はあったことでも言わずに隠してしまうことがあるかもしれません。とりわけ、金子光晴本人も、それから一緒に行った奥さんの森三千代も、それぞれかなり恋多き夫婦でありましたから、それぞれ異性とのいろいろな出入りがどうもあったらしんですが、そういうのは適当に書いてはありますが、もっと深刻なことは書いてないというふうなこともありそうです。

そういうわけなので、詩人が体験を醸造してくれるのはいいんですが、醸造して出てきたのがそのまま本物の事実そのものだということにはもしかするとならないかもしれません。何と言っても詩人と新聞記者は違うのであります。

私は困ったことに、若い頃しばらくジャーナリストをやって、それから物を書くようになりましたので、その両者の矛盾みたいなものはいつも感じているんですけれども、ジャーナリストというのは自分が取材した限りのことをどんどんリポートしなきゃいけない。詩人は今申し上げたように、じっくり考えなければいけない。そういった、何というかこう根本的なところの生き方の差のようなものがあります。

二 渡航事情の今昔

今回のテーマは、こうやってパリ、それも両次大戦間、つまり第一次大戦と第二次大戦の間のパリという一つのトポス、空間、地上の空間の中で日本人が何を味わい、そこでの体験が彼のその後の世界にどう影響して行ったかというふうなことを語らなきゃいけませんし、それから現地で、今度は日本人同士が同じ空間の中で出会います。中には威勢のいい人もいるし、こっちには恰好の悪い人もいて、その中にまた優越感があり劣等感があり様々なことがあります。それから年齢もある程度中高年に達している人もいれば、若い人もいる。例えばこの講座でも演題になっておりました藤田嗣治（一八八六―一九六八）というふうな人、これはかなりもう年配なんですよね。しかもパリで絵描きとして相当の成功を収めている。そこへ若い画学生の岡鹿之助（一八九八―一九七八）が行く、というのがこの清岡さんの『マロニエの花が言った』の初めの方に書いてありますけれども、そこで岡鹿之助は藤田のどこに惹かれて学び、そして藤田のどういう部分は取り入れずに頑なに拒否したか、というようなことがこの清岡さんの本の中には綿密に計量してあります。そういうわけで、この清岡さんの本は余りにも大作でちょっと昼寝の間に読み通すというわけにはいかないかもしれませんが、是非一度お読みになってくださ い。そうするといろいろ面白いことが出てきます。

ところで、そうやってそこに行った人達というのは、必ずしも日本人の全部が行ったわけではありません。今のご時世でしたら、日本人はほぼ全員パリに行ったことがあると考えてもいいくらいにパッケージツアーが流行っていて――もっともこないだのテロリズムで少し調子が落ちたかもしれませんが――、ヨーロッパの辺りを旅行しようとするならばまず直行便でパリに行く、そこからまた自分の行きたい所に行く、というスケジュールになっているのが普通だものですから、パリを全然味わったことがないっていう日本人は今となっては少数派かもしれません。しかし当時はもちろんそんなことはなかったわけでありまして、行くには行くなりの動機があり、そして目的があり、といった手順を踏まないとなかなか行かれない。

私自身が初めてパリに行ったのはもう今からほぼ四〇年近くも前の話です。その頃はまだ飛行機も今のようなジャンボジェット機ではありませんし、航続距離も短かった。私はボーイング707という飛行機に乗せられました。いっぺんにヨーロッパまでは飛べないので、必ずアンカレッジという所でいったん降りて、そこで給油をして、そこからヨーロッパへ向けて飛ぶんですが、これがまた一度にロンドンなり、パリなりに行かれないんですね。もうあとわずかな所で航続距離が届かない。だもんですから、たいていの北回り便はアンカレッジの次にはコペンハーゲン、つまり北からヨーロッパに入る形になります。後に私は文化史を学んで、例の民族大移動を考えた時に、民族大移動というのは東から西へ行ったように見えますけれども、ヨーロッパのところではこういうふうに回って、そこだけをとってみるとだいたい北から南へ向かう圧力となるわけですね。自分のやったことと重なるような気がしておもしろいと思ったことがあります。

そういうわけで、コペンハーゲン、私の乗った飛行機はコペンハーゲンではなくてハンブルクという所に着きましたが、いずれにしてもヨーロッパの北の端で、北回りをしてかろうじてそこへ届く。そこでまた乗り換えて一時間ぐらい飛ぶとようやくパリに入れる、というコースで行きました。それでも私は自分の勤めていたジャーナリズムの会社から派遣されて行ったものですから、まだしもそういうコースをとりましたけれども、当時ほぼ私と同年輩であった同窓の友人たちは大体、大学を出て大学院に残ってやがて留学生試験に受かってフランスに留学に来る、ちょうどそれと、入社数年で会社から派遣されていった私とが重なったものですから、パリで旧交を温めて一緒にご飯を食べたりとかいたしました。

ところが、そういう留学生たちは、当時まだ日本からフランスへは飛行機に乗ることすらできなくて、船で行ったものです。それも、今のような豪華クルーズと称する豪華客船はありませんので、ヨーロッパから日本まではるばる来るメサジュリー・マリティムという会社が運営する貨客船、半分貨物で半分客船という船に乗って、南のインド洋をまわってスエズ運河を通ってマルセイユ辺りに上陸する。それから、列車でパリに来る、というふうなコースだったようです。ほんの四〇年前ですが、そうでした。

しかも、この四〇年前っていうのは、敗戦国の日本でまだ外貨の持ち出しができない時で、一人五〇〇ドル以上持って出てはいけない、というんですね。五〇〇ドルというといくらでもありません。まあ当時ドルは高かったんです。一ドル三六〇円でしたから、五〇〇ドルと言えばある程度まとまった額にはちがいないのですが、そんなもので長い外国滞在ができるわけがありません。ですから、何のつてもない人は必ず闇ドルを用意しなければならない。闇ドルは三六〇円では買えません。少なく見積もっても五〇〇円ぐらい出さないと買えないし、そういうのを買うのは違法行為ですから、こっそり誰にも内緒で買わないといけない、ということがあります。ですから、悠々とヨーロッパへ行くには、留学生試験に受かるとか、あるいは私のように自分の勤め先から派遣されるとか、そういうお墨付きがないと行かれなかったわけですね。留学生には当然滞在費が出ますし、私のような派遣社員には本社からの送金が許されていますから、それで何とか向こうで生きていけるわけです。

私がたまたま向こうで出会ったのが、大学時代に同じ教室で学んだ友達、それが留学生になって来ている、という恰好でしたから、私自身は会社員としてパリで働かなければならないんですけれども、働く以外の時間というのは、そういう友達と交流して暮しています。そうするとどうしても昔の学校仲間ですから、気分はまだ学生です。ですから、パリでなければ手に入らないようなもの、例えば本があれば是非買いたい。あるいはパリでなければ味わえないような音楽会だとかオペラだとか展覧会だとか、そういうものは欠かさず観に行きたいというようなこと、それも劇場の一番後ろ、俗に言う天井桟敷のようなところで安い値段の切符でそういうものを聞くというようなことをしょっちゅうしていました。

ただ本代はなかなか値切るわけにはいきません。特に古本となると高いですから、当時私がパリで古本屋で見つけ出して買った本で、今でも家宝にしておりますのは、ヴィオレ＝ル＝デュック Viollet-le-Duc という人の建築辞典全一〇巻です。確かあの頃日本円換算で五万円ぐらいだったんじゃないかと思います。たいへんいい本ですから、私は五万でも安いと思ってそれを買いましたけれども、そのための五万円相当を滞在費から捻出するために、白状しますと私はかなり東京の本社に対して会計を水増しした覚えがあります。

ところがこれは、いずれにせよ第二次大戦後の話なんです。今回ここで問題にしている両次大戦間という時代は、むしろ日本から向こうに行く人達にとっては大変有利な時代だったように思います。つまり、第一次大戦でヨーロッパがかなりひどいことになる。そしてその後始末の意味で、かなりのインフレが起こる。特にドイツは第一次大戦で負けた側ですから賠償金を膨大に払わなければならず、周りもドイツを二度と立ち上がらせたくないというので、散々ひどい目にあわせた。そのために結局、マルクというお札は増刷に増刷を重ね、その結果マルクの価値が暴落するわけですね。ということはどういうことかと言えばものすごいインフレが起こる。そうするとですね、これは日本から円を持って行った人の方がずっと強いわけです。ですから当時の留学生はドイツに行った場合は、本屋さんに行っても、私のように会計を誤魔化す必要は全くなくって、古本屋へ行ってざっと眺めて、この棚のここからここまで全部くれというふうな大変鷹揚な買い方をしたそうであります。

後に日本でマルクス主義が大いに盛んになるのも、あれはドイツ語の本ですから、一つにはそんな感じでマルクス文献がいっぱい入ってきたんじゃないかという気がします。どうも日本では同じ左翼でも、マルクスは優勢ですが、例えばフランスのジャン=ジャック・ルソーなどの本は、中江兆民があれほど紹介していたのに、あんまり入ってきません。入ってきても微々たるものであります。ところがマルクスの『資本論』の初版なんていうすごい本が日本にはあっちの大学にもこっちの大学にも何種類もあるという状態ですから、これは、あの頃ドイツへ行くっていうことは、そういう意味ではとても面白かったのかもしれないという気がいたします。

フランスはそれほどのことはありませんでしたけれども、やはりそれなりに、何しろ国境を一本隔てた隣の国がそういう経済状況ですから、フランスに響かないわけがないので、フランスでもフランの対円レートは相当低いところまで落ちておりました。たしか、今現在一フランは目見当で二〇円ぐらいですね、だいたい目見当で。実際、いろんな計算法があって一五、六円だっていう人もいますけれども、まあそんなもんです。ところがあの頃は一フランが一円以下だったような気がいたします。円を持っている日本人は相当、そういう意味ではフランスでの生活をエンジョイできたわけですね。ですから、フランスに行く人の中にはずいぶんいろんな人が出てきました。

その時点から見て一昔前、つまり明治の後半でしょうかね、その辺でヨーロッパへ行った人と言えば、例えば森鷗外や夏目漱石をお考えになってみれば分かると思いますけれども、いずれも国家の要請を受けて派遣された若き秀才という、そういう形で、帰って来たら国家の役に立つ人間になってくれ、という恰好で使命感を持って送り出されたわけです。いずれもだいたい東大その他の官学、つまり政府直轄の学校の出身者たちでありました。ところが大正期になりますと、様子が変わってきます。とりわけ、第一次大戦後の時代になりますと、変な言い方をすると、猫も杓子も行こうと思えば行ける、という状態になります。とりわけ、お金のある人は行ける。それで、お金持ちの坊ちゃんとか、大会社の社長の息子さんとか、そういった人達が箔を付けるという程度の目的で随分出かけたようです。

絵描きさんなんかでも、明治の頃の人は、例えば黒田清輝（一八六六―一九二四）という人がそうであったように、帰って来たら日本の美術界の重鎮になると初めから分かっている構図で行っています。ところがこの頃になると、例えば後に日本でも名を上げましたけれども、本人は大変惨めな死に方をフランスでしてしまった佐伯祐三（一八九八―一九二八）とかですね、こういった絵描きさんたちが苦労しながら自費で行った。佐伯祐三の場合などは大変気の毒で、本人が結核にかかっている。奥さんは足が悪くて松葉杖をついている。その奥さんを連れて行くんですね。そして生まれた子供、女の子、この子もどうやら結核に感染してしまうらしくて、佐伯祐三がパリで死に、まもなくその娘も死に、奥さんは松葉杖をついた体で二つの遺骨を抱えて日本に帰る、というふうなこともありました。

そういうふうに時代が変わりましたから、行こうと思えば行ける代わりに何かはっきりした目標を持っていないと、何のために俺はこんな所へ来たんだ、というようなことにならないとも限らない。そういう時代でもあったようです。そういう時代の中で、今の「何のために俺はこんな所へ来たんだ」というのは金子光晴自身が書いているんですね。パリへ来て三月もいて何のために俺はこんな所へ来たんだと考えないような奴は馬鹿だと、はっきり書いております。

三　金子光晴の最初の旅

金子光晴自身はどうやって行ったかといいますと、一回目と二回目では大分様子が違います。一回目の時は、彼はパリにほんのわずかな時間しかおりませんでした。ほとんどのヨーロッパ滞在を彼はベルギーのブリュッセルの近くで過ごしたわけです。

この時はですね、実は、金子光晴は、彼を育ててくれた義理のお父さんが亡くなりまして、かなりの額の遺産を相続して持っていたんですね。この義理のお父さんという人は、清水組、今の清水建設だと思いますが、それの支店長をやったような人で、かなり裕福だった人ですが、同時に大変な趣味人でもあって、骨董品もいろいろ持っていた。それが亡くなりましたので、バブル後の今日ですと、遺産が問題になるのはせいぜいマンションとか家屋敷とかが問題になるんですが、当時のことなので、もちろん家屋敷もあったでしょうが、それ以上に彼の残したいろいろな骨董品が遺産の大きな部分を占めていて、何でも、二〇万円ぐらいあった。当時の二〇万円ですから大きいですね。そして、その二〇万を、金子光晴はその人の養子だったんですけれども、養子の光晴と、それから彼を育ててくれたお母さんとが、半分分けした、というふうに書いてあります。若造が一〇万という大金を持ちますと、いろんな人、今まで会ったこともないような親戚とかがどっと寄って来て、金をちょっと貸してくれとか、おもしろい事業があるから投資しないかとか言って、どんどん持って行っちゃうんですね。その中にはなんと金子光晴の産みのお父さん、大鹿さんという人ですけれども、ついでながらこの大鹿家に金子光晴の弟として生まれているのが、後に大鹿卓というプロレタリア系の作家になるわけですが、この大鹿のお父さんも突如現れて、おもしろい鉱山があるんだが、一万円出さないかみたいなことを言う。

そういうわけで、遺産がどんどん減っちゃうわけですね、しまいにある骨董屋さんが現れまして、こんなところで遺産でもぞもぞやっていたって仕方がないから、ひとつヨーロッパへ行かないか、と言って彼を誘う。これもまた魂胆がありましてね、実は金子光晴からお金を借りて、三千円ぐらい借りて、それで骨董品の仕入れをやって、それをヨーロッパへ持って行って売りさばいて、高く売れたらその三千円は光晴に返すと、言わば資本調達係として若い光晴を利用したわけです。

とにかく光晴はこんな日本から外へ出られるということで喜んで一緒に行ったんですね。そして、この骨董商、国際的な骨董商人ですから、いろいろヨーロッパでも顔が利くので、ブリュッセルの郊外に住んでいたルパージュという人、この人は日本の骨董品である根付の収集家であったそうですが、そこの家に光晴を預けます。この人はとても親切な人で、光晴と一緒にいろいろ日本の骨董品の談義をしたり、あの本を読んでごらんとか、あの博物館に行ってごらん、とリードをしてくれて、だいたい一年ぐらいの間ですけれども、光晴にとってはまだ若い状態ですから、とても勉強になったようです。

一九一九年の二月に日本を出てリヴァプールに上陸し、ロンドンにちょっといてからベルギーに行く、というコースを取りますから、光晴はその時にすでにパリに行きたかったらしいのですが行かず仕舞いでした。しかし最後に帰る時にはマルセイユから船に乗るということになりましたので、ベルギーからマルセイユへ行こうと思えば当然パリを通りますから、パリにほんのちょっと半月ぐらい居ました。というわけですから、この時の光晴はパリをほとんど見ていないと言っていいでしょう。光晴としても、観光客が見る程度のことしか見られなかったと思います。

こういう経験をして、一九二〇年にいっぺん帰って来ますが、二度目のヨーロッパ訪問というのはかなり壮烈なものでありました。というのはこの二〇年に帰って来て、彼はここで『こがね蟲』(一九二三、復刻版＝名著刊行会、一九七〇)という二番目の詩集を出します。二番目の詩集ですが、最初に出した『赤土の家』というのはヨーロッパへ行く前に書いていて習作のようなものですから、彼の代表作としての最初のものはこの『こがね蟲』です。この『こがね蟲』ではですね、この時のフランドル体験がかなり濃厚に現れているもので、後に彼の書く詩とはずいぶん違います。かなりの美文調で書かれていますし、美的で高揚した気持をもって書いています。どんな調子かと言いますと、まず序文がこんなふうに書かれているんですね。

余の秘愛『こがね蟲』一巻こそは、余が生命もて賭《かけ》した贅澤な遊戯《あそび》である。倡優の如く余は、『都雅《みやび》』を精神《こゝろ》とし、願はくば、艶白粉、臙脂の屍臘ともならうものを……。

『こがね蟲』は其綺羅な願である。

こんな調子ですが、さらに続けて、こうも書きます。

西暦一千九百十九年二月、余の歐羅巴旅行は積歳の膿漿《アイテルング》を切解した。それは、永年の『倦怠《おこたり》』を、いみじくも脱套した。

余は『無目的』の爽快を呼吸した。

〔……〕静かな散策　心落着いた読書三昧、楽しい詩作、さうした毎日の、孤獨《こどく》な、然し、真率な生活は、余が半生の静かな回顧への、貴い機縁を残してくれた。

彼がフランドル滞在中にいろいろ読んだフランスの主な詩、その中にはボードレールも含まれますし、ベルギーの人であったら誰でも読んだであろうヴェラーレンとか、そういう詩人たちが並んでいたと思いますが、おもしろいのはこの序文の中で金子光晴は、実はボードレールの詩「旅」ですね、これはご承知の方も多いと思いますが、『悪の華』の再版の巻末に収められた非常に長い詩であります。初版の時には入っていなかった、それを再版の時に入れた、という詩ですね。で、この第五節を原文で引用しています。

"Mais le vrai voyageur sera ceux qui partent pour partir."
(だが本当の旅人というものは、出発のために出発する人々である)

つまり、何かの目標とか、商売で行こうとか、勉強で行こうとか、そうじゃなくて、もう行きたくてたまらないから行く、というのが本当の旅人なんだ、という意味でしょうけれども、これを原文で序文の中途に引用しております。

ところがですね、おもしろいのはこの全く同じ箇所を、実はすでに明治四一年(一九〇八年)、金子光晴よりかなり前ですね、永井荷風が『あめりか物語』のエピグラフとして引用しているんです。ただし、この時の荷風は訳文で入れております。かなり文語調の訳で、

「ただ行かんがために行かんとするものこそ、真の旅人なれ。」云々。

もう少し長く引用していますけれども、今の箇所ですね。まさに金子光晴がフランス語で序文の中に入れた箇所を、荷風は日本語で書いている。

荷風の『あめりか物語』というのは、荷風がアメリカに五年程居て、それからヨーロッパに一年程居て、ただし、パリではなくてリヨンというところにしばらく居て、帰りがけにパリにちょっと寄って帰って来た。日本に帰って来ますと、彼はいわゆる「新帰朝者」になります。『あめりか物語』という本は新帰朝者である荷風が日本に対して、日本の国内で世に問う第一作であったわけですから、そこにこのような言葉を入れたということは、自分の海外体験をいわばプロパガンダするというか、デモンストレーションするといいますか、そういう形で、一種の態度表明をそこで行ったものと考えられますが、同じことを金子光晴が『こがね蟲』でやっている。すなわち、光晴が『こがね蟲』を日本で発表することにかけた意気込みのようなものは、荷風のそれとよく似ていたということになるのではないか、と私は思います。

実際に光晴は若い頃、いろんな大学を転々として、結局どの大学も出なかったんですね。暁星で中学を終わるんですが、その後大学は入っちゃやめ、入っちゃやめ、その中で慶應義塾大学にちょっと入ってすぐやめてしまいます。この時にですね、慶應義塾大学の教授にはまさに荷風が新帰朝の先生として威張っていたはずなんです。それじゃあ、荷風と光晴は慶應義塾大学の三田の教室で相まみえたろうかというと、多分駄目だったと思います。というのは、先生のほうも生徒のほうも、ろくすっぽ教室には行かなかったらしいからです。まず、光晴がほとんど登校していないというのはほぼ確かでありますし、荷風の方も、多分しょっちゅうサボっている先生だったんじゃないか、現に、荷風はその後やがて素行が悪いということで慶應の本部から文句を付けられて辞めてしまいますし、その間に、『三田文学』という雑誌を創刊して、これは今でも伝わっているいい文学雑誌ですけれども、そういうわけで、いいチャンスだったのにどうやら荷風先生と学生光晴はついにすれ違いに終ったのではないかと私は推測しています。

この時にですね、光晴がヨーロッパへ行くのに、いわば骨董の商人として、商人の手先として出かけたということは、私としては大きな意味があったのではないかと考えています。つまり、向こうが俗に言うジャポニスムで日本の美術品を評価して買い集めようとする。しかし、ヨーロッパの人にはそういう日本の美術品についてのとことんまでの知識はありませんから、誰か日本人に教えてもらわなければならない。この時に光晴はですね、実はさっき言った大学を転々としたということからも分かりますように学業の方は棚にあげっぱなしだったんですが、絵を習ってるんですよ、日本画を。そして、後の二度目のヨーロッパ訪問の時は、お金に困ると絵を描いて売って何とかしていた、というくらいですから、かなり誤魔化してはいたかもしれないにしても、一応描いた絵を金に替えることができる程度の絵描きではあった。ですから、ベルギーで根付をたくさん集めている人、この人と骨董品の談義をすることは当然できたと思いますし、それから博物館へ行くとそこには浮世絵のコレクションが相当あった。それを光晴自身の言葉で言えば「値踏みしてあげた」と言っていますが、要するにこの絵はいい絵だ、この絵はあまり大したことはない、というふうなことを言って貰えれば博物館側は陳列に非常に役立ちますから、多分そういうふうなランク付けをしてあげられたんじゃないか。

つまりですね、単に光晴はお金をもっていただけではなくて、この特殊な局面でヨーロッパに対してある程度リーダーシップを発揮できる、そういう位置に若いながらいたんですね。このことはとにかくひたすらヨーロッパから学んで来なさいと言われて、ロンドンに行ってノイローゼになっちゃった、という夏目漱石なんかに比べれば、精神的にかなり有利な態度を取ることができます。光晴は元々遊び好きな人ですから、大いに遊んだかっていうと、むしろそういう有利な立場なら遊べるように思いますが、このフランドル滞在中はほとんど遊ばないで、今申し上げましたような、このルパージュという人が勧めてくれるいろいろな詩集やなんかを一生懸命読み耽って猛勉強を一年ぐらいやったらしいんですね。そうして帰って来て、先ほどの荷風の意気込みと同じ意気込みをもって『こがね蟲』を出したということになります。

四　光晴と森三千代——二度目の渡欧

この『こがね蟲』が出たのが先ほど申し上げたように一九二三年です。ついでに言うとこの二三年というのは関東大震災の年です。一九二四年に突然、森三千代という、まだお茶の水の学生だった女の子が現われて、この女の子は初め光晴ではなくて吉田一穂《いっすい》（一八九八—一九七三）という別な詩人、光晴よりも若い詩人ですが、その詩人が好きだったのを光晴の方から言い寄って吉田との仲を清算させて、そして自分と結婚させた。まだ学生ですよ。彼女は遠くから東京へ出てきて、寄宿舎に居たわけですが、やがて彼女は妊娠してしまいます。そうすると、これは当時の厳格極まるお茶の水大学ですから、当然退学せざるをえない。で、うっかり退学すると、彼女は非常に成績が優秀だったんで、特待生の待遇を受けていたんだけれども、そのお金を返さなきゃならない。それを彼女のお父さんが上京してきて、困ったことながらかわいい娘のためですから、一生懸命大学と交渉して、大学側もそこは温情をもって、では病気退学ということにしなさい、家へ帰って何でもいいから診断書を一通作って大学へ送ってくれれば、それで病気中退ということにしてあげよう、というので、今言ったように不行跡による退学なら、もういわば刑罰を背負うようなものですから、それに比べれば穏便に大学側も計らってくれた、というわけです。

この森三千代（一九〇一―七八）と二四年から生活を共にするようになるんですが、光晴は相変わらず俺には遺産があるんだからと何となく呑気に構えているうちに、だんだん遺産が底をつき始めまして、お金に困ってくるわけです。一九二五年、つまり昭和元年、まだ大正一五年だった時期だと思いますが、その頃に一ヵ月ほど上海へ遊びにいっております。これが二度目の外遊ですが、この時はヨーロッパに行っておりません。一年おいてまた一九二七年にも今度は光晴が一人でまた上海へ行っております。この時には三ヵ月ぐらい行っております。

この光晴の留守中にですね、森三千代は他の男性と恋をしています。この森三千代という人も随分恋は多かった人のようで、しかも口さがない人に言わせると大物食いだったって言うんですね。つまり、さっき言った吉田一穂でしょ、そして金子光晴でしょ、さらにこの時に浮気をしてしまった相手というのが土方定一（一九〇四―八〇）という後に高名な美術評論家になる人です。ただし、当時土方定一はまだ詰襟姿の学生でありましたから、まあ、三千代の方で大物を食うつもりで食ったのではないかもしれませんが、とにかく大変な美青年だったそうで、それで光晴が上海から帰ってくると留守宅で奥さんがそういうことになっておりますから、非常に困ったわけですね。三角関係ですから、何とか清算しなければならない。一つの手は夫婦が別れることですが、何とか三千代に新しい恋人の方を切ってもらおうと光晴は考えたわけですね。この点やはり光晴はこの森三千代をかなり真剣に愛していたんだと思います。

後々、別の恋人が今度は光晴の方にできまして、これがまたおもしろいんですね、奥さんに内緒で協議離婚届を出しちゃいまして、そして新しい恋人を入籍するわけです。それがまもなく奥さんに見つかって叱られたんだと思いますが、その恋人と協議離婚届を、これまたこっそり出しまして、また奥さんを入れる、と。森三千代は都合三回金子光晴と正式の婚姻届を出しているんですね。二度そういう往復をやって、三度目はとうとう、金子光晴は金子という苗字を捨てて森家に婿入りした形で、やっと鞘に収まるという形を取ります。いったいこれは真面目なのかふざけているのかよく分からない。ちゃんと届けを出すところは随分真面目なようにも見えますけれども、しょっちゅう婚姻届、離婚届、婚姻届、離婚届って繰り返すのはいったいどういう神経だろうと思わずにはいられませんが、この辺が金子光晴の金子光晴たる所以だったのかもしれません。

つまり、彼は、そういう世間的な手続きばかりでなく、文化とか、文芸だとか、芸術とか、そういったものもすべて、一種の空中にある楼閣のような、堂々たる完成品とはみなさないで、あくまでも生身の生き物である自分がやることだと考えていた節があります。これは私は一種の自然主義的な態度ではないか、と思うんですよね。ただおかしいのは自然主義というのは小説の方の一流派でありまして、詩の自然主義というのは聞いたことがありません。ところが光晴はまさに自然主義的な詩をどんどん書いていく。これがすごいところです。

そういうわけで、この三角関係を清算する必要に迫られたのが、今申し上げた一九二七年、そこでついにその清算の方法として夫婦でもういっぺんヨーロッパへ行こうじゃないか、という提案を光晴が出します。もはやお金はありません、もうなくなっています。お金がないんですが、もうどんなことをしてでもいいからヨーロッパへ行って、その間にお前は、お前自身の胸の中にあるその恋愛を清算しなさい。単に関係を切れとか手を切れとかそういうことじゃないんですね。

そういうことでヨーロッパへ参りますが、これは単にそういう家庭内の問題を処理するためだけだったわけではありません。一つには関東大震災の後、日本の社会状況が急速に変わって来た、ということがあります。そうして、詩の世界でも、いわゆる民衆詩派もしくはプロレタリア派と呼ばれる人たちが次第に台頭してきます。光晴は元々この偽善極まる世の中に対しては反抗的な態度を取り続けた人ですが、同時にその反抗が徒党を組む反抗ではなかったんですね、一匹狼的な反抗でありました。ですから、ある時は例えば『こがね蟲』を出すような超芸術派的態度も取り得た人なんです。だいたい当時の芸術派っていうのは、パルナシアン、高踏派の影響が強かったと思いますけれども、例えば永井荷風の『珊瑚集』(一九一三)を思い出してください、ああいう感じの書き方。一方に民衆詩派的な書き方、これは口語自由詩を使いますが、同時に内容は今言ったプロレタリア派のイデオロギーに染まっている。この二つの間で、金子光晴は進むべきか退くべきか道がなくなっちゃったわけです。そういう点からも彼はいっぺんこの日本を脱出して、まさに出発のために出発せざるをえない、もうここに居たくない、そういう気持ちだったにちがいありません。三千代は三千代でまだ若いですから、単純にヨーロッパへ行ってみたかったのかもしれませんが、それでも二人の間の子供を森家の親に預けての外国旅行でした。

とにかく二人は、上海までの切符しか買えないのに、長崎から船に乗ってしまいます。こうして二八年の九月に長崎を出て上海に着きますと、もうそれ以上先に行かれませんので、上海で翌年の五月頃までごろごろしている。結局何をやるかというと、さっき申し上げたように光晴が絵を描いて、それを日本人に、上海にはけっこうたくさん日本人がいましたから、そういう人達に買ってもらう、というようなことをやるわけです。それから上海には、実はそれまでの二度の上海訪問で、当時の中国の文学者、田漢であるとか、魯迅であるとか、こういう人達との交流ができておりましたし、光晴は谷崎潤一郎（一八八六—一九六五）と親しかったんですが、その谷崎を通じて向こうの有力な文学者や出版者のつてをたどることができた。そういうわけで、はっきり言えばたかりみたいな、ごろみたいなことをしながらそこでそこから先の旅費を稼ぐわけです。さらに五月には香港に移り、六月にはシンガポールに移り、七月にはバタヴィアというところ、今のジャカルタに移り、一〇月にはまたシンガポールに戻り、といったようなことで、ほぼここで一年、一一月になりますともういっそ切り上げて日本に帰ろうかどうしようかというふうな話になって、結局やっぱりヨーロッパへ行こう、ということに決めて、一一月に三千代がまずパリに向かいます。

なぜ三千代がまず行ったかと言えば、切符が一人分しか買えなかったからです。それで、彼はさらにその後、東南アジアに残って、マレー半島なんかをうろうろする。今日のマレーシアですね。そうして、一二月になってやっと出発して、マルセイユに向かいます。マルセイユから鉄道でパリのリヨン駅に着いて、そこでコーヒーを飲みながら、さて女房はこのパリのどこにおるのか、というので、日本大使館に電話して何とか在留邦人の情報を確かめる、そんなことで見事に突き止めまして、三千代が住んでいたホテルに行くんですね。この時のエピソードがおもしろいんです。ドアをノックして「どなた？」って言うから、「僕です」って言うんですね。それで「入ってもいいですか。大丈夫ですか」っまり、三千代がまた男を作っているかもしれない、と思った。いきなりドアを開けたらまずいことになるかもしれない、と思ったから、そんなことを言いながら入っていってやっと合流したということだそうです。

そして一九三〇年、つまり昭和五年ですね、この年いっぱいはだいたい二人でパリにおりますが、パリにいる間も滞在費なんてありません。そこで、パリの日本人社会をうろうろして、いろんな名目でアルバイトをやったり、当時もフランス政府は日本人のパスポートに、国内で働いちゃ駄目だよ、というスタンプを押していたそうです。つまり、闇の労働を止めるためですね、今だってフランスでの労働ビザを取るのは面倒くさいんですけれども、当時もそういうことがあった。だから、表だって働けない。そこで、日本人会に行って名簿を作る手伝いをするという名目でアルバイトをする、さらには日本人会なんて付き合いで入るわけですから、入って会費を払わない人がたくさんいるので、そこをぐるぐる尋ねてお金を徴収して回る、というふうな仕事などをして暮していたようです。

しかし、もちろんすでに業績のある詩人光晴のことですから、その間いろいろなフランスの詩人や、藤田嗣治を初めとする絵描きなどとは、当然交渉を持つこととなります。とりわけシュルレアリスムの詩人ロベール・デスノス（一九〇〇―四五）という人がいましたが、この人とはかなりよく交流していろいろな接触があったようです。

とにかく一九三〇年いっぱいはだいたいパリで過ごしますが、どうしてもお金がないので、そこでまた三一年にはブリュッセルに向かいます。例のルパージュさんの所にまた行くわけです。そして、僕の描いた絵を何とか売ってください、いちおう売ってくれと言うんですね。ルパージュさんも売ってあげ

ブリュッセルのルパージュ家の人びとと金子夫妻
(『〈新潮日本文学アルバム〉金子光晴』新潮社)

ようと言って、何枚か引き受けるんですが、どうせそんなものは売れないので、事実上は彼が買ってくれたわけでしょう。のちに今橋映子さんが見つけ出したのはこのときの絵だろうと思います。そんなことでお金を作って来るのですが、パリに居て金に詰まって、ベルギーに逃げるっていうのは、まさにボードレールそのものですね、意外なところで光晴はそういうことの真似をしているわけです。ボードレールと光晴の違いはもしかしたら結婚してたかしてなかったかということぐらいかもしれません。

やっとルパージュさんの尽力で帰国の旅費ができたものですから帰ることになります。一九三一年の一〇月にまず今度は光晴の方が一人でマルセイユを発ちます。森三千代はまだアルバイトの口が残っていたみたいで、それをやってもうちょっといる、というような形を取ったようです。とにかく光晴は三一年の一二月にはシンガポールに着きます。ただし切符はここまでしか買っていなかったので、例によってここでぐずぐずやっている。そのうちにある日、次の船が来ると、それに女房が乗っているわけですね。女房が部屋を訪ねて来て、ほんの短い期間、せいぜい一日か二日あった後、奥さんはそのまま船へ戻って日本へ今度は先に帰ってしまう。つまり追い越して行ったわけです。日本へ帰ってみると、実はその間に、森家に子供を預けっぱなしにしていたその子が病気になっていた、そこで、奥さんは光晴に手紙を書いて、坊やが病気だからすぐにあなたも帰って来い、という手紙を出します。

とにかく光晴は一九三二年の初めの四ヵ月ぐらいはマレーの辺りにいまして、どうもこのマレーシア辺りを光晴自身は少し見てみたかったらしいんですね。後にこの辺のことは『マレー蘭印紀行』(初版一九四〇年、中公文庫、一九七八)という紀行文を光晴は書いていますけれども、いずれにしても三千代がシンガポールを通過して行ったのが一九三二年の四月で、五月に光晴がシンガポールを発って日本に帰る、ということになります。

初めの方で申し上げた、一言も喋れなかった帰国記念講演会というのはこの三二年の帰国の翌年三三年のことだそうです。もはや一切のお金は使い果たしておりますから、夫婦が生きていく術は日本でもないようなものだったんですけれども、光晴は何とか雑文を書きまくって生活費を稼ぐ。それから、もう一つはちょうどこの頃、先ほどの大鹿家の彼の兄弟たちが化粧品会社を設立しまして、名前を何にしようか、と光晴に相談してきて、光晴が「モンココ」が良かろうと言ったそうですが、この「モンココ」というのは永井荷風の『ふらんす物語』の中に出てくるんです。この中に、これはまだリヨンでのことだと思いますが、夜霧の中で「私」が街角である娼婦に袖を引かれたと、その時その娼婦は「私」に「モンココ」、これは「坊や」というぐらいの意味でしょうが、そう呼び掛けたというふうに書いてあるんで、どうもこの光晴の考えることと荷風の考えることはいろんなところで重なるわけです。

このモンココ化粧品という名前を作りまして、そしてこのモンココ化粧品はなにしろ兄弟が経営する会社ですから、ここに一種の嘱託みたいな形で、月給五〇円ぐらいで雇って貰って、これで生活が見事安定するわけです。このモンココ化粧品には四七年ぐらいまで、つまり終戦後までおります。戦後、モンココが駄目になりますと、今度は一九五二年頃から、ジュジュっていう化粧品、ジュジュっていうのはもしかすると年配の方は覚えてらっしゃるかもしれませんね。「マダムジュジュのクリーム」という新聞広告は私も覚えてます。その会社でまた嘱託の給料を貰っていた。

それだけじゃなくて、宇都宮徳馬さんという自民党の有名な平和主義の代議士さんがおられましたが、この方がミノファーゲンという製薬会社をやっていて、そこからも若干の収入があるように計らってもらえたということで、詩人というのはどこまでいってもこういう寄生虫的な生き方しかできないのかもしれませんけれども、まあ、そういうことで何とか生活はそれ以上困らないようになった。したがって、彼の悪戦苦闘というのは、だいたいにおいて、この二度目のパリ訪問によってどうやらめでたく終わりを告げたということになります。この後、また中国へ行ったりなぞしていますけれども、もうかつてのような面白おかしい冒険談は影を潜めるという形になります。

六　詩集『鮫』と抵抗詩

ただ、こうやって帰って来た三二年、三三年の頃からですね、第二次大戦に向かって日本の詩の出版環境は悪化の一途をたどります。だいたい詩なんてものは不要不急のものだということになりますし、とりわけその中にプロレタリアっぽい詩があったりすれば、もう弾圧の対象ですから、だんだんやりづらいご時世になってくるんですが、それでも一九三七年、これは昭和の一二年ですね、彼は名高い『鮫』(復刻版=名著刊行会、一九七〇)という詩集を出します。この『鮫』という詩集は今読んでもすごいですよ。とにかく海の上に鮫がごろごろしているっていう、これもすでにボードレール的テーマですけれども、実はこの鮫というのが全部軍艦なんですね。そして、海の上に浮かんでいるそういう軍艦が、欧米諸国の東洋への植民地侵略の象徴となるわけです。もっとも鮫は軍艦とは違いますから、ほんとうは海面に体をさらすことはほとんどありません。『ジョーズ』という映画にあるみたいに、ヒレの先っぽだけ出して潜っているのが普通だろうと思いますが、その鮫が海面にごろごろしているという書き出しでもって、あの灰色の不気味な軍艦が植民地の港にたくさん並んで停泊している姿から始まる。そしてやがて、本当の意図を明らかにしていくわけですね。ちょっと読んで見ましょう。

海のうはっつらで鮫が
ごろりごろりと轉つてゐる。

鮫は、動かない。
それに、ひとりでに位置がゆづつて並んだり、ぶつちがひになったり、
又は、渺かなむかうへうすぼんやり
気球のやうに浮き上がったり、

とこんなふうに始まって、「鮫は、かぶりつかない。お腹がいっぱいなのだ。」つまり鮫が動かないっていうのは軍艦が動かない、軍艦が動かないってことはすでにもう奪えるものを奪っているからだ、という意味が入っております。さらに先の方に行きますと、第二章で「吾等は、基督教徒と香料を求めてここに至る。／バスコ・ダ・ガマの印度上陸のこの言葉は、／吾等は、奴隷と略奪品を求めてここに至る。／と、するもよし。」といった具合に、キリスト教の布教だの、それから対等な交易だのというのはみせかけで、奴らのやっていることは全部侵略行為ではないかということを鋭く告発しているわけですね。こういう告発は当時の日本の軍国政府にとっても別に悪いものではなかったのでしょう。欧米人が悪いということになりますから。ですから、おそらく発表できたのだろうと思います。

ところがですね、この同じ三七年に、まだこの時は詩集には入れられませんでしたけれども、あの名高い「おっとせい」という詩を彼は書いて雑誌に発表します。これが彼の反抗なり抵抗なりがいかに個人的な孤立したものであったかをよく表現している詩です。つまり、彼の抵抗の対象は権力だとか武力だとか必ずしもそういうものではなくて、馬鹿な俗衆、それが彼の一番嫌いなものだったわけですね。そこでこんなことになります。

おつとせい

その息の臭えこと、
くちからむんと蒸れる。

そのせなかがぬれて、はか穴のふちのやうにぬらぬらしてること。
虚無《ニヒル》をおぼえるほどいやらしい、
おゝ、憂愁よ。

突然「おゝ、憂愁よ」なんていう、とても美しい一行がぽっと入ったりする。しかしその前のところ、まさに詩的自然主義ではないでしょうか。こういう形でおっとせいの生き様を描き出していくわけですね。で、第二段へいって、「そいつら。俗衆といふやつら」つまりおっとせいは大勢で海岸に群れているわけですが、それはまさに俗なる大衆がそこら中に群れているのと同じだと。「ヴォルテールを国外に追ひ、フーゴー・グロチウスを獄にたたきこんだのは、／やつらなのだ。」と書きます。つまりそういう俗衆がこの世の優れた者たちをみんな駄目にしてしまう。こう書いていきまして、おもしろいのは最後のところです。

だんだら縞のながい陰を曳き、みわたすかぎり頭をそろへて、拝礼してゐる奴らの群衆のなかで、
侮蔑しきつたそぶりで、
たゞひとり、
反対をむいてすましてるやつ。
おいら。
おつとせいのきらひなおつとせい。

だが、やつぱりおつとせいはおつとせいで
たゞ
「むかうむきになつてる
おつとせい。」

というんですね。これでこの詩は終わります。つまり彼は決して自分を高みに置いて、神様のような位置に置いて他のおっとせい、あるいは他の愚かな群衆を批判するという態度は取らない。自分もまたそういう俗衆の一人に過ぎないのだ、というようなことはきちんと認識した上でこの詩を書いておりますので、それがこの作品の非常に優れたところですね。この「むかうむきになつてる／おつとせい」というのは、日本の現代詩に残る二行であります。すばらしい行だと私は思います。

こんなふうに、実は私たちもついうっかりしておりますけれども、詩というものはこの世界の中で生まれて存在するものではなくて、外から世界を観ることによって初めて成立するものではないか、と私はこの頃思っております。詩人は確かに生き物としての人間で、食欲もあれば性欲もあって、普通の人間と同じ暮らしを世界の中でしなければなりません。それをすることを止めたらもう、一晩で死んでしまうでしょう。そういうものです。けれども、その世界内存在である詩人が、作品を書き、作品を読む時は、突如として地球の引力圏から離脱した宇宙飛行士が、上から地球を見て「青かった」というのと同じで、外から地球と向き合わなければならない、世界と向き合わなければならない。こういう視点を確固として据えることができたのは、おそらく他にも何人かの詩人がいるでしょうが、金子光晴が、これぞあの泥まみれのような二度目のパリ滞在から学び取ってきたものではないか、というふうに私は思います。

したがって、これから後の光晴の作品を追って読んでいきますと、直接ヨーロッパ滞在を題材にした紀行文を別にいたしますと、彼はあまりヨーロッパのことをストレートには書きません。例えば高村光太郎（一八八三—一九五六）は金子光晴より少し年長の詩人ですが、「雨に打たるるカテドラル」なんていう有名な作品、彼もまたパリに行った人ですけれども、ヨーロッパ滞在に題材を取った作品を書きましたが、光晴はそういうものをほとんど書かない。むしろ、題材を取るとすれば彼はこのシンガポールを中心とする東南アジア辺りの題材に依るものが多いんですね。そういう意味では、彼のヨーロッパ滞在は直接のおみやげを産んでいないではないか、あれはいったい何だったのか、ということになりかねませんが、私はさっきも申し上げたような、言わば世界内存在の視点を脱して対世界の視点というものを彼が獲得していったこと、そのことに彼のヨーロッパ滞在が非常に役立っていたのではないかというふうに思うわけです。

これがおそらく、金子光晴がパリから持ち返った、形のない、しかし最大のおみやげだったのではあるまいか、と私は思っております。光晴の詩は非常に優れておりますし、面白いものもたくさんありますので、実はまだまだ朗読したいんですが、どうやら時間も一時間ほど経ったようですから、今日の私の全くへたくそなお話ですけれども、この辺で終わらせていただきたいと思います。どうもありがとうございました。

【質疑応答】

［司会］　たいへんいいお話をうかがいました。ちょっと時間を頂いて質問を受け付けたいと思いますので、どうぞご遠慮なく。

［質問①］　金子光晴という人の名前と、どういう詩を書いてきたかということは私もある程度は知っていたんですが、私が金子光晴の詩を読んだのは戦後もだいぶ経てからで、『若葉のうた』……お孫さんの。いかにも微笑ましい詩集ですね。昔を知っている方から見ると、ちょっと退化したという批判を受けたように私は見てたんですが、やっぱり金子さんという方が、本当に心のきれいな詩人であったから、昔のような詩もできたし、『若葉のうた』というような詩もできたんじゃないかと私は思っております。これは質問というより感想でございます。

［安藤］　さっきちょっと申し上げたと思いますけれども、金子光晴という人は生身の生き物としての人間としての自分が詩を書いていく、という態度を崩さなかった人ですね。ですから、例えば俗衆を罵る時も、あくまでこの地上に生きている人間として、ああこういうやつらはくだらん、という気持ちで書いているわけですし、孫が生まれてみればまたとても可愛い、というのも人間の自然の心の動きで、そういうことにいわば逆らわなかったといいますか、嘘をついたり飾ったりというようなことをほとんどしなかった、そのことを私は、私の発明語で申し訳ないんですけれども「詩的自然主義」というふうに呼んでみたわけです。

［質問②］　特に日本の現代詩を系統的に読んでいるわけではなかった私のような場合には、やはり一九七〇年代前半に続々と出たあの自伝三部作ですね、あれはもう最晩年ですけれども、それで金子光晴というのはすごい存在なんだと思って、そこから逆に遡って多少詩などもぼろぼろ読むという、そういう読み方だったんですが、先生の場合は、自伝というのは一番最後に出てきたわけですか。

［安藤］　私は自伝が出てくる前からすでに、そういう「抵抗詩人」みたいな位置づけ、「抵抗詩」というと抵抗をするために詩を書く人と考えられがちですが、私は「抵抗詩」というのは詩がそのまま抵抗となる、というふうに思っておりますので、これはフランスの抵抗詩も含めてですが、そういう意味での抵抗詩人としての光晴をかなり読んでおりました。私がまだ若い駆け出しの文学青年で、よく詩なんかの古本屋を覗いておりました時に、彼の代表作である『鮫』とか『落下傘』とか、そういう詩集が、特に詩を扱う古本屋さんのショーウィンドーに大きく飾ってあったりしたのを覚えております。なかなか高くてお小遣いでは買えなかったですけれどね。そういうわけで、戦後に文学なんてものに関心を持った若造にとっては金子光晴というのはかなり大きな存在で、そういう豪華版の詩集は買えなくても、文庫本でいいから読みたいというふうな気持ちはいつも持っていましたから、順序から言うと、私の場合は詩が先で、あくまでもああいう自伝ものは後になります。

ただですね、今三浦さんがご指摘なさいましたように先に自伝ものを読むという読者もきっとたくさんいらっしゃるだろうと思うんですね。もしそのような順序でお読みになった方はあの自伝ものを読んで何かちょっと不思議な感じを持たれるんじゃないでしょうか。つまり、こんなひどい暮らしをしながら、よくこれだけ強靭な精神を維持していけるもんだ、普通の人間ならとっくに自己嫌悪に陥ったり、嫌になっちゃうだろう、というふうな感じを読後感としてきっとお持ちになるんじゃないかと思うんですね。その時に発揮された金子光晴の強さというのは実は第一回目の訪欧であらかじめ十分鍛えられていた、勉強もしていた。そして詩的表現についても、そういう周りの軍国主義的な傾向だの、あるいはプロレタリア的な傾向だのそういったものと絶えず摩擦して自分のやるべきことは何か、というようなことを考え続けていた人であったから、一見、奥さんとのそういう三角関係の清算なんていう週刊誌ダネみたいな世界の中にいても、なおかつ強靭な精神の姿勢を維持できたのではないかと私は思っております。

横光利一 ——パリとの闘い

渡邊一民

［司会（小林）］　最終回は渡邊一民先生の横光利一で「両大戦間のパリの日本人」を締めくくりたいと思います。

　渡邊一民さんとは私もう人生の三分の二以上友達でいる方で、経歴が非常に簡単で、東大仏文卒、大学院卒、立教大学助教授、教授で定年になられました。定年の一年前にやめられまして、共立女子大学の先生をして、今、最終年になっております。いわゆる制度が変わった時の最初の頃の東大の学生……、制度が変わったといいましても現在の制度ですが、ただ旧制高校は武蔵高校にちょっとおられて東大に入ったという年齢でございます。

　今日、大勢お集まりの方は、多分講師の名前に引かれた方が多かろうと思われますのでご存知と思いますが、アポリネールとかマルローとかセリーヌとか二〇世紀の文学を中心に研究、翻訳され、フランス文学の他には、例えば『ドレーフュス事件』（筑摩書房、一九七二）という本を書いておられます。それから、フランスあるいはヨーロッパの影響を受けた日本の知識人の研究をよくされておりまして、現在入手可能な本としましては『フランスの誘惑』（一九九五）という本が岩波書店から出ております。それから同じく岩波から『林達夫とその時代』（一九八八）を出されており、まだ他にも翻訳や著書がいろいろおありですが、そういう紹介にはあまり時間をとらないで、早速お話をうかがいたいと思います。それではよろしくお願い致します。

これから、「両大戦間のパリの日本人」という総題のもとに横光利一（一八九八—一九四七）についてお話しします。といっても、横光利一は二つの大戦のあいだ、パリに住み生活していたわけではありません。一介の旅行者としてパリを訪れ、しばらく滞在していたにすぎません。正確に申しますと、横光利一は、一九三六年二月六日、『東京日日新聞』、『大阪毎日新聞』の特派員として日本郵船の箱根丸に乗船し神戸港を出港、三月二七日にマルセイユ着、翌二八日夕方にパリにつき、以後五月四日から五日間のロンドン滞在、六月一七日から七月三日までのドイツ、オーストリア、ハンガリー、イタリア、スイスの旅の期間を除いて、七月二四日まで、ほぼ三ヵ月半パリにとどまり、七月二四日から八月一一日までベルリンでオリンピックを観戦、そして八月三一日にシベリア経由で帰京したのです。

こうした横光利一の外遊は、旅のあいだ、『東京日日』、『大阪毎日』それに『文藝春秋』といった新聞雑誌に寄稿した紀行文、さらに雑誌『改造』に発表した「厨房日記」などを集めて、三七年四月に発行された『歐洲紀行』と長編小説『旅愁』をもたらしたのでした。もっとも『旅愁』は、三七年四月一三日から八月五日まで『東京日日新聞』と『大阪毎日新聞』の夕刊に連載され、その後『文藝春秋』、『文学界』、さらに戦後に『人間』というふうに雑誌に連載され、結局未完におわったとはいえ、じつに四七年一二月の死にいたるまで書きつがれ、横光利一の文学者としての生涯の後半ほとんどが『旅愁』に捧げられたと見てさしつかえないわけです。してみれば、横光利一がパリで何を見、何を考えたかということも、当然まず『旅愁』を検討することをとおして知るよりほかないわけで、わたくしの話が『歐洲紀行』を補助資料としながらも、もっぱら『旅愁』のテキストに沿って展開していくこともご了解いただけるかと存じます。

　しかしながらパリにおける横光利一については、「現実に相違があるなどといふことをヨオロッパ人にも増して我々日本人は、知らなかつた時に、そのことを始めてはつきり我々に気付かせてくれた」、「ヨオロッパに現れた日本の最初の近代人」であると高く評価する吉田健一（「文士外遊史(下)――横光利一のフランス見学」『文学界』五五年二月号）から、「その認識のなかに、日本人としてこう見たいという欲望と、異郷感覚《デペイズマン》による視線の歪みなどが混合している」と指摘して、「ヨーロッパの動態を見てやろうというこの意識が、対象をありのままに見ようとしていない」と断定する菅野昭正氏（『横光利一』福武書店、一九九一）まで、さまざまな見解のあることをあらかじめお断りしておきます。わたくしの話は、そういうことにかかわるわたくし自身の考えを示すものともなっていくでしょう。

横光利一（毎日新聞社提供）

　もうひとつ最初にお断りしておきたいのは、『旅愁』は、新聞連載後『文藝春秋』に三九年五月から四〇年四月まで発表され、その後二年近い中断を経て、四二年一月から再度『文藝春秋』に連載されますが、その中断以前の分が第一篇、第二篇として舞台をパリにとり、それ以後の第三篇以下が日本を舞台としております。そういうことから、わたくしは四〇年までの第一篇、第二篇を前半、第三篇以降を後半として、いちおう分けてお話しするつもりでおります。

一 時代背景

さて、これから本論にはいるわけですが、『旅愁』そのものにとりかかるまえに、横光利一がパリに出かけたのはどのような時代だったのかということを、それまで横光がいた日本と、出かけていったさきのフランスについて、それぞれ見ておきたいと思います。

いうまでもないことですが、一九三一年九月勃発の満州事変、翌三二年一月の上海事変、三月の満州国建国、三三年の国際連盟脱退という一連の出来事は、軍事大国となった日本のアジアにおける侵略を諸外国に深く印象づけました。しかも日本国内では、三三年四月にはじまる「赤化教授一掃」を厳命した鳩山文相が、瀧川教授の辞職を勧告したいわゆる京大事件のあと、三五年三月には、美濃部達吉博士の天皇機関説事件を契機に衆議院で、日本は神の国であるということを決議した「国体明徴決議案」が可決され、中島健蔵によれば、いまや「局面はまったく一変し」、それが「国ぐるみ戦争に向って走りに走り出す第一歩」(『昭和時代』)となったのでした。そしてそのあとにきたのが、三六年の二・二六事件となるわけです。こうした社会情勢に呼応して、この時期には国家権力による思想弾圧が熾烈をきわめ、三三年六月の佐野・鍋山の転向声明以来獄中の思想犯はなだれを打って転向し、三四年二月にはプロレタリア文学の組織である《ナルプ》が解散し、プロレタリア文学は物理的力に屈して壊滅するのです。かくして一九三五、六年には、阿部知二の『冬の宿』や高見順の『故旧忘れ得べき』や石川淳の『普賢』が描きだしたように、未来を自分たちで創りだそうという夢は破れ、あらゆるところに土足で踏み込んでくる時代から逃れられず、青年たちが不安のうちにただ受け身で生きることしか許されない、まさに「恥辱」としか呼びようのない状況が出現していたのでした。

けれども同時に、一九三五年という年が、多年にわたる刻苦精励をかさねて、三つの記念碑的作品が完成された年でもあったことに注意しなければなりません。三つの作品と申しましたが、それは島崎藤村の『夜明け前』と、和辻哲郎の『風土』と、西田幾多郎の『哲学論文集第一』であります。これら三つの作品は、それぞれ異質な領域においてであったにせよ、いずれも明治以来の日本と西洋という根源的な問題に取り組んだもので、そうした取り組みをつうじてはじめて、西洋の文化をとりいれながらも西洋とは異なった、日本独自のものがそこに形成されたのでした。そして藤村と和辻の場合、そうした作業を可能にしたものとしてヨーロッパ滞在がその原点にあり、ヨーロッパでの生活により日本を相対化し、また西洋を肌で知ることにより西洋をも相対化しえたという事情を見落すことはできません。西田にはそうした西洋体験がなかったとはいえ、藤村や和辻とおなじように日本と西洋を相対化する眼が、生涯西欧の思想に驚くほど敏感であった彼の思索をとおして、徐々にではあるが獲得されていったと見ることは、西田哲学の展開を考えればさして困難なことではないでしょう。いずれにせよ、明治以来ながいこと不可能だった日本と西洋をともに相対化する眼を身につけることによって、一九三五年の結実がはじめてもたらされたのだと言わなければなりません。そうした意味で一九三五年は、二〇世紀はじめの三〇年間、西洋と日本をめぐってさまざまなかたちで提起された問題に、いちおうの決着をつけた年だったわけで、いわば近代日本のひとつの到達点をそこに認めることができるのです。

　他方ヨーロッパでは、一九三三年一月三〇日の総選挙の結果ヒトラーがドイツ共和国首相に就任し、ひとたび政権を手にしたヒトラーはわずか半年のあいだに、憲法で保証された市民のいっさいの自由を停止し、すべての政党を解散せしめ、完全な全体主義体制をドイツに確立したのでした。翌三四年二月六日、隣国フランスでは稀代の詐欺師スタヴィスキーをめぐる一大汚職事件の曖昧な解決が引き金となって、恐慌による経済危機を背景に、議会政治の腐敗を弾劾する極右諸団体の呼びかけで、コンコルド広場に集結した数万の民衆が議会にむかって行動をおこし、警官とのあいだで内乱寸前といわれるはげしい武力衝突のすえ、おびただしい死傷者を出すという流血の惨事が出来します。その直後、この事態にファシズム台頭の危機を見てとった社会党の訴えで、共和制擁護のための統一行動が組織され、二月一二日には、労働総同盟《セー・ジェー・テー》の指令で、パリ全市でゼネストがおこなわれる一方、ヴァンセンヌで開催された反ファシズムの大集会では、社会党、共産党の指導者が壇上にならび、一五万人以上の労働者がファシズム反対の決意を表明したのでした。ふつう《二月六日事件》と呼ばれるこの一連の出来事のあとに、哲学者アランらが発起人となって、ファシズムの危機をまえに知識人の連帯を示す《反ファシズム知識人監視委員会》が三月五日に結成され、それが母体となって、ファシズムに反対する統一行動協定が社共両党間で七月に結ばれ、三五年六月には社共両党に中道の急進社会党も加わって、いわゆる《人民戦線》が誕生するのです。そして、翌三六年四月から五月の総選挙では《人民戦線》が、一月のスペインの総選挙にひきつづきフランスでも勝利をおさめ、六月四日、社会党党首レオン・ブルムを首班とする人民戦線政府が発足します。その翌月の七月一八日、おなじように人民戦線政府が統治していたスペインで軍部が蜂起してたちまち全土に波及し、いわゆるスペイン市民戦争がはじまることとなります。

こうして見てくると、横光利一がフランスを訪れた一九三六年という年は、日本に関していえば、社会そのものが全体主義体制へむかって大きく一歩を踏みだすとともに、知の世界においては、明治以来の西洋と日本にかかわる問題が大きな転換をとげ、内外の大きな変化に直面して不安のうちに知識人が新しいみずからのよりどころを模索しはじめていたときにあたり、フランスに関していえば、国際的な全体主義の脅威をまえにして、大きな混乱のなかでともかく国として反ファシズムの方向を選択したときだったのです。ですから横光利一の外遊は、日本もフランスも歴史の大きな転換期にさしかかっていた、まさにそのときだったと言わなければなりません。

二 『旅愁』前半——一九三六年のパリ

『旅愁』は復活祭の近づいたまだ春寒いセーヌ河畔の描写で幕をあげますが、そこに描かれている廃屋の庭に残された白い杏の花と対岸のエッフェル塔、そして翌三六年開場予定の万国博覧会にそなえて掘りかえされ鉄材の積みあげられている河岸——早春のセーヌを中央に据えたこの図柄は、まさしく一九三六年のパリを象徴するものだと言ってさしつかえないでしょう。古いものと新しいものとが拮抗しあい、しかも一九三六年という具体的な日づけの刻印されたパリ——それこそ『旅愁』の主人公そのものであって、そこに登場するすべての人物がそのパリと格闘するところに、この長編小説前半の主題があるのです。作者自身それを充分意識していたことは、後半の第四篇で、帰国した主人公の矢代があとから帰ってきた東野の話を聞いて考えこむ、次のような言葉にも窺えるでしょう。「文字を書くことを専門としてゐるものは、東野のみならず、結局何らかの意味で、世界の誰も彼もひそかにパリと闘つてゐるらしい風だつた。」

わたくしはいま、一九三六年のパリと、空間のみならず時間まではっきりと限定しましたが、この小説の特質のひとつは具体的な史実というものにきわめて忠実に展開されているということで、たとえば五月三日の下院総選挙の第二次投票日の直後には、「この五月の一番見事な季節になつてから、パリの街街には左翼の波の色彩もだんだん色濃く揺れ始めて来た」と記されていますし、六月四日のブルム内閣成立直後には、「歐洲文明の中心地をもつて永く誇つてゐたパリに社会党の内閣の現れたことは、フランス革命以来なかつたことでもあるだけに、この思想政治の左傾は人々の頭をも急流のやうに左右に動かして止まなかつた」とあります。さらに六月もおわりに近づき、ブルム内閣と労使のあいだに結ばれたマティニヨン協定にもかかわらず、ストライキや工場占拠がいっこうに減少しない事態をまえにして、「今までとてときどき矢代は、パリの街に一度根柢から吹き上げる大地震を与へたい衝動にかられたことがあつたが、今もこの街に巻き襲つてゐる左翼の大海嘯は、沈澱して固まりついた物体のやうに化け替つてゐる精神の秩序に刃向ひ、襲はずにはゐられないある暴力のやうに思はれるのであつた」と述べられております。こうした史実への敏感さは、矢代の帰国により小説の舞台が日本に移る後半になっても変わりありません。

以下『旅愁』前半の内容の検討に入っていきます。

『旅愁』のはじめのほうに、船中の矢代がこれから上陸するヨーロッパについて、「長い間、日本がさまざまなことを学んだヨーロッパである。そして同時に日本がそのために絶えず屈辱を忍ばされたヨーロッパである」と思い、そう考える自分の状態を、「戦場に出て行く兵士の気持に似てゐる」と表現している箇所があります。そういう矢代は、マルセイユに着いた夜、甲板の欄干に身を寄せかけて、こんなふうに考えこむのです。「マルセイユが見え出したときから、絶えず考へてゐるのは、日本のことばかりと云つても良かつた。まるでそれはヨーロッパが近づくに随つて、反対に日本が頭の中へ全力を上げて攻めよせて来たかのやうであつたが、こんなことがこれからもずつと続いて止まないものなら。」――まさしくここに、これからパリと格闘することとなる矢代の姿が端的に示されていると見てよいでしょう。むろんそれまでも、日本人でパリを書いた文学者はけっしてすくなくはない。しかしそのおおくは、日本とくらべてパリを讃美し、それをユートピア視するものでした。けれども矢代の姿勢があらわしているのは、日本がアジアの大国となることにより、日本人一人一人が維新以来の祖国の歴史を担うことを余儀なくされ、しかもそうしたものを背負ってヨーロッパという新しい現実と対決しなければならない――そうした新しい西洋と日本という課題を矢代が引きうけざるをえなかったという事実にほかならないでしょう。ここに矢代の、ひいては『旅愁』の、これまでの日本の小説には見られなかった新しさがあるわけです。

『旅愁』前半には、そのような矢代と対照的な人物として、「あーあ、どうして僕はパリへ生れて来なかつたんだらう」と嘆く久慈が配されています。そういう久慈を動かしているのは、「眼にするものを尽く知り尽さうといふ立つ精神」であって、たとえばガス燈に照らされたオーギュスト・コント通りの並木路を眺めながら、「日本にこれだけ美しい通りが出来るまでには、まだ二百年はかかるよ。僕らはここを見て日本の二百年を生きたんだよ」と洩らします。『歐洲紀行』に収められている「日記」を読むと、パリを離れる日が近づくにつれ、「パリに長くゐる人は帰るときには泣くさうだ。地球の上にこのやうな都会が一つあるのは人類の誇りであらう」といった、パリへの愛着をあらわす言葉がふえてくるのに気づきますが、そうした作者のパリへの複雑な思いが、そのまま矢代と久慈という二人の人物に分け持たれていると見るのが妥当でしょう。じじつパリと格闘する矢代の姿は、会えばところかまわずはじまる矢代と久慈とのはてしない論争というかたちで示されていくのです。

ロンドンからパリへやってきた、船で一緒だった千鶴子をル・ブールジェの空港まで迎えにいった帰路、タクシーのなかで矢代は、自分と久慈の二人が繰りかえしている喧嘩について、こう千鶴子に説明します。「ここぢや僕らの頭は、ヨーロッパといふものと日本といふものと、二本の材料で編んだ縄みたいになってゐて、そのどちらかの一端へ頭を乗せなければ、前方へ進んではいけないんですね。両方へ同時に乗せて進むと一歩も進めないどころか、結局、何物も得られなくなるのですよ。」その言葉にも即座に反撥する久慈に矢代は、「日本でなら人間の生活の一番重要な根柢の民族の問題を考へなくたつてすませるよ。〔……〕認識そのものがつまり民族そのものみたいなものだからだ」とこたえ、「万国通念の論理」を掲げて「認識と民族とはまた別だよ」と主張する久慈にたいして、さらに「万国共通の論理といふやうな、立派なもので、ヨーロッパ人はいつでも僕らを誤魔化してきたぢやないか」と攻撃を加えます。そういう矢代にたいして久慈は、「君のやうに科学主義を無視すれば、どんな暴論だつて平気で云へるよ。もしパリに科学を重んじる精神がなかつたら、これほどパリは立派になつてゐなかつたし、これほど自由の観念も発達してゐなかつたよ」と反論します。この場合の「科学」ないし「科学主義」という言葉は、「普遍的なもの」ないし「普遍主義」とおきなおしてもいいものだということをつけ加えておきましょう。そしてこの「普遍的なもの」と「民族的なもの」ないし「特殊なもの」との対立こそが、矢代と久慈二人の対立の基礎をかたちづくっているのです。

べつの機会に、久慈の唱えるヒューマニズムにたいして、矢代はこう言いかえします。「こんなに東洋人が軽蔑されてゐて、こんなに植民地を植ゑつけられてゐて、なほその上に彼らの知性を守ることが唯一のヒューマニズムの道なら、それなら、東洋のヒューマニズムはどこへ行つたのだ。」このような説得力をもつ西洋中心主義批判は、日中間の微妙な関係を憂える矢代の、「日華の共通した精神の連結作用が、どちらも西洋の模倣といふ一点に頼る以外に方法はないものであらうか。何か東洋独自の精神の結合に似た一線はないであらうか」という独白にもつながっていきます。また、あくまでも「合理」を主張し、「君は近代の間違ひばかりを指摘して、これの利益や恩恵を感じないのだ。しかし、近代はもう何んと云はうと近代に這入つてゐるんだから、この幸福を僕らは探さなくちやならん」という久慈に、「それなら君は、ここのヨーロッパみたいに世界に戦争ばかり起こすことを支持してゐるのだ。合理合理と追つてみたまへ、必ず戦争といふ政治ばかり人間はしなくちやならんよ」と駁論する矢代の言葉は、おなじ一九三六年に公開されたチャップリンの映画『モダン・タイムズ』を思い起こさせるでしょう。そしてそのような議論を触発するヨーロッパの現実を見た横光利一は、「厨房日記」のなかにこう記します。そこに出てくる梶は小説の体裁をとっている「厨房日記」の主人公で、作者とかさなりあうものと見なしていいでしょう。「思想は民族から離れてあり得やうがない。論理の国際性の重要なことは梶とて充分知つてゐるが、それ故に知性は国際的なものだとは限つてゐない。民族の心理を飛び離れた科学者たちの知性が、国際性を何ものより最上としてゐる現代の欠陥は、各民族の住する自然を同一視してゐる彼らの理想の薄弱なところにあるのだと梶は思つた。」

『旅愁』前半のひとつの中心的な主題ともいえるこの「普遍性」「国際性」と「特殊性」「民族性」との問題が、じつは一九三〇年代のヨーロッパの思想上の課題でもあったことを、わたくしはここで申しあげておかなければなりません。

三 「普遍的なもの」と「特殊なもの」——二つの国際会議

一九三二から三八年まで、国際連盟の《知的協力委員会》の主催で、前後九回にわたりヨーロッパはじめ南米各地で、〈談話会〉が開かれ、ポール・ヴァレリーはじめデュアメル、ジュール・ロマン、ホイジンガー、ハックスリーといった各国の知識人が参加して激論をかわしたのは、まさにその問題をめぐってでした。「ヨーロッパ精神の将来」というテーマで開催された三三年の〈談話会〉の席上、議長のヴァレリーは、現在のヨーロッパ人のなかには二人の別個の人間がひそんでいると指摘し、一人は、「ヨーロッパ一般の教養を有する者、あの普遍性の感情、凡そ人智にある最も美しきもの一切、最も有効な若しくは最も真なるもの一切の感情を抱く者」であり、もう一人は、「自国語を話し、己が国民的伝統の裡に閉じ籠められてゐる人物」であって、そのようにヨーロッパ人が分裂することにより、いまや「ヨーロッパ精神は解体に瀕してゐる」（佐藤正彰訳による）と現在の危機的状況を訴えております。

しかしこの《知的協力委員会》は三五年の〈談話会〉で、ドイツから亡命したトーマス・マンの、「政治と精神、政治と文明とはもはや分離され得ぬもの」であるとして提出された、ナチスを批判するメッセージを却下し、政治を「精神の低き活動」とするヴァレリーの主張にしたがって、問題をあくまでも知的問題として普遍的に論議する立場をあきらかにしました。ところがおなじ一九三五年にパリで開催されたべつの国際会議は、ヴァレリーの唱える「普遍的なもの」とは異なった、ここでは「ヨーロッパ精神」ではなく「文化」と呼ばれる、もうひとつの「普遍的なもの」の擁護を決議したのです。

こちらの国際会議は、アンドレ・ジード、ロマン・ロラン、アンドレ・マルロー、ルイ・アラゴンらの呼びかけで、フォスター、ウォルド・フランク、エレンブルグら二四ヵ国、二三〇人の文学者を集めて開催された《文化擁護国際作家会議》で、会議の司会者ジャン・ゲノーによれば、「文化を救ひ、文化を守る」という「知性的な問題は政治的な問題に合する」ものであって、「文化を擁護することは、全力を尽して社会主義を支持し、ファシズムを防止することである」（小松清訳による）という政治的立場をとるものでした。このゲノーの言葉を正確に理解するためには、三〇年代の西欧の知識人の眼に、ソヴェトの存在がどのように映っていたかを説明しておく必要があるでしょう。第二次五ヵ年計画を完成し、いまや抹殺しえぬ強大な国家として東ヨーロッパに君臨するソヴェトは、腐敗したブルジョア社会を扼殺し、虐げられた民衆を解放するという前代未聞の実験に成功したばかりか、精神の自由への敵意を露骨に示しだしたファシズムにたいして曖昧な態度しかとりえぬ資本主義諸国とは異なって、はっきりと自由の味方としての立場を表明していた唯一の国だったのです。しかも資本主義諸国のコミュニスムへの警戒が、ソヴェトを越えがたい壁のかなたへ押しやり、ソヴェトの理想化にいやがうえにも拍車をかけていたのでした。ファシズムにより危機にさらされている文化の擁護とは、理想の国ソヴェトの擁護という意味さえ含意していたのです。

こうした「普遍的なもの」と「特殊なもの」との対立を、横光利一はすでに一九三二年の小説『上海』のなかでとりあげ、しかもそれがこの作品の中心的主題となっていたことをここで言い添えておかねばなりません。一九二五年の中国の《五・三〇事件》を背景とする小説『上海』で、主人公の參木は、職場である東洋綿糸のストライキの中国人オルグ芳春蘭にたいして愛情を抱き、被抑圧者の解放を目指す革命にひそかに共感しながらも、日本人として英米の資本に挟撃されている祖国の工場を守らなければならないとも思う――そのような窮地に立たされ、いってみればインターナショナリズムとナショナリズムの相剋こそ、この小説のひとつの原動力となっておりました。してみれば横光自身こうした問題意識を早くから抱きつづけていたわけで、久慈の「万国共通の論理」にたいする矢代の批判がきわめて鋭い、今日から見ても正鵠を射たものであることも、充分納得されるかと思います。

いまインターナショナリズムという言葉を使いましたが、もうひとつの「普遍主義」ともいえるこのインターナショナリズムもまた、『旅愁』前半の大きな主題となっております。

四 「インターナショナリズム」の現実

『歐洲紀行』の「日記」を見ますと、横光利一自身、そのために他国への旅を思いとどまるほど、パリのストライキに関心を抱いていたことがわかりますが、久慈もまた当然のことながら、「左翼の理想がどれほど日本と違ふ作用と結果を齎らすものか、フラスコの中へ滴り落ちる酸液を舐めるやうに見詰めることだ」と決心しております。

しかし『上海』によって、当時の日本のプロレタリア文学者さえ視野に入れることのできなかった国際的規模でのインターナショナリズムとナショナリズムの相剋をはっきり自覚していた横光であっても、一九三六年のフランスの現実をまえにしては戸惑い、日本で認識していた「左翼」ないし「インターナショナリズム」、さらに「民族」、「国家」という概念が、そこではまったく通用しないことを思い知らされるのです。

なかでもまず問題となるのは「左翼」の概念です。『旅愁』にはまったく出てきませんが、「厨房日記」には、横光がダダイストのトリスタン・ツァラの家に招かれたとき、そこに集った客人たちの話題が頻発するストライキのことに移り、突然ツァラが「良識はもう左翼以外にはない」と呟くことが記されています。そこにはこうあるのです。「十年前には梶はそれと同様な言葉でさんざん人々から突き刺された。今またその傷口を吹かれても通り抜ける風穴の身にすでに開いてゐる日本人の梶である。しかし、梶はこの風穴を塞ぎ止めては尽く呼吸の断ち切れてしまふ日本人の肉体を今さら不思議な物として眺め始めた。」この一節は、その直前の、その席にいる紳士淑女がツァラを含めてどう見てもみな金利生活者だという印象につながっていて、彼らの思想と生活の乖離に驚かされることを描くところに挿入されているのです。当時の日本では、革命の真理を擁護するためにはまず何よりも知識人としての自己の階級的立場を否定しなければならないという、きびしい倫理主義的姿勢が左翼には要請されておりました。いまの引用のなかの「その傷口」とあるのは、まさにその厳格な要請により現実に生じたもののことで、そのような左翼観を疑うことのなかった日本人である横光は、思想的に左翼であることが個人の現実の生活には何の影響もあたえず、したがって何の「傷」を負うこともなく「左翼」になりうるフ

『旅愁』挿絵（藤田嗣治画、東京日日新聞掲載）
© Kmiyo Foujita & SPDA, Tokyo, 2003

ランスの知識人にたいして、信じがたい隔絶感を抱いたのにちがいありません。

そのほかの例に簡単に触れておけば、六月すえカフェで新聞を読んでいた矢代は、千鶴子にむかって、「右翼の火の十字団はもう決死だ。何んでもドイツの右翼と手を握り出したといふから、もう僕らには訳が分らない」と話します。久慈はテュイルリーの噴水のかたわらで真紀子にナポレオンのことを話題にしながら、「ここのフランスの愛国心の権化になつたのがイタリア人だといふのが、そこが僕らに不思議なところだ。分ったやうで分からない」と語ります。さらに、いささか衝撃的な例ですが、カフェで千鶴子とショコラを飲んでいた矢代のまえで、黒人の女と白人の男が睦じく話しこんでいるのを見た場面に、こう書かれております。「矢代は見てゐるうちに、どうしても一致することの出来ない人種の見本を眼のあたりに見てゐる思ひに突き落され、その二人の間の明白な隙間に、絶望に似た空しい断層を感じて涙がにじみ上がつて来た。」（挿絵参照）

しかし、何といってもインターナショナリズムをめぐって、横光利一に決定的な衝撃をあたえたのは、七月一四日、いわゆるパリ祭の一連の出来事でした。

その日の午後、百万近い群衆が市内のさまざまな場所から、プラカード、吹き流し、スカーフ、風船を手にナシオン広場にむけて示威行進を開始し、幔幕をめぐらした広場の演台でブルム首相、急進社会党党首ダラディエ、共産党書記長トレーズはじめ政府閣僚がこれを迎えました。『旅愁』もまた、「ここにゐるものはすべて云ふに及ばず、恐らく世界の知識階級のものたちにとつて、この日ほど、注目すべき日は近来になかつただらう」と書いています。けれども矢代たちの眼にしたのは、予想とはずいぶん異なるものだったのです。

矢代と久慈と千鶴子と真紀子の四人は、ナシオン広場にいき、近くの大通りでひっきりなしにつづくデモ隊を見物するのですが、そこにはこう記されております。「進行して来る団体の幟が中核を成す赤旗ばかりになって来ると、眼の光りも異様な殺気を帯び、腕組む粒揃ひの体の間から勝ち誇った巖乗な睥睨が滲み出て来た。〔……〕幟の中にも、ここのは明らさまにスターリンやレエニン、それからマルクスなどという本家の似顔絵ばかりを押し立てて、もうフランスといふ国情の匂いなど少しもなかつた。」

そのあと四人は、右翼が集まっていると聞いたシャンゼリゼへ車でまわります。そこでは「マルセイエーズ」を歌っていた群衆が、赤旗を立てた自動車を先頭に何台もの車がくりこんでくると、たちまちかけよって自動車はみな道路中央に停められてしまいます。つづけてテキストにはこうあります。「盛装した銀狐の婦人が拳をふり上げ、自動車から降りて来た左翼の若者たちの群中へただ一人で跳り込んだ。つづいてその後から、紳士や淑女ばかりの一団の群衆が襲ひかかつた。」よく引かれる有名な、左右の群衆の血で血を洗う争闘がそのあと描写されていくのですが、それは思想のうえでのインターナショナリズムともナショナリズムともほとんど無縁な現実の姿でした。久慈でさえ群衆にもまれ殴られて鼻血を出し、「僕も二三日したらセヴィラの方へ行くよ。少しパリを離れてみなきァ。何んだかよく分らなくなつた」と告白せざるをえません。この流血の惨事の直前、矢代はシャンゼリゼ通りで一人のフランス人紳士に呼びとめられ、「日本は健康でいいね。フランスはいまこの通り病気をしてゐるが、もうすぐこの病ひは癒るから、よく日本人にさう伝へて下さい」と言われます。そこで矢代は自分の国を振りかえってこう思います。「……なるほど、立法はあつてもその原型を噛み納めると、たちまち情意を立法としてしまひ、争ひあれば云ふだけ云つて自然な一つの言葉に鎮まり返り、しかも、季節ごとに燃え上つては、また後からと若芽を噴き出してやまぬ、もやしのやうな瑞々しさが日本だつた。／これぐらゐ健康で新鮮な国もまたとあるまい。」そしてその矢代は六月のはじめ、パリの新聞に日中開戦という誤報ののった日、久慈にむかってこう言います。「何といふか、たしかに世界の人間の忘れてしまつた大切なものが、日本にだけたつた一つあるやうに思ふ。どうもそれは他の国になくなつてしまつたものだ。それが世界から無くなれば、世界は今ににつちもさつちもいかなくなるにちがひないと思ふ貴重な、ある云ひ難い精神だ。」

そのように矢代が考えている日本が、一九三六年のフランスで彼の見いだしたような新しい現実のなかで、これからいったいどうなっていくのか、またそれをどのようにしなければならないのか、それこそ矢代がパリでの四ヵ月の経験によって抱えこまされた課題だと言っていいでしょう。そしてその課題こそ、『旅愁』後半の主題となるのにほかなりません。こうして見てくれれば、『旅愁』の作者横光利一が、わずか数ヵ月の滞在にもかかわらず、一九三〇年代のあらゆる問題の凝集されたかに見える、密度の濃い一九三六年の春から夏にかけてのパリの現実を、その細部まで洩れなく見たということは認めなければならないでしょう。『歐洲紀行』の「日記」の八月一〇日づけのところに横光は、「しかし、見ただけのものは確かに見た。私は眼にしたどこ一つとして忘れてゐない。私はパリーの屋根に生えてゐた草の陰影まで明瞭に覚えてゐる。今にして私は私の近眼でなかつたことを幸ひと思ふ。ただこれの表現が困難なだけである」と書きつけておりますが、わたくしはこの言葉を文句なく肯定したいと思います。

五　シンポジウム「近代の超克」

パリを舞台とした『旅愁』前半の連載のおわるのが一九四〇年四月、後半、すなわち第三篇の『文藝春秋』への連載の再開されるのが、四二年の一月で、その間二年近い中断期があります。その間の日本の動向について、ここで簡単に触れておきましょう。

日中戦争は一九三七年七月七日に勃発しますが、その結果、国内にきびしい言論統制が敷かれたことはあらためて申すまでもありません。左翼系の作家や評論家は執筆禁止の処置がとられ、中島健蔵の『回想の文学』によれば、警保局によってジャーナリズムに「自由」「平和」「ファッショ排撃」が禁句として示されました。しかし近代日本の精神史上大きな事件といえるのは、一九四〇年六月のフランスの敗戦でした。当時フランスは、英米と協力して中国の蔣介石政権を支援し、日本はドイツの同盟国であり、しかも戦時下の愛国心の昂揚とともに西洋排撃が国内の一般的な風潮だっただけに、日本人一般にとってそれはむしろ慶賀すべきことでした。けれども知識人の場合は違いました。その直後正宗白鳥は、「文華が進むと国家が衰運に向ふのなら、文華なんかあまり進まない方がいゝのであらう」(『読売新聞』六月二九日)と書き、亀井勝一郎は、「若し芸術の運命がかかるものだとするなら、芸術を尊重し擁護し之を已が運命とした民族はどういふことになるか。無償の行為の結末は必ず悲劇的であるのか」(「新しい事態」『都新聞』七月三〇日)と疑問を呈しております。このような衝撃の大きさは、日本近代の文学や思想にとってのフランスの重さを如実に反映しているともいえますが、この一九四〇年六月という時点では、すでにソヴェトへの期待は独ソ不可侵条約によって無残にも裏切られ、西欧諸国もナチス・ドイツに蹂躙されていたわけで、これまでよきにつけあしきにつけ日本の先導者だったものすべてを失った日本の文学と思想は、いまや自力で時代の荒波に乗りだしていかねばならなくなっていたのです。

『旅愁』再開一ヵ月まえに太平洋戦争がはじまりますが、それから一〇ヵ月、四二年の九月と一〇月の『文学界』にシンポジウム「近代の超克」が掲載されます。それは、戦後の竹内好の表現を借りますと、当時の日本を代表する三つのグループ、『文学界』グループと《京都学派》と《日本ロマン派》の三つの要素を組みあわせ、ヴァレリーの《知的協力委員会》の〈談話会〉にならったシンポジウムで、まさに羅針盤を失った日本の文学・思想の総力をあげて新しい時代に立ち向かおうとした、悲壮なこころみだったと言ってよいでしょう。司会の河上徹太郎は、このシンポジウムを、「我々の知的活動の真の原動力として働いてゐた日本人の血と、それまで不様に体系づけてゐた西欧の知性の相克」の解決を目指すものと位置づけておりますが、それは結果として何ひとつまとまった提言をつくりだすことはできませんでした。もうすこし詳しくいえば、その席で亀井勝一郎は日本の近代について、「一口で云へばそれは無信仰の時代だったといふことです。神々から追放された人間の悲惨――さういふ言葉で言ひ表はしてもよいと思ふのです」と語って、「信仰の復活」の必要を説きます。林房雄は、「文明開化とともに、日本は伝統と血統の尊さを忘れた」として、「勤皇の心」にささえられる「神国日本」の再生を主張します。他方、小林秀雄は、「近代が悪いから何か他に持って来ようといふやうなものではないので、近代人が近代に勝つのは近代によってである」と語り、中村光夫は、西洋と日本の不均衡の回復された現在こそ、「本当に西洋を理解する好機なのではなからうか」と述べております。このように対立をあきらかにしただけのこのシンポジウムをわざわざ持ちだしたというのも、じつは『旅愁』後半は、時代の要請だったともいえる「近代の超克」シンポジウムの問いかけへのひとつの回答として、シンポジウムに参加しなかった横光利一が提起したものだったと、わたくしが考えているからです。

六　『旅愁』後半――西洋と日本の融合をめざして

『旅愁』第三篇は、満州里にむかって走っていくシベリア鉄道の車中の描写からはじまります。そこで矢代は、パリ祭の翌日パリで別れた千鶴子のことを思い浮かべながら考えます。「地位、身分、財産、血統、家風などといふ、日本の内部を形造つてゐる厳然とした事実の中へ帰つていつて、なほそのまま二人の幻影を忍ばせ支へつづけて行くためには、二人は今のうちにひらりと変り、互ひにこのまま会はない方が変らぬことにもなつていく。」いま読んだこの「日本の内部を形造つてゐる厳然とした事実」のなかで「パリとの格闘」から得られた「幻影を忍ばせ支へつづけ」ながら、その「幻影」を現実化していくこと――『旅愁』後半の主題はこんなふうに要約することができるでしょう。したがってシベリア鉄道の車中でいちどは矢代の断念した矢代と千鶴子との結婚ということも、そのまま、「二人の幻影」をつくりだした西洋とそれを拒もうとする日本との融合という意味を担わされるのです。

このような二人の結婚に特別な意味を賦与するものを、横光は「天罰」という言葉で表現しております。自分の家を訪ねてきた帰国したばかりの塩野と外出して矢代は、停留所のそばに聳える欅の大樹を仰ぎながらこう洩らします。「僕らは天罰を受けてしまつた。どう仕様もない。潔く罰を受けて仕舞ひませうよ。」この「天罰」という言葉は、パリで作家の東野が久慈にむかって、「いったい、君は帰つてからどうするつもりです」と訊ねながら口にする、次のような自嘲的な忠告に呼応するものだと言っていいでしょう。「もう昔のやうに、外国へ行つたからといつて何の価値も出る時代ぢやなし、ここで習得した左翼や右翼の理論を、そのまま日本へ当て嵌めて考へたつて、間違ひだらけになるのは定つたことだし、さうかといつて、来る前と同じ君でゐられるわけのものでもないでせう。もう君にしても僕にしても、物を見る意識が狂つてしまつてゐることだけは事実なんだから、そんならこれから自分の正確さを、どこでどうして調節をつけるかといふ問題があるだけでせう。」こうした「天罰」を受けながら、「日本の内部を形造つてゐる厳然とした事実」のひとつひとつを克服していくこと、それが二人の結婚ということでした。

そのような結婚の障害として、二人のまえにまずあらわれるのが「ヨーロッパの幻影」です。すでに矢代はその存在を予感して、千鶴子がパリを出発する前夜ホテルで二人になったとき、「僕もいろいろなことをお話ししたが、外国にゐるや、何と云つていいか、とにかく云ふことに間違ひが多いですからね」といって、はっきり見てとれる千鶴子の期待を裏切っております。その予感は、帰国した日わが家に帰るまえタクシーを目黒の千鶴子の家のまえまで走らせ、その邸の門を見たとき、「自分と千鶴子との間に立ちはだかつて二人を会はせぬものは、争はれず、この欅の門扉に厳しく顕はれ出てゐる家風だと思つた」と確認されるのです。ですから矢代がアメリカをまわって半月早く帰ってきていた千鶴子と再会するのは、母の郷里の東北の温泉にしばらく滞在し、その後塩野にむりに連れだされたときで、じつに帰国から一ヵ月半が経過してからなのです。その後二人のあいだに急速にパリでの親しみが復活し、手紙を頻繁にかわすようになっても、「千鶴子と自分の間に西洋の幻影が燃え尽きず、まだ焔を上げてゐるのが感じられ」るため、矢代はけっして結婚という言葉を口にしません。そうした「幻影」が消え、二人がまぎれもなく日本の現実のなかで生きているのを矢代が承認するのは、彼が「自分の旅の総決算が、この突然な「父の死」といふことになつたのだ」と自覚する、帰国後半年近くのちのことなのです。

もっともその半年のあいだに、「幻影」がけっして「幻影」ではなかったことが自覚されたのもまた事実でした。横浜についた東野を迎えにいった日、塩野たちと千鶴子を家まで送りとどける途中、矢代はこう述懐します。「あの夢みたいな僕らの一年は、あれは非常な生活の実践だつたといふことが分つたね。みんな、あれは幻影ぢやない。実践だつたのさ。僕の死んだ父親だつて、また君らのお父さんたちだつて、生きてゐるうちに一度はどうしても行つてみようと一生思ひ詰めて、たうとうそれも行はれずに死んでしまつたことを、ともかく曲りなりにも、僕らは実践しちやつたんだからね。」それが「実践」だったと認識されるとき、その経験は逆に二人を引き離そうとする「厳格な現実」にたいして、二人を守る武器として肯定されます。矢代が千鶴子に祖先が切支丹大名に滅ぼされたことを告白したあと、千鶴子から届いた手紙を読んで、「もし千鶴子が日本を少しも出ず今のままにゐる婦人であつたら、あるひは、二人の間はこのまま事断たれてゐたかもしれぬ」と、矢代は思うのです。

第二の障害は、千鶴子がカトリック信徒であることでした。シベリア鉄道のなかで矢代は、チロルの山中で氷河の見える暗い丘のはしで祈る千鶴子、パリで別れる前夜ホテルのベッドのわきで祈る千鶴子を思い出し、「今までに幾度となく彼の思ひ出の中に泛んで来た姿だつたが、今の千鶴子の祈る姿は、不思議と喰ひ違ふ歯車のきしみを感じて」困惑させられます。そして帰国とともに、父方の祖先の大名が北九州でカトリックの大友宗麟に亡ぼされた事実が、矢代の心に重くまとわりつづけるのです。しかもそのような困惑は、上越の山小屋に弟の慎三と訪ねてきた千鶴子にたのんで書いてもらった、彼女の祈りの言葉を読むにおよび、一種の恐怖にさえ転化します。「その中の非人間的な淨らかな呼び声の流れる中の、特に、異端者の悲しき思ひをそそぎまつらんことを希ふところまで来ると、自分を突き伏せて来るやうに感じ思はず」身構えた矢代には、「初めて異端者と呼ばれる無気味さが、胸に擬せられた刃となって消えなかった」と、書かれております。そして矢代は、不寛容で排他的なその刃が日本人の胸に突きつけられてきた歴史を振りかえらざるをえないのです。

第三の障害は、帰国した日矢代に「ヨーロッパの幻影」の存在を思い知らせた、千鶴子の家の「欅の門」に象徴される日本の「家」です。もちろん矢代はパリでもその「家」を忘れてはいませんでしたし、むしろ「厳格極りない日本」の風習を「何となく非常に見事な習慣」だと思い、「千鶴子の家と自分の家との二家の父母の許しを待つまで、君を愛するなどといふ言葉」を口にすまいと覚悟を決めておりました。矢代の父は、「青年時代に福澤諭吉の教へを受け、欧化主義を通して来た人物」ではありましたが、子を洋行させるため「身を慎み、生涯を貯蓄に暮しつづける」、いまは東京郊外にささやかな家をかまえる一介の会社員にすぎません。それにたいして千鶴子の実家の宇佐美家は、兄の外交官の由吉が貴族の友人たちを親しげに爵位で呼び、その交際範囲は、矢代がそこに加わっていった社交界が示すように、「明治、大正といふものの代表者」である大使や日本屈指の富豪などいわゆる上流階級に属する人たちでした。それだけに宇佐美家の家風が自由で開明的であるのにたいして、矢代家の親戚を見ると、「不思議とどの家の中の子女たちも、恋愛事件を起して家風の保つた独特の静寂な情緒を乱したものは一人もゐなかつた」と記されております。そして矢代の母は熱心な法華経の信者で、千鶴子がカトリックであることを知れば、とうぜん「恐慌」をきたすことは充分予想されるところでした。そのうえ、すでに何度も繰りかえしたように、矢代家には「カソリックの宗麟に滅ぼされた特殊な歴史」があったのです。

矢代は父の死後、その骨を先祖の墓に分骨するため北九州の父の故郷に赴きますが、そこで祖先が宗麟に敗れた古戦場の城山を訪れ、そこの一族の墓地でそれまで面識のなかった土地の親戚に囲まれて納骨式をおこなってから、京都で待つ千鶴子たち一行のことが気になって、そそくさと人力車でその地をあとにします。ところがしばらくきて振りかえると、背後の「沢山並んだ他の峯々のどこも姿を消してゐる中から、ただ一つ」城山の峯だけが夕日を受けて浮かびあがっているのが見え、思わず、「こみ上つて来る感動に堪へかねて、たうとう泣いた。涙が出て来てとまらなかつた」とあります。「そして、どうして今の今までこの姿を忘れてゐた自分だつたのかと、急に過ぎた日のすべてが空虚な日々のやうに思はれて来るのだつた。それは実に間の抜けた、迂闊な生活の空費のやうに思はれて残念だつた」と書かれております。

そして最後の障害として、『旅愁』最終部分ではじまる日中戦争、つまり戦争という新しい現実をあげねばなりません。そこには、「戦争が始つてからは、覚悟のこととはいへ、いつ応召するか分らぬ身であれば、残るものの身の上も考慮に入れて物いふ風になつて来てゐた」とだけ記されているのにすぎませんが、それが二人の結婚にどのように大きな障害となりうるか、想像することはけっして困難ではありますまい。

このようなすくなからぬ障害を乗りこえ、しかもいまは「実践」だったと認識しなおされたヨーロッパ経験、すなわち「パリとの格闘」をつうじて学んだものを生かしうる、綜合的なひとつの立場を見いだすこと――それこそ二人の結婚実現のための必須の条件であり、その探求を経てひとつの立場ないし思想がついに見いだされたとき、はじめて二人の結婚は成就されるわけでした。しかも以上お話しした障害がいずれも日本と西洋とを対立させる本質的な問題であったことは繰りかえすまでもないでしょう。してみればこの結婚は「近代の超克」シンポジウムに託された問題解決の可能性をも示唆するものであったはずです。と同時に、パリで矢代の語ったあの、「何といふか、たしかに世界の人間の忘れてしまつた大切なもの」、「日本にだけたつた一つあるやうに思ふ」、「それが世界から無くなれば、世界は今ににつちもさつちもいかなくなるにちがひないと思ふ、貴重な、ある云ひ難い精神」の探求でもあったわけです。

『旅愁』の後半は、そうした日本の精神探求の旅を描いていると見ることもできるわけで、そこには、帰国の日矢代に、「跨ぐズボンの股間から純白の息吹が胸に噴き上り、粛然とした慎みで〔……〕鼻孔が頭の頂きまで澄み透るやうに」感じさせた、銀座のうどん屋の敷居の円錐形の「一握りの盛り塩」にはじまって、東北のひなびた城下町の温泉、上越の雪のなかの山小屋、京都の寺院、祖先の眠る裏九州の城山、祇園というふうに、日本的なものがつぎつぎと繰りだされ、物語はそういうものとの出会いをつうじて進展していくのです。

　そういう探求の旅をとおして矢代がしだいに関心を惹かれていくのが古神道にほかなりません。それこそ矢代には、「無機物の形造つた物理学的宇宙といふやうな、有機物のいのちを除いた非情寒冷な論理世界のみを対象として、宇宙の諧調の美を作らうとする自然科学者の頭に映つた世界ではなく、万物をいのちと見、論理以前の論理体系を国家として、同時にそれを宇宙の根元と観じてゐる希望有情の充実した日本人」の世界を表現するものと思われたのです。上越の山小屋で、宗教と科学にかかわる多数の歴史書を読破してその確信をつよめた矢代は、その特質を、訪ねてきた千鶴子とその弟の数学者の慎三にこう説明します。「まァ、一切のものの対立といふことを認めない、日本人本来の希ひだと僕は思ふんです。ですから、たとへばキリスト教や仏教のやうに、他の宗教を排斥するといふ風な偏見は少しもないのですよ。」そしてそれを象徴するものとして、日本の古い祠《ほこら》の本体である幣帛《へいはく》をあげます。幣帛というのはふつう神道で「神にたてまつるもの」の意味ですが、横光は、正月のお飾りやお供えなどにも添えられる白紙の帯を波形に折って垂らした切紙飾りのことを幣帛としております。矢代はつづけます。「幣帛といふ一枚の白紙は幾ら切っていっても無限に切れて下へ下へと降りていく幾何学ですよ。同時にまたあれは日本人の祈りですね。つまり、僕らの国の中心の思想は、さういふ宇宙の美しさを信じ示してゐるんだと思ふのです。」また、塩野の資生堂での写真展のあと千鶴子と一緒に招かれた田辺侯爵の別邸での晩餐の席で、財界の大立者久木男爵が、「あなたがたの年齢の人の中心問題は、今はどういふことにあるんですかね」と訊ねると、矢代は、「西洋が二十世紀だからといつて、東洋もさうだとは限らないんですから、そこを何んだつて、西洋の論理で東洋が片づけられちや、僕等の国の美点は台無しですから、果してそんなに周章てて美点を台無しにすべきかどうか」と口火を切り、科学の合目的性に対抗するものとして古神道を持ちだします。

この古神道は、『旅愁』をめぐる議論で、「妄想的な願望の論理に塗りかためられた古代日本礼賛論」(菅野昭正前掲書)として、かならず槍玉にあがるものですが、わたくしはそのようには思っておりません。「厨房日記」のツァラの夜会を紹介したところには、日本という国はどういう国かとツァラにきかれて梶のこたえた言葉が記されております。そこで梶は、日本の文化がしばしば地震という天災で一朝につぶれるという経験をいくども繰りかえしたと話してから、「一世代の民衆の一度は誰でも自然の暴力に打ち負かされ、他国の文化を継ぎたす訓練から生ずる国民の重層性は、他のどこの国にもない自然を何よりも重要視する秩序を心理の間に成長させて来たのです」と述べております。そして、一九四一年一〇月の雑誌『文藝』を見ますと、そこに横光と吉川英治との対談「日本の精神」が掲載されていて、そこで横光はこう語っております。「「みそぎ」といふことを非常に暗いもののやうに今までの人に思はせた点があるやうですが、「みそぎ」の精神といふのは、朗々たる、春風駘蕩たる精神ですね。万葉集の精神ですからね。外国から入つて来たものを生かすといふ精神があるのですよ。」『旅愁』前半でも、異質なものを排斥せずいっさいの対立を認めない「日本人本来の希ひ」というような表現にはしばしば出喰わします。してみれば、横光のいう「古神道」は『旅愁』後半部分に急に出てきたものではなく、一九三六年以来の横光の考えに具体的なかたちをあたえたものと見るのが適当ではないでしょうか。むしろ誤解は、戦時中の記憶を呼び覚ます「幣帛」というものが持ちだされたところに起因すると思われます。じじつ、横光の古神道には、戦時中に流行した古神道の排他的で超論理的なおどろおどろしさといったものはまったく認められません。そのことは、矢代のまえに古神道によって開けてきた思想の新しい地平が、「あまねき光」というかたちで表現されていることからもおわかりいただけるでしょう。矢代が結婚について母の承諾を得たあと、矢代の祖先のことで煩悶する千鶴子にあてた手紙はそういう矢代の思いを明確にし、『旅愁』後半のひとつの結論といった意味をも持っていると考えられますので、すこし長いが読ませていただきます。

「僕はこの手紙をかうして書いてをりますが、あなたの悲しげな顔が泛びます。今僕は、眼に見えた物象の中で、直接これがこの瞬間の、僕の神だなと感じたものは、太陽の光でした。そして、これ以上の真実はこの瞬間にはありません。〔……〕僕らの中には、光るものもあればこそ、天上から射す光をも受け眺め得られる、おほみたから、という言葉さへ赦されてゐるのです。この冒しがたい、どつしりとした、日本の神のみ旨のあるところを感じて下さい。さうしますと、それぞれの他国にも、色彩の差はありながら、光るものがあるといふことも鮮明に浮き上つて参ります。〔……〕繰り返して申しますが、自分の国の光を浄く信じればこそ、他の国の光をも完全に認め得られるといふことを強く信じてください。〔……〕僕は僕たち日本人ほど他の国国に愛情を瀝いで来た人種もまた少いと思ひ、ひそかにそれを美徳と思ふものであります。それあればこそ、他国の滅びゆくものもまた僕らの国の神は、何人よりもお歎きになりました。そして、あなたはその深いみやびやかな御心の一端を、識らずに受け継がれたお使者の一人です。」

矢代の発見したものは、亀井勝一郎のような「信仰の復活」でも、林房雄のような「神国日本」の再生でもありません。日本古来の、他文化にも寛容な「あまねき光」をあらためて再確認することだったのです。とはいえ、日本と西洋の融合をめざす矢代と千鶴子の結婚は、結納までとりかわしながら、すくなくとも『旅愁』の作中では実現しません。ということは、以上の「あまねき光」にかかわる思索も、日本と西洋の融合のひとつの契機として提起されはしたものの、それ自体東西を融合するひとつの思想として結実するにはいたらなかったということです。

『旅愁』の最終章の一部は敗戦直前に、そして最後の部分は「梅瓶」という題で戦後の『人間』(四六年四月号)に発表されました。この最終章は、日中開戦後をとりあげております。開戦直後帰国した久慈の歓迎会を、東野の講演が日比谷である日にあわせておこなうことになって、夕方日比谷に出かけた矢代は、講演会の開場を待つ人々が公園に長蛇の列をつくっているのを見て、東野の「新アジア」という演題を「自分ならむしろ新世界としたかつた」と考え、二ヵ月前の梅雨あけの朝、「一分の小さな柱の穴から、空の光りを望み噴き立ちのぼつた、白蟻の群」のことを思い出します。そしてその日の宴席で講演をひかえた東野は久慈に、「誰もしかし、良い潮どきに帰って来たよ。これからはどこの国の歴史も、見知らぬところを旅するんだからね」と語り、その夜おそく東野の放送を聞くため田辺侯爵邸に集った矢代たちの耳にしたラジオの言葉は、「この漠々たる空の中に、私らは立つて、何を念じ、何を呼び起さうとすべきでありませうか。秩序であります」というものでした。この東野の放送の言葉で「梅瓶」は擱筆されるのですが、このような「梅瓶」の叙述を見れば、矢代と千鶴子二人の結婚は先おくりされたものの、日中開戦が日本の新しい門出としておかれていることは認めないわけにはいかないでしょう。おそらく作者は、二人の結婚をこの段階でいちおう保留したとはいえ、日中開戦によりはじまるまったく新しい時代こそ、二人が手をとりあって今後歩むべきところとして思い描いていたにちがいありません。

いまあらためて『旅愁』の終着点から振りかえってみると、『旅愁』は一九三六年の西欧の凋落、三六年から三七年にかけての世界史における日本の新しい使命の模索、そして三七年七月にはじまる日本が新しい世界史に乗りだしていく新時代への出発という、現代史の三段階を背景に構想されていると言えるでしょう。そして『旅愁』後半の主要部分を占める「世界史における日本の新しい使命の模索」は、日本近代の問題すべてを網羅するかたちで、ところどころに挿入される田辺侯爵邸やニューグランド・ホテルにおける会食や宴席を利用し、日本の近代にかかわった世代のさまざまな分野の人々、とりわけ過去に日本と西洋の交渉に直接関係した人たちが多数参加することによっておこなわれているのです。こうして横光は、西洋と日本の近代の問題の再検討をつうじて、東西の融合をもたらす理論構築をくわだて、そのような理論生成のプロセスを示すものとして『旅愁』後半を展開したのでした。ということはとりもなおさず、西洋を軸として動いてきた日本の近代の終焉と、日本と西洋を融合するかたちで日本のイニシアチヴのもとに開かれる新しい時代との、まさに転換期を、一九三六年三月から一年半という時間に舞台を限定して描ききったのがこの『旅愁』だったということになります。

『旅愁』は毀誉褒貶のはなはだしい小説です。とりわけ後半は前半執筆後、中断期を経て戦後まで書きつがれただけに、前半と後半との不整合からはじまって幣帛に見られる日本主義まで、多岐にわたる議論がたたかわされてきました。しかし『旅愁』全篇をあらためて読みなおしてみると、一九三六年春から三七年秋までという時代の枠組のなかに全篇無理なくきっかりと収まり、執筆開始時にはその展開すら予想もつかなかったにちがいない後半も、前半の流れをしっかりと受けとめ、そればかりか前半よりはるかに均整のとれた構成をもって展開されているのに、むしろわたくしたちは驚かされます。ただ問題となるのは、すでに前半をめぐって指摘した、国家や民族にかかわる事柄でしょう。『旅愁』の作中人物は一人残らず、祖国愛とか民族愛という問題に直面すると、一種の判断停止状態に陥ってしまうからです。もっともこれは何も、横光利一のみに見られる特殊現象ではなくて、たとえば日中開戦直後の小林秀雄の有名な言葉――「……日本の国に生を享けてゐる限り、戦争が始まつた以上、自分で自分の生死を自由に取扱ふ事は出来ない。たとへ人類の名に於てもこれは烈しい事実だ」(「戦争について」『改造』三七年一月号)にも読みとれるものでしょう。おそらく敗戦以前にこうした国家観、民族観から自由になっていた日本人は、きわめて少数だったといって過言ではありますまい。

一九三〇年代後半の西と東の現実との対決をつうじて、明治以来の東と西の交流の歴史を踏まえたうえで構想され、しかも時代の荒波に屈することなくみごとに戦後まで書きつがれた『旅愁』は、一九三五年にはじまる新しい時代のなかで、「近代の超克」に象徴される時代の要請に明確な問題意識をもって真摯にこたえた唯一の作品でした。そういう意味で、西洋と日本という問題にとりくんだ近代日本の代表的な作品として、わたくしはまず『旅愁』を推すのにやぶさかではありません。

最後に、『旅愁』の先駆的役割について一言だけつけ加えておきたいと思います。戦後最初の留学生としてフランスに赴いた遠藤周作が帰国後あらわした『沈黙』に描かれている、神の概念も育たない「黄色い人」の沼地のような風土は、『旅愁』で繰りかえし賞讃されている異教もそのまま自然に受容してしまう「古神道」の世界の裏返しの表現にほかなりませんし、おなじように加藤周一さんの指摘した日本の「雑種文化」という性格も、『旅愁』のなかではっきりと定義されてはいないものの、これも日本のすぐれた点として見とおされていたと、わたくしは考えております。そして一九七〇年以後いくども日本を訪れた文化人類学者のレヴィ=ストロースが、「日本では、神話と歴史とが相互排除的なものとは考えられておりません」（「混合と独創の文化」『中央公論』八八年五月号）と指摘し、日本文化における外来要素と土着要素との共存という特質に注目していることも附言しておきましょう。

横光利一が一九三六年のパリから持ち帰り、『旅愁』という作品のかたちで思索し展開したもの、——それこそその後今日までの西洋と日本とのかかわりにおいて、いわば基層といったものを創りだしたものだったのです。

以上でわたくしの話を終わりにします。長い間、御静聴ありがとうございました。

【質疑応答】

［**司会**］　どうもありがとうございました。それではしばらくの間、質問あるいはご意見のある方、発言をしていただきたいと思います。どうぞ、ご遠慮なく。

[質問①]　私は横光を研究しているものですから、二つばかりおうかがいします。一つは『旅愁』は戦後まで書かれたわけですね。それでも、作品の世界の時間は一九三六年の一年に留まっています。先生のお話ですと、いちおう最初の方から一貫した構想があったわけですが、例えば「梅瓶」まで行きますともう戦後ですよね。果たして戦後において一九三六、七年のことを書く意味はあったんだろうか、つまりあのままあの作品を続けられたんだろうか、という疑問が一つです。

あともう一つですが、第一篇、第二篇の矢代は確かにじかにヨーロッパと対決しているわけですよね、ところが第三篇以降で千鶴子との結婚ということになりますと、いわば千鶴子を一種の仮想のヨーロッパの象徴的なものに置き換えてしまう。この場合もうすでにこれは最初の第一篇、第二篇におけるような西洋対東洋の対決ではなくて、いわば日本の内側の中でそういうものを作り出している擬似西洋との対立という形にわたくしには見えるんですが、いかがでしょうか。

[渡辺]　わたくしは横光さんが戦後書いたものなどから見ても、一九三五年から四七年までの期間の彼の問題意識というものは変わってはいなくて、彼は続けて考えていこうとしていたんだと思っています。横光利一が立派だと思うのは、文学者の戦争責任ということが問題となっていた戦後に、古神道まで出てきた『旅愁』をそのままつづけて、あえて「梅瓶」を『人間』に発表しているところですよね。そういう意味で横光さんは同じ問題意識をきちんとあの時代にも生かしていこうと決意していたのだとわたくしは考えています。

わたくしはさっきそこまでは言いませんでしたが、横光利一は『文学界』の中心的存在なのに、なぜあのシンポジウム「近代の超克」に出席していないのか、という問題があるんですね。わたくしは多分、横光利一のああいう行き方には『文学界』のなかにも大きな異論があったんじゃないか、というふうに考えております。

二番目は矢代のことですけれども、一般に前半は西洋の問題、後半は日本の問題というふうにされるけれども、わたくしは、今もお話ししたように、前半は舞台はフランスでも、矢代の中にはいつでも日本がある。だから彼の日本という問題との対決がフランスで行われ、ついで日本に帰ってからは、西洋的なものまでとり入れている近代日本との対決がある。ですから同じ問題が前篇と後篇で、相手にする現実がまえはフランスの現実で、後の方が日本のそれになったというだけの違いとまで考えたいので、そういう意味での主題の首尾一貫性があり、そこにこの時代の要請があった……。シンポジウム「近代の超克」が行われたのは一九四二年ですけれども、横光利一はそういう問題意識をすでに一九三六年から持ち続けていたんじゃないかと考えているんです。

［質問②］　古神道ということを最後に採り上げられておられましたが、古神道は日本の土着信仰で、それを母体にしていわゆる国家神道が明治以降、日本の国教となるわけです。それで、横光は国家神道と古神道をどういうふうに考えていたんですか？　そこら辺を教えていただきたいと思います。それは戦争責任に通じるものだと私は思いますが……。

［渡辺］　最後にレヴィ=ストロースのことに触れましたが、日本の文化の大きな特徴は、あらゆる異文化に対して非常に開かれていて、それらを排斥しない、キリスト教もイスラム教も、他宗教は全て異端として排斥するわけですが、そうではない性格をもっている。ただ、戦争中の日本の古神道は、国家神道として神国日本以外の全てを切ってすてたわけですけれども、本来の古い神道の在り方というのはそういうものではなかったと、そこを横光は強調しているのです。戦争中に強調された古神道の国家神道としての側面だけで戦後、横光を断罪する者がつぎつぎと出てきたけれども、それは誤解であるとわたくしは思っています。その後、半世紀以上経って、レヴィ=ストロースなどが日本へ来て、まさに横光と同じように土着のものと異端のものとの対立がなくて、そういうものを皆包括していくというところに日本の文化の特質があるといっているのです。むしろ古神道の問題

は、横光がフランス体験以来いかに日本文化の問題を深く考えつづけていたかを示すひとつの結果でしょう。国家神道とは関係がなかったと思います。

〔司会〕 五回の講座が終わるわけですが、今日は横光利一ということでさすがに年配の方が多いんですが、若い方もちらほらおられるので、若い方々はどうやって横光と出会ったのかなと思います。

最後に、横光利一が亡くなったのは昭和二二年ですが、私はその年に横光利一を見ているんですね。あの頃、下北沢の駅のすぐ前に「ロリガン」という喫茶店がありまして、もちろんもうなくなりましたが、そこに行くと夕方になるとふらっと現れてコーヒーを飲んでるんですね。何となくいわゆる文士という人が集まっていて、私はその頃まだ旧制高校の学生だったんですが、とにかく一高から二駅で来ちゃうし、私の家も下北沢だったものですから、横光利一の顔を見に来て、コーヒー飲んでいると自分もなんか偉くなったような気持ちになってフランス文学科に行っちゃったわけであります。これは全く個人的なことですが、ただもうあの人の顔を見た方はこの中におられないと思いますので、思い出話を綴ったわけです。

あとがき——日仏会館の八〇年

財団法人「日仏会館」Maison Franco-Japonaiseは一九二四年三月七日に文部省から設立の許可が下り、三月一八日に設立総会が開かれ、一二月一四日に開館式をおこなった。このうち三月七日を設立記念日とすることが慣例化しており、日仏会館は二〇〇四年三月をもって八〇周年を迎える。

一九二四年といえば大正一三年である。前年の九月一日には関東大震災が起こり、死者行方不明者一四万二千人を出した。朝鮮人が暴動を起こしたという流言が飛び、数千人の在日朝鮮人が殺されている。国内的には「大正デモクラシー」と呼ばれ、憲政擁護と普通選挙運動が高揚した時代だったが、社会主義思想が日本にも浸透し（一九二二年、日本共産党結成）、二六年末に元号が昭和に代わるころから「内外の危機」が深まり、一九三一年の満州事変を機に軍部の発言権が強まる。協調外交の時代が終わり、日本は国際的孤立の道を突き進む。

日清、日露のふたつの戦争に勝利し、一九一〇年に朝鮮を併合した翌年、条約改正をはたした日本は、さらに東アジアでの権益拡大をねらい、ヨーロッパを主戦場とする第一次世界大戦に参戦していわば漁夫の利を得た。一九二〇年に設立された国際連盟で、日本は西洋列強に伍して常任理事国として迎えられ、連盟の事務局次長に新渡戸稲造を送りこんでいる。日本は「脱亜入欧」をはたしつつあった。

極東に生まれた大国を重視して、フランスは一九一九年に大学使節団を派遣して両国間の知的交流の準備にあたらせたが、一九二一年、詩人・劇作家として名声があるポール・クローデル（一八六八―一九五五）を駐日大使に任命する。クローデルは、姉の彫刻家カミーユ・クローデルのほうがロダンの弟子かつ愛人として有名かもしれないが、外交官試験に首席で合格したれっきとした職業外交官である。日本に来るために外交官を志した節があるが、一八九五年から一四年、中国に勤務しており、その間に一度日本を訪れている。

一九二一年当時の日本を取り巻く国際環境はといえば、ロシアのアジア進出を牽制する目的で一九〇二年に締結された日英同盟が満期を迎えて廃棄が決定され、敗戦国ドイツは賠償金の支払いに苦しみ、アメリカでは排日移民法の動きが出ていた。フランスには日本との関係を強化するチャンスだったのである。インドシナ半島を勢力下におさめていたフランスにとって、ハノイの「極東フランス学院」（一九〇一年設立）につづき東京に「フランス会館」Maison de France de Tokyo をもつことは、日本と極東におけるプレゼンスを高めるための優先課題であり、工業製品や武器の売り込みなど通商関係の強化と並んで新任大使に課された重要任務のひとつだった。当然、日本政府も対応に迫られたが腰が引けており、会館設立の意義を説き寄付金集めで音頭をとったのは、財界の大御所・渋沢栄一である。

大使着任時にクローデルは五三歳、渋沢はすでに八一歳の高齢で、親と子ほどの開きがあった。クローデルが生れた一八六八年は第二帝政の末期で、たまたま明治維新の年にあたる。渋沢はその前年の六七年、パリで開かれた万国博覧会に幕府が派遣した代表団の随員として参加し、一年以上滞在している。帰国後、五百を超える企業を設立し、「日本の近代資本主義の父」と呼ばれる渋沢だが、民間経済外交での活躍も特筆に値する。ただし渋沢の民間外交はフランス一辺倒ではなかった。一九〇二年を皮切りに四度訪問したアメリカとの関係を中心に、日本にとって第二の市場だった中国を重視した多極的外交ヴィジョンのなかに、フランスは大事なパートナー国として位置づけられていたのである。会館の設立準備に忙しかった一九二〇年代初めだけとっても、国際連盟ができれば国際連盟協会をつくって会長をつとめ、アメリカで排日移民法への動きが起これば、くいとめるために渡米し、関東大震災に際しては善後策を講じるための機構を立ち上げ復興に尽力している。

「フランス会館」という一方通行的名称は、日本側の意向で互恵的な「日仏会館」に改められ、会館は渋沢栄一を理事長、クローデルを名誉総裁として発足した（総裁はサン＝シール陸軍士官学校に学んだ閑院宮《かんいんのみや》）。ふたりの創立者の名前を長く記憶にとどめるため、会館は一九八四年、毎日新聞社の協力を得て「渋沢・クローデル賞」を創設し、毎年日仏の若手研究者に贈っている。同賞は六六年に一度つくられ中断していた「クローデル賞」を復活したもので、旧クローデル賞が仏語作品の翻訳に贈られる翻訳賞だったのに対し、渋沢・クローデル賞は研究書ないし翻訳に贈られること、またフランス人のすぐれた日本研究にも贈られる点で、ふたりの創立者の精神をより忠実に反映したものになっている。

思えば、一八八五年に日本を訪れ『お菊さん』を書いたピエール・ロチから、アンドレ・マルロー、ロラン・バルトまで、日本に魅せられたフランスの作家は数多いが、クローデルほど日本の自然と能や美術的伝統を深く愛し、みずからの創造に活かした作家は少ない。フランスの「外」に脱出することだけを願って外交官になったカトリックの劇詩人は、大使としての職務に忠実にフランス文明を宣教する使命感と、異質な文化に目を開き全身で耳を傾ける感受性をあわせ持っていた。日出づる国に滞在中に書いた文学的エッセーは『朝日の中の黒い鳥』(講談社学術文庫)にまとめられているが、一九二一年から二七年の外交書簡を集めた『孤独な帝国——日本の一九二〇年代』(草思社)も一読に値する。

創立以来八〇年、日仏会館はその寄付行為第三条にある通り、日仏両国の協力によって相互の文化研究を行い、交流をはかり、フランス語ならびにフランス諸科学の普及に貢献してきた。講演会、研究会、出版などの学術活動は、フランス外務省から派遣されるフランス学長の指導のもとに、人文社会科学から自然科学の広い分野で展開されてきた。初代学長はインド学の泰斗シルヴァン・レヴィであり、戦後は憲法学のルネ・カピタン(帰国後ドゴールの法相)、日本学のベルナール・フランク(のちにコレージュ・ド・フランス教授)など代々一流の学者が派遣されてきた。しばらくは日仏会館が財務と建物設備の「容器」を管理し、フランス事務所が学術交流の「内容」を指導していたが、専門分野ごとに日仏学会ができて学術交流の受け皿になり、一九七六年から三年毎に日仏学術シンポジウムが開催され、八〇年代には会館独自の講演会や文化講座も定着するようになった。常務理事会の下に学術委員会がおかれ、多様な学術活動を企画実行する体制が整えられ、最近では日仏共同事業も増えている。

講演会や研究会は雑誌『日仏文化』に反映され会員に配られるが、重要なシンポジウムの成果は商業出版によって市販されてもいる。経済ではR・ボワイエ、P・スイリ編『脱グローバリズム宣言』(藤原書店)、政治思想では三浦信孝編『来るべき〈民主主義〉』(藤原書店)、美術では三浦篤編『自画像の美術史』(東京大学出版会)などが最近の例である。会館は設立当初から、日本や東洋を研究するフランス人研究員 pensionnaires の受入れ機関として機能しており、不定期に *Bulletin* (学報)を発行していたが、重要な成果としては仏教百科事典の『法宝義林』や仏文『日本歴史辞典』があり、一九九二年からは日本在住の研究者を中心に仏文の日本研究誌 *EBISU* が刊行されている。

また日仏会館には、一九〇九年に設立された「日仏協会」Société Franco-Japonaise が共同で事務所をかまえている。日仏協会は日仏会館より歴史が古く、いわば会館設立の母胎になった組織であり、今も日仏の友好親善とフランス文化の普及を目的に、さまざまな文化的催しや人的交流を行っている。フランス語の《société》には英語の《society》と同じく、「社会」のほかに「社交」「交際」の意味と「協会」「学会」の意味がある。事実、日仏協会は、一八八六年に設立された「仏学会」と合併改組してできた経緯がある。二国間の友好協会には、日仏協会と前後して一九〇八年にできた日英協会、一一年にできた日独協会があり、また日独協会や日伊協会の起源が「独逸学協会」（一八八一年設立）や「伊学協会」（八九年設立）にあることも、「仏学会」をもとにできた日仏協会の場合と同じである。

「仏学会」はその仏語名称 Société de la langue française が示すように、日本で最初の仏語教育とフランス研究を目的とする学会組織であり、三〇〇名近い会員を擁し、一八九二年から五年間だけだが月刊の仏文雑誌 *Revue française du Japon* を発行していた。一八七三年（明治六年）に日本政府の顧問として招かれ、民法・刑法をはじめ法制整備にあたったボアソナードは、日本の近代化に貢献したフランス人の筆頭にあげられるが、彼が心血を注いで準備した民法典（一八九〇年公布）は日本の伝統的家族制度に合わないとして実施されず（民法典論争）、一八九五年、失意のうちに帰国する。そのボアソナードは日本滞在の最後の時期に、和佛法律学校（法政大学の前身）で教鞭をとるかたわら「仏文雑誌」の編集主幹をつとめていた。ただし「独逸学協会雑誌」のほうが一八八三年の創刊だから「仏文雑誌」より古く、日本語の雑誌だったから、発行部数ももっと多かったに違いない。

ところで、現在日仏会館に登録されている二六の関連諸学会にはSociété franco-japonaise de...を名のるものが多い。関連学会のうちには会館に住所をおくものもあるが会館の下にあるわけではなく、ゆるやかな協力関係にある。しかし、フランス研究の諸分野を束ね支援する機能が会館に期待されるのは、「仏学会」に発する協会・会館の歴史的経緯を考えてみれば理由のないことではない。

文化の相互理解は言語の習得から始まる。クローデルが重視していたフランス語教育振興の課題は、クローデルが駐米大使に任命されて離日する一九二七年、京都九条山に関西日仏学館が開設されたことでひとまず果たされる。また、クローデルが東京の日仏会館と対になるように期待したパリの日本人留学生会館は、親仏派の篤志家・薩摩次郎八の寄付によって二七年に着工され、二九年に完成する。カルチエ・ラタンの南に位置する国際大学都市の「日本館」Maison du Japonである。フランス語の普及は日仏会館の設立目的のひとつだった。一九五一年、飯田橋駅に近い船河原町に東京日仏学院が建設されて以来、フランス外務省直轄の同学院が語学教育機能をもっぱら担っている。知る人は少いが、学院の授業は四九年に会館で始まっており、今なお学院は法的には会館の監督下にある。

会館は設立以来三度移転している。渋沢栄一を長とする設立者委員会に財界人が多かったためであろう、一九二四年末の開館式は日本工業倶楽部で行われ、会館の住所は麴町の日本興業銀行内に定められた。翌二五年はじめに実業家の村井吉兵衛が提供した永田町の私邸（現在は日比谷高校がある）を仮の会館としてスタートし、二八年に神田駿河台に土地を購入して木造の会館を建設、六〇年に鉄筋コンクリートのビルに建て直した。御茶の水駅に近く地の利はよかったが、手狭で老朽化が進んだため、一九九五年に恵比寿の地に七階建ての新会館を建設し移転している。御茶の水の会館地下にあった大ホール（四一三席）に比べれば、恵比寿の一階ホールはやや小さい。しかし図書室は広々として、蔵書も豊富だ。図書室のある二階入り口にはフランス料理のレストランもある。

筆者の個人的想い出をお許しいただけるなら、一九六八年のクローデル生誕百年の年に、大学紛争で授業がなかったのを幸い、私は仲間とクローデルの戯曲『真昼に分かつ』の原語上演を企てた。御茶の水の会館地下ホールで二回か三回上演したが、セリフがおぼえきれず冷や汗の連続だった。地下のホールはまた、留学から帰ってからはデリダやブルデューのような最先端の学者・知識人の講演を聴くために行列した場所でもある。一九八一年に同時通訳システムが導入されて以来、むずかしい講演の通訳をしたことも度々ある。コレージュ・ド・フランスや社会科学高等研究院、時にはアカデミー・フランセーズ会員など、日仏会館は日本にいたまま一流の人の話を聴ける特権的な場所である。

日仏会館の八〇周年を記念して刊行する本書によって、会館で行われる上質の文化活動の一端をご紹介し、より多くの方々が会館を訪れることを念願してやまない。日仏会館のホームページには毎月、催し物のプログラムが日本語とフランス語で掲載されている。

本書の刊行にあたっては、企画の段階から小林善彦先生にいろいろご助言いただいた。編集作業では大修館書店の清水章弘氏にひとかたならぬお世話になった。同氏の定年前最後の仕事になると聞いているが、想い出の一冊になれば幸いである。

二〇〇四年一月末日

編者

関連年表（一八五二〜一九四五）

西暦	日本	フランス
一八五二年		ナポレオン三世の第二帝政（〜七〇）。
一八五三年	（嘉永六）ペリー浦賀に、プチャーチン長崎に来航。	
一八五四年	（安政一）日米和親条約、日英・日露和親条約。	クリミヤ戦争（〜五六）。
一八五五年		パリ万国博覧会。
一八五六年	（安政三）米総領事ハリス、下田駐在。	パリ講和条約。アロー号事件。
一八五八年	（安政五）日米、日仏修好通商条約。安政の大獄（〜五九）。	
一八五九年	（安政六）初代仏領事兼公使ベルクール着任。	イタリア統一戦争。スエズ運河工事開始。
一八六〇年	（万延一）桜田門外の変。勝海舟、福沢諭吉ら咸臨丸でアメリカに渡る。	英仏通商条約。サヴォア、ニース併合。
一八六一年	（文久一）蕃書調所に仏語科設置。	メキシコ遠征。南北戦争（〜六五）。
一八六二年	（文久二）生麦事件。	仏越間でサイゴン条約。
一八六三年	（文久三）長州藩、外国船砲撃（五月）。薩英戦争（七月）。	
一八六四年	（元治一）禁門の変（七月）。第一次長州戦争（七月）。英仏米蘭艦隊、下関砲撃（八月）。仏公使レオン＝ロッシュ着任。村上英俊『仏語明要』。坂本龍馬らが海援隊を創設。	「六〇人宣言」。ナポレオン三世、労働者のストライキ権を承認。
一八六五年	（慶応一）横浜仏語伝習所開設。	第一次インターナショナル仏支部。
一八六六年	（慶応二）第二次長州戦争。福沢諭吉『西洋事情』。	
一八六七年	（慶応三）仏陸軍顧問団、横浜到着（一月）。徳川昭武、将軍名代としてパリ万国博に出席（一月出航）。幕府派遣の仏留	メキシコ撤兵。経済恐慌（〜六九）。パリ万国博覧会。

	学生九人、マルセイユに到着（一〇月）。大政奉還（一一月）。**＊渋沢栄一、徳川昭武に随行して渡欧（～六八）。**	
一八六八年	（明治一）（明治維新）王政復古の大号令（一月）。新政府の樹立。鳥羽・伏見の戦い（一月）。五箇条の誓文（三月）。明治改元（九月）。江戸を東京と改称（一二月）。	
一八六九年	（明二）戊辰戦争終わる。	スエズ運河開通。
一八七〇年	（明三）大教宣布。政府、兵制を海軍は英式、陸軍は仏式と定める。	普仏戦争（～七一）。スダンの敗北。第二帝政崩壊。国防政府成立。第三共和制宣言。パリ包囲戦開始（九月）。
一八七一年	（明四）廃藩置県（七月）。岩倉使節団、欧米視察（～七三）。**＊西園寺公望、フランス留学（～八〇）。中江兆民、岩倉使節団に同行してフランス留学（～八四）。**	ドイツ軍、パリ開城（三月）。パリ・コミューン（三-五月）。フランクフルト条約（アルザス・ロレーヌ、独領に）（五月）。ティエール大統領（八月）。
一八七二年	（明五）学制公布。太陽暦採用（一二月三日を明治六年元旦とする）。	国民皆兵制。ガンベッタのサヴォア地方遊説。岩倉使節団パリに到着。
一八七三年	（明六）徴兵令公布。渋沢栄一、第一国立銀行設立。地租改正条例。征韓論敗れ西郷、板垣ら下野。ボアソナード来日。	
一八七四年	（明七）民選議院設立建白書。佐賀の乱。中江兆民、仏語塾を開き「民約論」を翻訳。『明六雑誌』（～七五）。	
一八七五年	（明八）立憲政体樹立の詔。新聞紙条例・讒謗律公布。	第三共和国憲法公布。
一八七七年	（明一〇）西南の役（二-九月）。	
一八八一年	（明一四）国会開設の詔（明治一四年の政変）。自由党結成（板垣総理）。『東洋自由新聞』発行（社長西園寺、主筆中江）。	ジュール・フェリー内閣、教育関係諸法（～八二）。
一八八二年	（明一五）改進党結成（大隈総理）。兆民『民約訳解』連載始	

	まる。日銀創立。憲法調査団（伊藤、西園寺ら）欧州へ。	
一八八三年	（明一六）鹿鳴館落成。	チュニジアと安南、保護領化。
一八八四年	（明一七）絵画会創立（フェノロサ）。鷗外ドイツ留学。 **＊黒田清輝、フランス留学（〜九三）。**	マダガスカル、保護領化。ベルリンでアフリカ会議（〜八五）。
一八八七年	（明二〇）保安条例公布、五七〇人東京追放。	仏領インドシナ連邦成立。
一八八九年	（明二二）大日本帝国憲法発布。	ブーランジェ将軍、クーデタ計画失敗。パリ万博、エッフェル塔建設。第二インターナショナル・パリ大会。
一八九〇年	（明二三）第一回帝国議会。民法典論争始まる。	
一八九一年	（明二四）足尾鉱毒事件起こる。	
一八九二年		露仏協商。
一八九三年	（明二六）法典調査会設置（総裁伊藤、副総裁西園寺）。	
一八九四年	（明二七）日清戦争（〜九五）。西園寺、伊藤内閣入閣（文相）。	ドレフュス大尉逮捕。
一八九五年	（明二八）下関条約調印。露仏独の三国干渉。	露仏同盟。労働総同盟CGT創立。
一八九六年	（明二九）黒田清輝ら「白馬会」を創設、第一回白馬会展。	第一回オリンピック大会開催
一八九七年	（明三〇）金本位制確立。	ドレフュス事件表面化。
一八九八年	（明三一）憲政党・大隈内閣成立（最初の政党内閣）。万国郵便条約調印。岡倉天心ら日本美術院創設。幸徳秋水、片山潜ら社会主義研究会組織。	ゾラ「われ弾劾す」。人権同盟、仏祖国連盟結成。英仏、ファショダ事件。米西戦争。
一八九九年		ジャン・ジョレス、仏社会党結成。ドレフュス特赦。
一九〇〇年	（明三三）立憲政友会結成（総裁伊藤）。漱石英国留学。	パリ万国博覧会。
一九〇二年	（明三五）日英同盟協約調印。	
一九〇三年	（明三六）西園寺、立憲政友会総裁（「桂園時代」始まる）。	

	小学校国定教科書公布。岡倉天心『東洋の理想』。平民新聞刊行。 **＊永井荷風、アメリカ（〜〇七）・フランス（〜〇八）へ。**	
一九〇四年	（明三七）日露国交断絶、日露戦争（〜〇五）。	英仏協商。
一九〇五年	（明三八）ポーツマス条約調印。講和反対日比谷騒乱。	政教分離法成立。第一次モロッコ事件。
一九〇六年	（明三九）日本社会党結成。南満州鉄道株式会社設立。	CGT、アミアン憲章採択。アルヘシラス会談。クレマンソー内閣。
一九〇七年	（明四〇）日仏・日露協約調印。	英仏露協商。
一九〇九年	（明四二）新聞紙法成立。伊藤博文、ハルピンで狙撃され死亡。荷風『ふらんす物語』。	
一九一〇年	（明四三）韓国併合（〜四五）。大逆事件。	
一九一一年	（明四四）日米新修交通商航海条約（関税自主権確立）。	第二次モロッコ事件。
一九一二年	（明四五）明治天皇逝去。憲政擁護連合大会。	ポワンカレ内閣。モロッコ保護領化。
一九一三年	（大正二）桂内閣に反対する憲政擁護運動。 **＊藤田嗣治、渡仏。**	ポワンカレ大統領（〜二〇）。
一九一四年	（大三）ドイツに宣戦（第一次世界大戦に参戦）。	ジョレス暗殺。対独宣戦（第一次世界大戦）。マルヌの戦い。
一九一六年	（大五）寺内内閣。憲政会結成。	ヴェルダンの戦い。
一九一七年	（大六）臨時教育会議設置（高等教育機関の整備）。	ロシア二月革命、一〇月革命。
一九一八年	（大七）シベリア出兵。原敬政友会内閣。米価暴騰、米騒動。	連合国、ドイツと休戦条約、第一次世界大戦終わる。
一九一九年	（大八）西園寺、パリ講和会議に出席（一月）。朝鮮万歳事件（三・一独立運動）。普通選挙獲得運動。	ヴェルサイユ条約調印。コミンテルン結成。

	＊金子光晴、一回目のヨーロッパ滞在。	
一九二〇年	(大九) 国際連盟加入。日本初のメーデー。	国際連盟発足。フランス共産党結成。
一九二一年	(大一〇) 原敬、東京駅で暗殺される。	ワシントン会議 (〜二二)。
	＊九鬼周造、ヨーロッパ留学 (〜二九)。	
一九二二年	(大一一) ＊大杉栄、上海経由でフランスへ (〜二三)。	
一九二三年	(大一二) 関東大震災。大杉栄ら殺害される。	ルール占領。
一九二四年	(大一三) 日仏会館開設。	
一九二五年	(大一四) 普通選挙法。治安維持法公布。	ルール撤兵。ロカルノ条約。
一九二六年		ポワンカレ国民連合内閣。
一九二七年	(昭和二) 金融恐慌。第一次山東出兵。	
一九二八年	(昭三) 第二・第三次山東出兵。張作霖爆死事件。日本無産者芸術連盟 (ナップ) 結成。	フラン平価切下げ。ケロッグ・ブリアン不戦条約。
一九二九年	＊金子光晴、アジア、ヨーロッパ放浪の旅へ (〜三二)。	ニューヨークから世界経済恐慌始まる。
一九三〇年	(昭五) ロンドン軍縮会議。金解禁。恐慌深刻化。	
一九三一年	(昭六) 満州事変。日本プロレタリア文化連盟 (コップ) 結成。	恐慌、欧に波及。パリで植民地万博。
一九三二年	(昭七) 上海事変 (一月)。満州国建国宣言 (三月)。五・一五事件 (犬養毅暗殺)。リットン報告書 (一〇月)。	仏ソ不可侵条約。
一九三三年	(昭八) 国際連盟脱退。滝川事件。佐野・鍋山転向声明。	ヒトラー内閣成立。スタヴィスキー事件。
一九三四年	(昭九) 満州国帝政実施。右翼労働運動。プロレタリア文学組織「ナルプ」解散。	コンコルド広場で右翼の騒乱事件。CGT、パリでゼネスト(二月)。反ファシズム知識人監視委員会結成(三月)。
一九三五年	(昭一〇) 天皇機関説問題化。衆議院で国体明徴決議。	フランス人民戦線結成。

一九三六年	(昭一一) 二・二六事件。日独防共協定。 **＊横光利一、ヨーロッパへ。**	レオン・ブルム人民戦線内閣。マティニョン協定。スペインでフランコ派の反乱。
一九三七年	(昭一二) 盧溝橋事件、日中戦争開始。日独伊防共協定。	ブルム内閣崩壊。
一九三八年	(昭一三) 国家総動員法。	第二次ブルム内閣。ブルム辞任。ミュンヘン会議。
一九三九年	(昭一四) ノモンハン事件。賃銀統制令・価格統制令。日独伊三国同盟。	独軍、チェコスロヴァキア占領、独ソ不可侵条約、ポーランド侵入。英仏、対独宣戦（第二次世界大戦）。
一九四〇年	(昭一五) 大政翼賛会創立。日独伊三国同盟調印。日本軍、仏領インドシナ進駐開始。	パリ陥落。仏独休戦（六月）。ヴィシー政府成立（七月）。
一九四一年	(昭一六) 真珠湾攻撃。太平洋戦争（〜四五）。	対独抵抗国民戦線結成。ドゴール、ロンドンに亡命政府組織。
一九四二年	(昭一七) ミッドウェイ海戦（六月）。シンポジウム「近代の超克」（雑誌『文学界』九月、一〇月）。	
一九四三年	(昭一八) ガダルカナル島敗退（二月）。	ドゴール、アルジェリアにフランス解放委員会組織。
一九四四年	(昭一九) 米機B29、本土空襲。	連合軍ノルマンディー上陸。パリ解放。フランス共和国臨時政府成立。
一九四五年	(昭二〇) 広島・長崎に原爆投下。ポツダム宣言受諾。終戦の詔のラジオ放送。無条件降伏。	

一〇人の主要著作文献案内（現在入手しやすいもの）

渋沢栄一

『論語講義』（1—7）講談社、一九七七

『徳川慶喜公伝』（1—3）平凡社、一九六七

『渋沢栄一自叙伝』大空社、一九九八

『孔子——人間、どこまで大きくなれるか』三笠書房、二〇〇〇

『雨夜譚（がたり）余聞』小学館、一九九八

『論語と算盤』図書刊行会、一九八五

中江兆民

『中江兆民全集』（1—17）岩波書店、二〇〇〇—〇一

『三酔人経綸問答』岩波文庫、一九六五

『一年有半・続一年有半』岩波書店、一九九五

『中江兆民評論集』岩波文庫、一九九三

西園寺公望

『西園寺公望伝』（全2巻）立命館大学西園寺公望伝編纂委員会編、岩波書店、一九九一

黒田清輝

『黒田清輝』三輪英夫解説・黒田清輝画、日本アート・センター編、新潮社、一九九七

『絵画の将来』中央公論美術出版、一九八三

永井荷風

『あめりか物語』岩波文庫、二〇〇二／新潮文庫、二〇〇〇／講談社文芸文庫、二〇〇〇

『ふらんす物語』岩波文庫、二〇〇二／新潮文庫、二〇〇〇

『濹東綺譚』岩波文庫、一九九四

『日和下駄　一名　東京散策記』講談社文芸文庫、一九九九

『下谷叢話』岩波文庫、二〇〇〇

『新版　断腸亭日乗』（1—7）岩波書店、二〇〇一-〇二

大杉　栄

『大杉栄自叙伝』中央公論新社、二〇〇一
『大杉栄全集』(全14巻)日本図書センター、一九九五
『大杉栄・伊藤野枝選集』（1—14）黒色戦線社、一九八六-一九九一
『相互扶助論』クロポトキン、P・A著・大杉栄訳、同時代社、一九九六

九鬼周造

『「いき」の構造　他二編』岩波文庫、一九九一
『偶然性の問題・文芸論』燈影舎、二〇〇〇
『九鬼周造エッセンス』田中久文編・解説、こぶし書房、二〇〇一
『九鬼周造「エッセイ・文学論」』大橋良介編著・大峯顕監、燈影舎、二〇〇三
『九鬼周造随筆集』菅野昭正編、岩波文庫、一九九一

藤田嗣治

『猫の本——藤田嗣治画文集』講談社、二〇〇三
『藤田嗣治画集——素晴らしき乳白色』講談社、二〇〇二
『モンパルナスのキキ』キキ、A・P著・河盛好蔵訳・藤田嗣治序文、美術公論社、一九八〇

金子光晴

『マレー蘭印紀行』中央公論新社、一九七八
『どくろ杯』中公文庫、一九七六
『ねむれ巴里』中公文庫、一九七六
『西ひがし』中公文庫、一九七七
『金子光晴詩集』現代詩文庫、思潮社、一九七五

横光利一

『旅愁』上・下、講談社文芸文庫、一九九八
『上海』講談社文芸文庫、一九八一
『日輪・春は馬車に乗って　他』岩波文庫、一九八一
『機械・春は馬車に乗って』新潮文庫、一九六九

講師紹介（掲載順）

鹿島　茂（かしま・しげる）
一九四九年生まれ。東京大学大学院仏文科博士課程退学。共立女子大学文芸学部教授。フランス文学。
［主著］『馬車が買いたい！―19世紀パリ・イマジネール』（白水社、一九九〇）、『子供より古書が大事と思いたい』（青土社、一九九六）、『職業別　パリ風俗』（白水社、一九九九）、『愛書狂』（角川春樹事務所、一九九八）

井田進也（いだ・しんや）
一九三八年生まれ。東京大学大学院比較文学比較文化修士課程修了。東京都立大学人文学部教授を経て大妻女子大学比較文化学部教授。中江兆民周辺の比較思想史。
［主著］『中江兆民全集』（共編、岩波書店、一九八六）、『中江兆民のフランス』（岩波書店、一九八七）、『二〇〇一年の中江兆民』（光芒社、二〇〇一）、『兆民をひらく』（編、光芒社、二〇〇一）、中江兆民『一年有半・続一年有半』（岩波文庫校註）

鳥海　靖（とりうみ・やすし）
一九三四年生まれ。東京大学大学院国史学科博士課程。中央大学文学部教授、東京大学名誉教授。日本近現代史。
［主著］『伊藤博文関係文書』全9巻（共編、塙書房、一九七三‐八一）、『明治をつくった男たち―歴史が明かした指導者の条件』（PHP研究所、一九八二）、『日本近代史講義―明治立憲制の形成とその理念』（東京大学出版会、一九八八）、『明六雑誌と近代日本』上・下（NHK放送出版協会、一九九四‐九五）、『動き出した近代日本―外国人の開化見聞』（教育出版、二〇〇二）

三浦　篤（みうら・あつし）
一九五七年生まれ。東京大学大学院美術史学博士課程満期退学、パリ第四大学文学博士。東京大学大学院総合文化研究科助教授。西洋近代絵画史、日仏美術交流史。
［主著］『西洋美術史ハンドブック』（新書館、一九九七）、『ジャポニスム入門』（共編、思文閣出版、二〇〇〇）、『まなざしのレッスン　(1)　西洋伝統絵画』（東京大学出版会、二〇〇一）、『自画像の美術史』（編、東京大学出版会、二〇〇三）、『印象派とその時代』（監修、美術出版社、二〇〇三）

加藤周一（かとう・しゅういち）
一九一九年生まれ。東京大学医学部卒。U・B・C（カナダ）、ベルリン自由大学、上智大学の教授を歴任。現在は文筆業。作家、評論家。

[主著]『羊の歌』上・下（岩波新書、一九六八）、『日本文学史序説』上・下（ちくま学芸文庫、一九九九）、『加藤周一著作集』全24巻（一巻未刊）（平凡社、一九九七〜 ）、『夕陽妄語』6巻（朝日選書第1輯〜第3輯、一九九七〜二〇〇〇）

鎌田 慧（かまた・さとし）
一九三八年生まれ。早稲田大学文学部露文科卒。ルポライター、作家。
[主著]『自動車絶望工場』（講談社文庫、一九八三）、『教育工場の子どもたち』（講談社文庫、一九八六）、『六ヶ所村の記録』（講談社文庫、一九九七）、『反骨のジャーナリスト』（岩波新書、二〇〇二）、『大杉 榮─自由への疾走』（岩波現代文庫、二〇〇三）

坂部 恵（さかべ・めぐみ）
一九三六年生まれ。東京大学大学院哲学科博士課程。東京大学文学部教授を経て桜美林大学文学部教授。哲学。
[主著]『不在の歌─九鬼周造の世界』（TBSブリタニカ、一九八九）、『ヨーロッパ精神史入門』（岩波書店、一九九七）、『和辻哲郎─異文化共生の影』（岩波現代文庫、二〇〇〇）、『九鬼周造の世界』（編、ミネルヴァ書房、二〇〇二）

林 洋子（はやし・ようこ）
一九六五年生まれ。東京大学大学院美術史学修士課程修了、パリ第一大学博士課程。東京都現代美術館学芸員を経て京都造形芸術大学助教授。美術史。
[主著]《La peinture japonaise contemporaine à Paris dans les années vingt》(*Histoire de l'art*, 40 / 41, Paris, CNRS, 1998)、「藤田嗣治の１９２０年代」（『東京都現代美術館紀要』第4号、一九九九、第6号、二〇〇一）、《Entre la France et le Japon: Fujita et Légendes japonaises》(*EBISU*, no.29, Maison Franco-japonaise, 2003)、「藤田嗣治の１９１０年代：エジプト・ギリシア・先史美術」（『GENESIS』京都造形芸術大学、7号、二〇〇三）

安藤元雄（あんどう・もとお）
一九三四年生まれ。東京大学文学部仏文科卒。明治大学教授。フランス近現代詩、詩人。
[主著]『椅子をめぐって』（昭森社、一九七五）、『イタリアの珊瑚』（小沢書店、一九七九）、ボードレール『悪の華』全訳（集英社文庫、一九九一）、『フランス名詩選』（共訳、岩波文庫、一九九八）、『フーガの技法』（思潮社、二〇〇一）

渡邊一民（わたなべ・かずたみ）
一九三〇年生まれ。東京大学大学院仏文科博士課程。立教大学名誉教授。フランス文学、知識人論。
[主著]『ドレーフュス事件』（筑摩書房、一九七二）、『岸田國士論』（岩波書店、一九八二）、『林達夫とその時代』（岩波書店、一九八八）、『フランスの誘惑─近代日本精神史試論』（岩波書店、一九九五）、『〈他者〉としての朝鮮─文学的考察』（岩波書店、二〇〇三）

[編者略歴]

三浦信孝（みうら・のぶたか）
1945年生まれ。東京大学大学院仏文科博士課程中退。中央大学文学部教授、日仏会館常務理事。仏語仏文学、フランス文化社会論。
著書に『現代フランスを読む—共和国・多文化主義・クレオール』（大修館書店、2002）、編著に『多言語主義とは何か』（1997）、『言語帝国主義とは何か』（共編、2000）、『普遍性か差異か—共和主義の臨界、フランス』（2001）、『来るべき〈民主主義〉—反グローバリズムの政治哲学』（2003、以上藤原書店）、『フランスの誘惑・日本の誘惑』（中央大学出版部、2003）。

近代《きんだい》日本《にほん》と仏蘭西《ふらんす》——10人のフランス体験

NDC210 410p 20cm

初版第1刷——————2004年3月10日

編者——————三浦《みうら》信孝《のぶたか》
発行者——————鈴木一行
発行所——————株式会社大修館書店
〒101-8466　東京都千代田区神田錦町3-24
電話　03-3294-2355（編集部）/03-3295-6231（販売部）
振替　00190-7-40504

装丁者——————下川雅敏
印刷所——————壮光舎印刷
製本所——————関山製本社
[出版情報]　http://www.taishukan.co.jp

ISBN4-469-25072-4　Printed in Japan